IOD·创新引领
科技城市发展模式研究

IOD-Research on the Innovation Oriented
Development Mode of Tech Cities

鑫创科技·著

·北京·

图书在版编目（CIP）数据

IOD·创新引领 科技城市发展模式研究/鑫创科技著.
—北京：中国经济出版社，2019.9
ISBN 978-7-5136-5735-8

Ⅰ.①I… Ⅱ.①鑫… Ⅲ.①城市发展战略—研究 Ⅳ.①F291.1

中国版本图书馆 CIP 数据核字（2019）第 114557 号

选题策划	汪 京
责任编辑	葛 晶
责任印制	马小宾
封面设计	任燕飞装帧设计工作室

出版发行	中国经济出版社
印 刷 者	北京富泰印刷有限责任公司
经 销 者	各地新华书店
开 本	710mm×1000mm 1/16
印 张	19
字 数	323 千字
版 次	2019 年 9 月第 1 版
印 次	2019 年 9 月第 1 次
定 价	78.00 元

广告经营许可证 京西工商广字第 8179 号

中国经济出版社 网址 www.economyph.com 社址 北京市西城区百万庄北街3号 邮编100037
本版图书如存在印装质量问题，请与本社发行中心联系调换（联系电话：010-68330607）

版权所有 盗版必究（举报电话：010-68355416 010-68319282）
国家版权局反盗版举报中心（举报电话：12390） 服务热线：010-88386794

编委会

主　　　编　陈立洋

编委会成员　梁　进　孙全新　曾七一　黄　岱　周　剑　吴斌峰
　　　　　　　李　锴　张其恩　任　睿

本书创作团队　徐光瑞　孟德建　雷玉茜　王　栋　姚　伟　刘　欣
　　　　　　　张　琳　李　婷　马　颖

本书学术支持　中国国际贸易学会
　　　　　　　中国国际工程咨询公司高技术咨询中心
　　　　　　　清华大学五道口金融学院

PREFACE
|序|

当前,全球新一轮科技革命和产业变革方兴未艾。科学技术从微观到宏观各个尺度向纵深演进,学科多点突破、交叉融合趋势日益明显。物质结构、宇宙演化、生命起源、意识本质等重大科学问题的原创性突破正在开辟新前沿、新方向,产业互联网、人工智能、生命科学技术、新材料、先进制造等领域呈现群体跃进态势,颠覆性技术不断涌现,催生新经济、新产业、新业态、新模式,对人类生产方式、生活方式乃至思维方式的变革将产生前所未有的深刻影响。全球创新创业进入密集活跃期,人才、知识、技术、资本等创新资源全球流动的速度、范围和规模空前。全球创新版图正在加速重构,科技创新成为各国实现经济再平衡、打造国家竞争新优势的核心战略;全球创新模式正在发生重大变化,创新活动的网络化、全球化特征更加突出;全球创新范式正在向协同创新加速演进,驱动城市发展由规模经济、范围经济向创新经济迭变。

诺贝尔经济学奖得主斯蒂格利茨曾指出,21世纪引领全球经济增长的两大引擎,将是全球的科技创新和中国的城镇化。2015年,习主席在时隔37年再次召开的中央城市工作会议上正式提出,城市工作是一个系统工程,要优化创新创业生态链,让创新成为城市发展的主动力,释放城市发展新动能。在这次会议之后,鑫苑开始思考如何能把引领经济增长的两大引擎结合起来。为此,我们携手清华五道口和中咨高技术中心开展了近两年的理论研究,并且进行了一些具体的实践和探索。

事实是,中国科技创新能力与经济发展水平还不相称,与经济建设主战场和人民对美好生活的需求还不适应,很多城市科技创新和经济发展还是两张皮,从基础研究到产业化,再到带动城市发展,中间有很多环节被割裂。为更好地实现科技与城市的智慧融合,鑫苑集团子公司鑫创科技确立了"科技城市发展模式(IOD)",即以构建国际创新型产业生态为引领,以吸引高端科技人才为切入点,立足城市产业转型升级的内在需求,打造产业全球协同创新平台,精准谋划城市的发展路径，引领城市经济实现高质量发展。

在实践中，鑫创高度关注国际国内两个市场、两类资源，构建了"海外创新中心—科技加速器—国内科技城市载体"的全链条孵化体系，全面融入全球创新网络，加速聚合国际优质资本和高端创新要素，在国内载体空间加速、落地和成长，推动国际先进技术在中国的产业化实现价值增值等方面，促进双方合作共赢。鑫创与华为、腾讯、牛津大学、剑桥大学、清华五道口、中咨公司等全球知名企业、高校和科研机构共建联合实验室、产学研合作和高端智库等五大业务平台；在英国、美国、爱尔兰、日本、新加坡等全球创新高地设立了海外科技中心，持续对接世界前沿科技。

目前，鑫苑的科技城市产品主要布局在京津冀、粤港澳大湾区、长江经济带、成渝城市群、中原城市群等区域的核心城市，事业版图已遍布北京、河南、上海、广东、浙江、山东、辽宁、湖北、湖南等地。比如，鑫苑在郑州投资建设的中原创客小镇，是郑州首批市级特色小镇，已引入IBM、Oracle、MIT Fablab、小米、优客工场等世界500强、独角兽和顶级大学产学研平台，聚焦人工智能、信息技术、3D打印等前沿科技。目前，小镇已初步构建了特色鲜明、技术领先、功能完善的创客生态系统，致力于打造中原地区创新创业的新样板和郑州经济发展的新引擎。

凭借在产城运营领域的长期探索与实践，鑫创先后获得"中国特色小镇运营商综合实力10强""中国科技小镇10强""中国产业空间运营创新企业10强""中国产业园区优秀运营商"等多个奖项，是国际科技园协会（IASP）、牛津大学创新中心（OUI）正式会员，是中国国际贸易学会副会长单位。这些荣誉，体现出我们在深耕产业生态培育、推动科技与城市智慧融合发展的过程中，正逐步得到业界的认可。

本书系统构建了科技城市发展模式（IOD）理论体系，包括科技与城市关系的历史演进，全球协同创新模式，科技城市的要素、特征及实施路径，创新空间系统营造等，既有较为扎实的理论基础，又具有较强的市场实操性，是鑫苑集团近年来在产城运营领域理论与实践相结合的重要成果之一。期望本书的付梓，能够为推动中国以人为核心的新型城镇化进程，为不断满足人民对城市美好生活的需求，为促进中国房地产企业全面拥抱产业互联网，贡献绵薄之力。

鑫苑集团董事长　张勇

2019年6月15日

CONTENTS
目录

第一章　科技与城市关系的历史演进　//001

第一节　科技×城市：科技以乘数效应推动城市迭代升级　//003
第二节　农业革命：技术进步是城市起源壮大的重要驱动力　//005
第三节　前三次工业革命：科技推动城市发展呈现加速态势　//009
第四节　第四次工业革命：科技是驱动城市发展的核心动力　//019

第二章　科技城市的定义及指标体系　//039

第一节　科技城市的基本内涵与特征　//041
第二节　科技城市评价指标体系　//046
第三节　构建科技城市评价体系的启示与思考　//058

第三章　IOD：以全球协同创新驱动城市发展的新模式　//063

第一节　IOD 时代背景：协同创新成为全球创新的主流模式　//065
第二节　IOD 协同创新：中国以人为核心新型城镇化的新动能　//076
第三节　IOD：以全球协同创新驱动城市发展的新模式　//089

第四章　IOD：要素、特征与路径　//113

第一节　IOD 的构成要素　//115
第二节　IOD 的主要特征　//137
第三节　IOD 功能定位　//141

第四节　IOD 的发展类型 //144

第五节　IOD 的实施路径 //148

第五章　IOD：创新空间系统 //155

第一节　IOD：致力于构建城市创新空间系统 //157

第二节　子系统一：人才集聚区 //167

第三节　子系统二：创新物理空间 //175

第四节　子系统三：创新机制体系 //191

第五节　子系统四：创新文化生态 //194

第六章　IOD：科技赋能城市发展 //197

第一节　科技赋能城市规划 //201

第二节　科技赋能城市建设 //222

第三节　科技赋能城市治理 //237

第四节　科技赋能城市交通 //248

第七章　IOD：国际国内典型案例 //259

第一节　国际案例 //261

第二节　国内案例 //283

参考文献 //291

01

第一章
科技与城市关系的历史演进

第一节 科技×城市：科技以乘数效应推动城市迭代升级

一、城市是社会生产力发展的结果

城市，顾名思义，是"城"与"市"的结合。最初"城"是指的城墙，内者为城，外者为郭。"城，郭也，都邑之地，筑此以资保障者也"。"市"之本义，乃聚集货物进行买卖，意指商品交易之所。如"列廛于国，日中为市，致天下之民，聚天下之货，交易而退，各得其所"。对城与市功能的朴素理解，便体现着城市起源学说的两种观点：防御说和集市说[①]。关于城市起源的第三种观点是社会分工说，这种观点认为，随着生产力的内在发展，社会分工出现，如有些人以农业为生，还有些人聚焦手工业或是商业。这些以手工业、商业为职的人们便因生产、交换的需要逐渐集聚起来，从而有了城市的产生和发展。

上述基于马克思、恩格斯从生产力、社会分工的角度考察城市起源[②]的论断受到广泛支持。20 世纪 50 年代，黄苇提出城市的形成是社会生产力不断提高从而使人与人之间的经济交往得到一定程度发展的必然结果。具体形成过程：因生产力发展而出现的三次社会大分工[③]促成了永久集市的产生，与此同时，生产力发展促成了私有制、阶级的产生，统治阶级因防御需要筑造城墙，两者结合形成城市。

---

① "防御说"，认为古代城市的兴起是出于防御上的需要。在居民集中居住的地方或氏族首领、统治者居住地修筑墙垣城郭，形成要塞，以抵御和防止别的部落、氏族、国家的侵犯，保护居民的财富不受掠夺；"集市说"，认为由于商品经济的发展，形成了集市贸易，促使居民和商品交换活动的集中，从而出现了城市。

② 城市起源学说除文中提到的三种论断外，还有私有制说、阶级说、宗教说等观点。

③ 社会分工逐渐形成了城市和乡村的分离。第一次社会大分工是在原始社会后期农业与畜牧业的分工，不仅产生了以农业为主的固定居民，而且带来了产品剩余，创造了交换的前提。第二次社会大分工是随着金属工具的制造和使用，引起手工业和农业的分离，产生了直接以交换为目的的商品生产，使固定居民点脱离了农业土地的束缚。第三次社会大分工是随着商品生产的发展和市场的扩大，促使专门从事商业活动的商人出现，从而引起工商业劳动和农业劳动的分离，并形成城市和乡村的分离。

一言以蔽之，防御功能的"城"与商品交换的"市"，随着社会生产力的发展，渐渐有机融合在一起，聚集为"城市"。

二、科技具有乘数效应推动城市蝶变

（一）科技的乘数效应

生产力是人类征服自然和改造社会的能力，是影响人类社会发展的决定性力量。基本公式表示为：生产力＝劳动者＋劳动资料＋劳动对象。伴着科技的发展渗透，"科学技术是第一生产力"的论断跃然纸上，成为直接的、现实的生产力：科学与技术的结合在生产中经过产业化转化成为生产力。当下，以高科技为主要代表的科学技术，正加速向生产力的各个要素渗透、融合。此时生产力公式演化成为：生产力＝科学技术×（劳动者＋劳动资料＋劳动对象）[1]。

从这个意义上讲，科学技术成为重要的生产力构成要素，是先进生产力的集中体现和重要标志，是最有生命力的生产力，并对生产力的发展具有巨大的乘数效应，已成为经济社会发展的决定因素。发达国家，科学技术进步贡献率已从20世纪初的5%~10%，上升到20世纪末的70%~80%。我国的科技进步贡献率，2018年达58.5%，到2020年力争达到60%以上。

（二）科技与城市

自古以来，科技创新就在以一种不可逆转、不可抗拒的力量掀起一场场产业革命和社会变革，推动着城市进步，引领着人类文明向前发展。科技在城市形成演进历程中，城市从农耕时代脱颖，走过工业文明，进入智能化时代，作为人类科技文明最集中体现的城市，无论是城市的起源，还是城市的扩张发展，科技都起着至关重要的作用，是城市发展的原动力，并以乘数效应推动城市迭代升级，不断改变着世界的面貌和人们的生活。每一次科技的重大变革，都引起产业活动和结构的重大调整，正如刘易斯·芒福德所说："要解释城市的发展，需要注重对技术的研究，……技术方面的爆炸性发展，引发了城市本身发生极其类似的爆炸。"可以说，科技的形成和发展推动着城

---

[1] 农华西. 生产力的乘数效应论析［J］. 沿海企业与科技，2018（03）.

市递进，是城市化的动力源泉。

城市发端于农耕文明，手工技术支撑着传统产业发展，为古代农工型城市的形成夯实了最初的基础；随着蒸汽时代、电力时代的到来，以机器技术为代表的科技发展支撑着机器工业大发展，从而推动了近现代工业化城市的发展；而后伴着以信息技术为主要特征的高技术支撑起高技术产业的蓬勃发展，打造出当代信息化城市的繁荣；当技术发展到融合阶段时，混合技术使智能产业成为可能，为打造一个互联的未来城市创造条件。（见图 1-1）

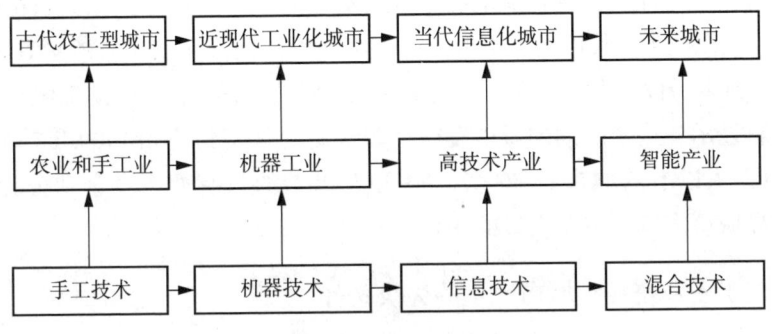

图 1-1　产业技术与城市化的历史演进过程

第二节　农业革命：技术进步是城市起源壮大的重要驱动力

大约距今一万年前出现了人类文明的一个重大转折，由原始的采集、游猎时代的史前文明进入农业文明，它上起距今约一万年前的新石器时期，下至 18 世纪工业革命之前。在这个漫长的进程中，农业文明使自然界的进化过程进一步发展，人们开始驯化各种粮食作物，主要的物质生产活动是农耕和畜牧，创造犁耕文化和灌溉技术，代表性的成就就是青铜器、铁器的发明制造等等。人类开始不再依赖自然界提供的现成食物，而是基于经验积累创造更加相宜的环境条件，使得所需的动植物得到生长和繁衍，并且驯化它们改变某些属性和习性，加上各种金属工具的使用，大大增强了改造自然的能力。与此相伴，人类开始安定下来，早期城市开始崛起，在底格里斯河和幼发拉底河流域以及尼罗河流域出现了最早的城市。

一、城市发端于农业文明时代

（一）城市的出现

城市是人类文明发展到一定阶段的产物。据已知的考古发掘显示，最早的城市文明以农业文明为基础，诞生于四大河流域（包括两河流域、尼罗河流域、印度河流域和黄河流域）。而这些大河流域正是最早的几大农业文明产生之地。在距今约5000年前的两河流域的美索不达米亚平原上，出现了城市的印记——乌尔城，其以诞生最早而闻名于世。中国出现以仰韶文化农耕村落景观为代表的城堡，到夏、商、西周时期，出现了商城、洛邑这样规模宏大的都城。

资料显示，这个时期的城市发展是非常缓慢的，到公元1500年前后，世界上10万人以上的城市有36个，50万人以上的只有两个。直到公元1800年，世界城镇人口才占总人口的3%。

（二）农业畜牧：城市产生的先决条件

随着社会生产力的发展，在新石器时代晚期城市出现，而促进这些古老城市产生发展的，便是农业革命产生的最初推动力。原始的采集、狩猎发展为有意识的栽种、养畜，生活方式也逐步演化成半定居、定居的形式。人们在采集、渔猎经济的基础上积累经验，发明了农业、畜牧业。

最初在旧石器时代，人们从事着以采集、狩猎为主要生产方式的攫取性经济。而当农业、畜牧业产生后，经济形态转变为生产性经济。人们从一开始的食物采集者转变为后来的食物生产者。这一转变不仅改变了人们与自然之间的关系，也促使了生活方式的根本变化。农业生产的周期性特征，需要人们居住在一个固定的地方，以便播种、灌溉、管理和收获。这促使人们从原始的迁徙生活转变为定居生活。一旦定居的生活方式成为主流，人们便开始有保障地收获更多的食物来源并储存它。这又为人口以较大幅度增长提供了基础，并有条件使一些人从事维持生存之外的事情和活动，进而孕育了新的社会分工和交换，为城市的崛起创造了基础条件。城市为人们的生存、繁衍、防卫提供着最大的便利条件。可以说，有了农业、畜牧的长远发展，才有了剩余的粮食作物和人力，恰恰是这两个因素为城市生活创造了先决条件。[①]（见图1-2）

---

① 农业革命的影响. https://zhidao.baidu.com/question/1306497554516817939.html.

第一章　科技与城市关系的历史演进

图 1-2　农业、畜牧发展是城市化的初始动力

资料来源：网络。

二、技术进步是城市起源壮大的重要基础

这个时期的城市是典型的农工型城市，其性质和特征是农业相关技术决定的。在劳动形式和生存方式上，虽然说城市生活的某些种子在旧石器文化中就已形成，但当时却没有适宜的土壤供其萌芽生长。狩猎和采集的生产方式中，每平方公里土地的供养力不足 4 口人。演化到新石器时代，动植物被驯化、定居方式成为主流，创造了铁犁牛耕技术和发展了制陶技术等，为支撑着古代城市奠定了坚实基础。

驯养动植物方面。女性在采集食物的过程中，开始认识阳光、雨水、温度对植物生长的作用，逐渐培育植物。男性成员则开始喂养捕猎回来的动物。随着时光推移，人们一步一步慢慢地掌握了种植庄稼、驯养动物的技术。公元前 9000 年前，亚洲西南部（今天的伊拉克、叙利亚和土耳其）的居民开始种植大麦，驯养了绵羊、山羊、猪和牛等动物。公元前 6500 年前，我国的长江流域稻米开始被种植，公元前 5500 年前，在黄河流域，人们开始种植粟和大豆。总体看来，人们已经不是简单地对自然世界生长的作物进行取样和试验，而是开始有甄别地对作物进行遴选和培育。我们现在所种植、所养殖的全部重要作物、家畜都是来自这个时期的种植和养殖范围。可见，当时种植、驯养技术水平之高。

铁犁牛耕技术方面。一是金属工具制造上，最开始人们掌握的是青铜①工具的制造技术，在公元前 4000 年前的两河流域，世界上最早的冶炼青铜技术开始出现，我国也是最早记载青铜合金的性能和成分之间关系的国家。青铜器的制造可以说标志着手工业从农业中分离出来，无疑象征着人类技术创新的一次巨大飞跃，但当时由于金属工具的珍贵性及产量的限制性，大都做成了礼器、乐器、武器，用于农具的很少，无法代替石器成为主要生产工具。随着冶炼技术的精进，大约在公元前 1300 年前，小亚细亚的赫梯人开始掌握冶铁技术，我国在春秋战国时期也发明了生铁冶炼技术，用铁水浇铸成农具、工具。铁器坚硬、韧性高、锋利，胜过石器和青铜器，一时间铁器得到迅速推广使用，尤其是铁制农具如铁犁的出现，代替了传统的木、石农具，社会生产力得到极大提高。二是牛耕技术上，在新石器时代以及后来相当长的时期，犁耕是使用人力而非畜力，在人拉犁耕不断发展的基础上，在人们驯服牲畜技术达到熟练程度时，随着牛被驯化，人们开始给牛套架进行耕作，困扰先民多时的"动力"问题才得到了解决。有了牛耕，有了铁犁，既解决了"器"又解决了"力"的问题。这些使得农业生产力开始了质的飞跃，我们勤劳的先民正是基于这些技术，把农田的单位产量提高到了原来的 2.7 倍左右。在古代人口数量不太多的情况下，这一下子使人们由不够吃变成了有盈余，助推农耕文明迅速发展，为城市发展奠定基础，促进了农业、手工业的发展，带动了商业的繁荣，推动了商业从手工业中分离出来。

制陶技术方面。随着火的使用，人们慢慢开始认识到泥土经高温烧制后具有硬度的特点，泥土的可塑性使得陶器应运而生。可以说，陶器是人们物质文明建设的重要载体，不仅反映了人类技术上的进步，而且改变人们的饮食、居住生活方式。原本蓬松的黏土因火的烘烤发生了变化，"烧"出了陶器；因水的作用，调和了土的黏度和配料比例，各种形状的器皿便按照人们的想法创造出来了。最初，自然只是仿制农业时代以前的篮子、葫芦和其他容器，到新石器时代末期，居民们开始建造窑或炉。窑和炉烧火时温度较高，因而能用于给陶器上釉。上过釉的表面可以密封陶器，防止液体渗漏或蒸发。这样，人们有了不仅能用来贮存谷物，而且能用来烹调食物、存放液体的各种器皿。贮存不仅使人们可以调配余缺，还带来了生产和消费的连续性。把

---

① 青铜是红铜（纯铜）与锡或铅的合金，熔点在 700℃～900℃。人们在冶炼的过程中，由于青铜的强度高且熔点低，易于加工、铸造，进而先掌握了青铜的冶炼技术。

剩余的种子安全地贮存起来,以备来年播种,这种古老的做法便是资本积累的第一步。刘易斯·芒福德曾高度评价器皿的重大作用,认为这个时代的重要革新就在于容器的形成。

第三节 前三次工业革命：科技推动城市发展呈现加速态势

经历了农业文明的漫长积累,历史上的第二个重大转折出现——这就是从农业文明向工业文明的转变。在已经走过的三次工业革命进程中,科技推动城市化实现加速发展,使人类基本上完成了由农业社会向工业社会、由乡村社会向城市社会的转变。

一、三次工业革命的历史演进：从蒸汽时代、电气时代到信息化时代

（一）第一次工业革命：蒸汽为动力开启机器生产

纵观人类社会,我们已经经历了三次工业革命。发生在18世纪60年代到19世纪40年代的第一次工业革命[①]起源于英国[②],也被称为蒸汽机革命,它对人类社会的演进产生了空前深刻、巨大的影响,并促使工业革命国家先后由农业国变成工业国。而引起关键性变革的动力就是人类利用蒸汽和煤炭的结果。18世纪中叶,瓦特改进的蒸汽机进入实用化、商业化之后,以燃煤蒸汽机为动力,驱动作业机械,替代原来的人力手工作业,引发了从手工劳动向动力机器生产转变的技术飞跃,由单人分散生产到集中式工厂化大生产,极大地提高了劳动生产率,使人类工业生产进入初期机械化时代。除了纺纱机和大型轨道"火车"外,还出现了以蒸汽机为动力的拖拉机,在地头用绳索牵动犁,从事耕地作业。伴着生产效率的大幅提升,蒸汽动力得到全面广泛应用,进而引发了第一次全面颠覆：从英国开始传播到整个欧洲大陆,传

[①] "工业革命"一词并不是伴随着第一次工业革命而来的,最早是由恩格斯提出来的。在1845年出版的《英国的工人阶级状况》一书中,恩格斯对"工业革命"一词做了科学的总结,认为它是生产技术的巨大革命,也是生产关系的深刻变革。

[②] 英国因珍妮纺织机和蒸汽机的率先应用极大地促进了其发展,成为第一次工业革命的绝对领头羊。

播到北美洲，随后影响到世界各地。

这次革命使机器生产替代了手工劳动，开创了以机器代替手工工具的历史篇章。实质上，本次革命是工业和农业动力的革命，是蒸汽机引发的机器革命，农业、手工业的机械化革命，人类开始进入以蒸汽机为动力的大机器生产时代。

这个时期标志性的技术成果[①]：

1733年，机械师约翰·凯伊发明了"飞梭"；

1765年，织工詹姆斯·哈格里夫斯发明了"珍妮纺织机"；

1785年，詹姆斯·瓦特发明了改良型蒸汽机；

1807年，美国人罗伯特·富尔顿制成以蒸汽为动力的汽船；

1814年，英国人乔治·史蒂芬孙发明"蒸汽机车"等。

（二）第二次工业革命：电力带动大规模生产

发生于19世纪60年代后期—20世纪中期的第二次工业革命又称为电气革命。这场革命是掌握了第一次工业革命所引入技术，以及自身两大突破——利用了电力与石油这两种新能源的结果。甚至直到今天也仍然完全要依赖电力和石油。电气化被视为20世纪的最大进步，因为它给了社会一种廉价而丰富的能源，可随时为工厂和家庭提供电力，也为后来的所有设备打下了基础。石油也成为20世纪商品化后的最大追求，成为大多数交通车辆的主导性能源，无论是汽车、飞机还是农机设备。它还导致了大量消费者产品（塑料）、肥料/化工品以及医药的崛起。

第二次工业革命正是由于电能和化学能的发现，开启了一个能源爆炸的时代，引发了生产工具、运输工具的革命，并推动了连锁反应，进而使整个工业领域发生了根本性的重大变化，大工业成为国民经济中的主导力量，工业重心从轻工业转向到重工业。本次工业革命中，不仅传统行业发生了较大的变革，还出现了很多新兴的部门，如电力、石油、化学等。快速发展的科技推动着经济社会发生着巨大变革，产业的逐步深入细分创造了更多的就业岗位，电力在生产和生活中得到广泛的应用，人类进入了电气时代[②]。

[①②] 李金华.第四次工业革命的兴起与中国的行动选择［J］.新疆师范大学学报《哲学社会科学版》, 2018, 39（03）：77-86+2.

这个时期标志性的主要技术突破[①]：

1831 年，英国科学家法拉第发现电磁感应现象，随后发电机和电动机[②]诞生，电能与机械能可以互相转化，电力成为补充和取代蒸汽动力的新能源，并广泛应用在生产和生活中；

1859 年，法国人勒努瓦发明内燃机，实现化学能和机械能的互相转换，动力源得到极大释放，于是引发生产工具的革命，汽车、飞机等交通运输工业实现发展；

1888 年，德国物理学家赫兹证明电磁波存在，促使无线通信的诞生。从此，人们突破时空界限，开始一个全新的通信时代，而这也为第三次和第四次工业革命的发生开创了基础性条件。

（三）第三次工业革命：信息化实现自动化生产

第三次工业革命，始于第二次世界大战后的 20 世纪 50 年代——我们生活的年代。虽然第二次世界大战后大多数国家都遭受巨大损失，但因有两次工业革命的经验积累，经过几年重建恢复后，以美国为首的老牌资本主义工业化国家走上了以聚焦计算机、原子能、生物工程、空间技术的发明和应用为主要方向的全球性工业革命浪潮。尤其是计算机技术的发展及广泛应用于各个领域，深刻改变了生产和消费方式，让我们迎来了信息时代。本次革命带来的影响是巨大的，使得社会生产力得到极大提升，产业结构向服务业转移，国际经济的互相依存更加紧密。除了欧美国家外，亚洲等新兴经济体也在本次工业革命中大有作为，世界真正迈向了经济全球化时代。

这个时期在计算机领域的标志性技术[③]：

1946 年，美国人冯·诺依曼研制了第一台电子管计算机；

1959 年，出现了晶体管计算机，计算机进入第二代；

1965 年，出现了集成电路计算机，计算机发展进入第三代；

1975 年后，出现了以大规模集成电路为主要功能部件的计算机，计算机发展进入第四代。

前三次工业革命概况见表 1-1。

[①] 玄甲辉，孟凡文. 浅析四次工业革命以及我们的应对之道 [J]. 现代信息科技，2017，1（2）：115-119.

[②] 1866 年德国人 Siemens 发明发电机，1870 年比利时人 Gelam 发明电动机。

[③] 李金华. 第四次工业革命的兴起与中国的行动选择 [J]. 新疆师范大学学报（哲学社会科学版），2018，39（03）：77-86+2.

表1-1 前三次工业革命概况

前三次工业革命	发生时间	核心技术	重大发明	标志性产业	时代特征	生产方式	主要代表性国家	影响
第一次工业革命	18世纪60年代	纺织机、蒸汽机	1764年哈格里夫斯发明珍妮机,标志着工业革命的开始。瓦特改进蒸汽机。史蒂芬孙发明蒸汽机车。富尔顿发明汽船	纺织业	蒸汽时代	使用蒸汽动力来机械化生产	英国	使资本主义最终战胜了封建制度,确立了对世界的统治,形成了西方先进、东方落后的局面。社会日益分裂成两大对立阶级:资产阶级和无产阶级
第二次工业革命	19世纪60年代后期	电气化、化学应用、内燃机	卡尔·本茨发明汽车。莱特兄弟发明飞机。爱迪生发明电灯、留声机等,被称为"发明大王"。美国人贝尔发明电话	电气化产业、重化工产业	电气时代	利用电力来创造大规模生产	美国、德国	资本主义国家的生产力得到了飞速发展。到19世纪末20世纪初,美国、德国、英国、法国等资本主义国家相继进入帝国主义阶段
第三次工业革命	20世纪40—50年代	计算机、原子能、网络通信技术	在计算机、原子能、航天技术、生物工程等方面取得重大突破	信息产业	信息时代	使用电子和信息技术自动化生产	美国	推动社会生产力空前发展,推动世界经济格局的多极化

二、三次工业革命与城市化发展

第一次工业革命之后，在燃煤蒸汽机的商品化带动下，出现了能够为广泛消费者群体生产产品的大型工业，进而社会出现了从农耕文化到以大型制造业工厂为核心的工业化城市发展的根本性转变。城市开始成为整个国家的经济动力，城市化进程呼之而来。

（一）工业革命启动了城市化

城市化是对城市发展历程的描述，是随着社会经济科技的发展，农业人口向非农业人口转化并在城市集中的过程。它是社会生产力变革所引起的人类生产、生活方式由乡村型向城市型，由传统城市型向现代城市型的进化过程。可以说，城市化的本质是科技化，即科技成为生产的决定性因素和与社会相融的过程。其显著要求是城市的产业基础远超于农业手工技术阶段，能够提供更多的产品来满足城市生长的需要。

回顾发展历程便可发现，城市化始于近代的工业革命和工业化。工业革命和机器技术是引发城市化的直接和深刻原因。工业化是城市化的"发动机"和"加速器"。城市化蕴含着机器技术的形成过程和机器工业的聚集过程：当非农产业的技术水平达到某一程度，生产效率显著提高，成为主导产业时，才能使产业和人口广泛聚集，城市得以维持和扩大；当经历过工业革命的历练，依托于机器技术的支撑，非农业才有可能取代农业成为主导产业，城市才能凭借工业、商业得以生长。[①] 数据显示，城市人口在 1800 年以前是非常低的，看不出有城市"化"的迹象。但 18 世纪以后的几百年间，无论是城市的数量还是城市的人口都呈现快速增长的趋势。2014 年，世界城市人口比重已达到 50% 以上，预计到 2050 年将增长到 68%。

（二）工业化的递进与城市化的"S"形发展

工业革命不仅带来经济大发展，也带来社会结构的重大变化。虽然早在公元前 5000 年前，埃及尼罗河流域与美索不达米亚平原的两河流域，少数新石器时代的村落就出现了城市的原型，但直到第一次工业革命、第二次工业

[①] 姜军. 产业技术与城市化关系的历史与逻辑 [D]. 沈阳：东北大学，2001.

革命以后，以满足住、行为需求主要特征的城市开始在世界范围快速发展，使人类基本上完成了由农业社会向工业社会、由乡村社会向城市社会的转变，第三次工业革命则进一步加速了城市化进程，并引导城市向后工业化城市发展。

1. 城市化进程表现出"S"形阶段特征

美国城市地理学家诺瑟姆（1979年）发现世界城市化进程呈现"S"形曲线特征："城市发展的早期阶段，也即其人口占比不到10%的时候，城市人口的增长是缓慢的，这个时期的城市化只表现出潜在的趋势。而当城市人口比例超越10%后，城市人口数量开始增多，城市化迈入初期阶段。当这个比例大于20%以后，城市人口表现出增长加速态势，城市化进入加速发展阶段。往后，当城市人口比例跨越70%以后，城市人口速度增长开始趋缓，城市化步入终极阶段。"（见图1-3）

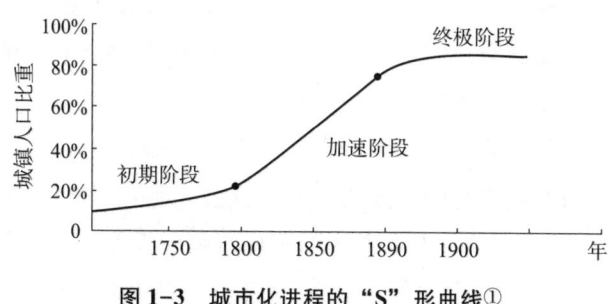

图1-3 城市化进程的"S"形曲线①

城市化的这种"S"形曲线规律，表现出以机器技术体系为主要特征的工业革命开启了城市化，并随着工业革命进程的深入，机器技术体系逐渐扩大，城市化加速发展。而当工业化到达后期阶段，机器技术体系的扩大接近极限的时候，以机器技术为核心的产业技术开始迎来向智能（混合）技术转换的趋势，并促进城市化由数量型的扩张转向质量型的提升。

2. 典型国家城市化进程

整体来看，世界各国在工业革命之前的城市发展是比较缓慢的，工业革命之后城市人口发生爆炸性增长。世界城市化水平在18世纪时期仅3%；1800年，世界人口（9.8亿）中只有不到5%比例的人口居住在城市。但发展到18、19世纪的工业革命之后阶段，由人力生产转化为机器大生产，人们摆

---

① Ray. M. Northam. Urban Geography [M]. New York: John Wiley & Sons, New York, 1979.

脱了土地资源的束缚，城市人口快速膨胀，城市化进程飞速发展。到1850年的时候，世界城市人口已占到总人口的16%，10万人口以上的城市就有900多个。伴着英国发生的工业革命席卷欧洲和北美，世界城市化浪潮迅速波及开来。曾经湮没在乡村和自然的海洋中的城市，如今已遍布全球。

英国。其城市化在工业革命之前发展缓慢，1700年城镇人口不到2%，看不到城市化趋势。随后第一次工业革命正式开启英国城市化进程，大量就业岗位因工厂的设立被创造出来，农村土地的可自由交易引发土地兼并，大量的农村剩余劳动力被释放，促使大批农村人口进城发展，城市人口实现迅速增加。（见图1-4）可以看到，1800年，英国城镇人口比重达到20%以后，城市化趋势显著增强。1851年，英国便拥有了580多座城镇，实现了城镇人口比重超过农村人口。1891年，英国城镇人口比重达到72%以后，城市化势头减缓。历经七八十年时间，英国成为世界上第一个基本实现城市化的国家。

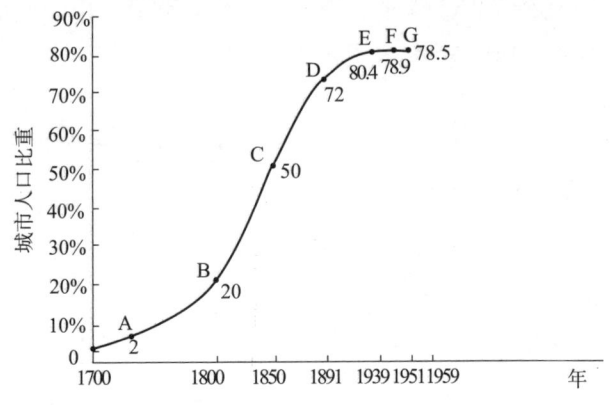

图1-4　英国城市化进程曲线（1700—1959）①

美国。其城市化始于19世纪初期，到19世纪中期，工业化、城市化进入鼎盛，同时也是城市化发展最快的阶段。工业的繁荣除了吸引大量农民进城外，还吸引了众多欧洲移民，使得城市化得到空前发展。到20世纪中期，随着第三次工业革命的兴起，其高科技和第三产业实现迅速发展，涌现出很多高科技城市，城市数量和质量都实现了大幅度提升。1920年左右，美国基本实现城市化。

---

① 高珮仪. 中外城市化比较研究［M］. 天津：南开大学出版社，2004.

德国。其城市化起步虽要晚于英美，但属于异军突起，发展速度快，城市改革比较彻底。特别是在19世纪40年代以后的第一次工业革命时期，在工商业经济吸引下农民大规模涌向城市，1852年城市人口上升到28.4%的水平。到第二次工业革命时期，进入德国城市化发展的高涨时期。1891年，其城市人口就超过农村人口。仅仅用了60年左右的时间，便完成了城市化的过程。

日本。其城市化始于明治维新时期，是伴着自上而下由国家资本推动的工业化发展起来的。当时明治政府大举兴办国营企业，呈现大工业在大城市集中的态势。但由于土地改革的不彻底，城市化步伐仍然缓慢。1920年，城市人口也仅为18%左右，10年后才超过20%。第二次世界大战结束后，1950—1970年的20年，日本才迎来快速的城市化。经由大规模先进技术的引进，并加以改良创新，从而形成了具有其自身特色的产业技术体系，推动城市化水平不断提升。1950年城市化率约为37%，5年后提升到50%，10年后为60%，20年后达到72%，快速实现了城市化。此后，由于城市人口基本达到饱和状态，城市化速度减缓。（见图1-5）

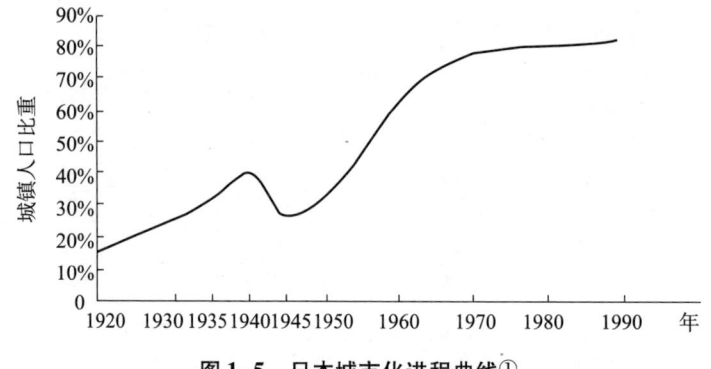

图1-5　日本城市化进程曲线①

中国。根据相关数据显示，我国城市化提升水平并非是一个均衡稳定的增长状态。在某些特定时期，呈现明显加快的速度。1949年，中华人民共和国成立初期城市化水平仅有10.64%，因众多因素影响，到1978年29年只提高到17.92%，而后到80年代左右提升到20%的水平。随后城市化有所提速，到1989年提升到26.21%的水平；再接下来的10年间，增幅又有所下降，1999年城市化水平达到30.89%；而后1999年开始，城市化进程步入快车道，

---

① 卓勇良.空间集中化战略［M］.北京：社会科学文献出版社，2000.

2009年实现46.59%的水平，10年增幅达到15.7%；到2018年城市化水平达到59.58%，处于城市化中期的水平，并预计从2033年开始将进入城市化后期。（见图1-6）

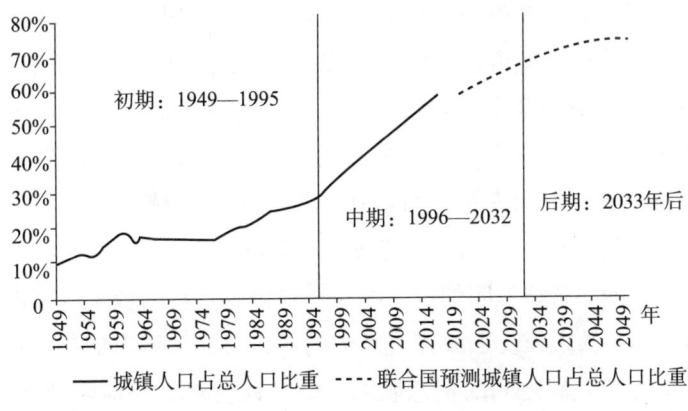

图1-6　中国城市化进程曲线

资料来源：wind等。

三、科技与城市化的互动关系

（一）蒸汽技术：近代工业城市的基础

以蒸汽技术为主要推动力的第一次工业革命，推动了近代工业城市的兴起。经瓦特改进的蒸汽机受到广泛使用后，近代工业城市依托于"蒸汽-机器"的产业技术体系得以形成和发展。它开创了以机器代替手工劳动，使城市摆脱对乡村农业的依赖。城市的数量不再取决于农业剩余，机器生产成为城市积累、创造财富的有力手段，工业生产总量决定着城市的规模和数量。而后在"蒸汽-机器"技术基础上发生的火车、轮船等运输技术突破，则进一步促进了工业城市的扩大和繁荣。

如，众所周知的英国，爆发在纺织行业中的工业革命让其成为率先完成工业革命的国家，并引领其他国家迎接工业时代的到来，工业城市的崛起。工业革命是机器化取代手工业占主导地位，这个过程的长短直接决定了各国城市化发展的速度，只有蒸汽机大规模用于工业生产，城市化进程才真正启动，这充分表明了机器技术对城市发展的重要作用。正像前文中提到的英国城市化进程一样，基于蒸汽动力的广泛使用，到了1800年，其城市人口比例提高到20%左右以后，城市化进程才呈现加速发展的态势。

（二）电力技术：近代工业城市向现代城市转变

如果说，第一次工业革命的时候，各国的工业化呈现的是以轻工业为主，重工业明显笨拙落后，城市化进程也非常缓慢。但到了第二次工业革命时期，工业化开始迎来了一个全新的阶段，重工业成为发展的领头羊，城市化进程被进一步加速。这个时期表现出的典型特点是，蒸汽动力被电力取代，依靠外燃的蒸汽机被发电机和内燃机所取代；工厂实现机械化生产；原有以马车为基础的城市交通被电车、汽车所替代，飞机也开始出现。

纵观这个时期的科技发明创造，因钢筋水泥等材料的产生，城市的高楼大厦得以拔地而起，很大程度上改善了人们的居住条件和城市的样貌；电报、电话的发明，加速了人们之间的信息联系，整个社会被更好地联结起来；飞机、轮船、机车等的出现，使交通运输得到极大改善，加快了城市生活的节奏。所以说，从这个时期开始，工业化时代的近代城市化开始向现代城市化过渡。

（三）信息技术：当代信息化城市的繁荣

第二次世界大战以后，经过第一次工业革命和第二次工业革命的准备，以计算机、核能和航天技术发展为代表的第三次工业革命拉开了帷幕。简而言之，这可以说是一次影响空前而深远的科学技术革命——"历经了200年的工业社会文明后，人类文明挺进了科技文明的新时代。"在这个新时期，科学、技术、知识、信息起着主导作用，城市的发展表现出以信息化城市为主导的模样，成为当代城市化的根本特征。

在这个信息环绕的时代，科学技术的日新发展加剧了学科之间的渗透式发展，边缘科学、交叉学科广泛兴起，各门科学之间的空隙变得越来越小，联系越来越紧密，以至于当代任何重大新技术的发明创造已经不再是单靠某一种科学基础或是过往的经验创造，而是来源于更加综合系统的科学技术研究。随着科学与技术的发展，更多新的科学技术领域开始交叉出现，更多新型工业得以建立，并牵引着产业向信息化方向转化。与此相伴的是，人们的生产、生活方式亦发生了巨大的改变。人们的联结更加紧密，人口也进一步向城市集中，一些超大都市和卫星城市涌现，使地区的发展走向一体化。

第四节 第四次工业革命：科技是驱动城市发展的核心动力

一、第四次工业革命：开启智能化新时代

从远古农耕社会到信息时代，经过三次工业革命，全球经济、科学技术、文化发展发生了翻天覆地的变化。以蒸汽机的发明为代表的第一次工业革命带来了机器化，迎来了工业式生产；随后，以电力应用为特征的第二次工业革命引发了大规模生产，促进了机械、钢铁等重工业的兴起；接着，以计算机技术进步为主导的第三次工业革命催生了自动化生产，生产力得到极大提高。

现在人们所面对的，既是历史沉淀下源远流长的人类文明，也是人类"知觉之门"[①] 背后未来的各种可能性，其中一个以可感知的速度到来的便是第四次工业革命。克劳斯·施瓦布（Klaus Schwab）（世界经济论坛创始人兼执行主席，2016年）表示，"我们目前正处于第四次工业革命的开端。可以预见，本次革命融合了数字、物理和生物等系统，将引起人类与机器之间传播一种新互动，并从根本上改变人们的生活生产方式，改变人们的工作和相互联系。"

（一）第四次工业革命的内涵

第四次工业革命也称为"新工业革命"，即以智能化为核心，以云计算、大数据、物联网、移动互联网、机器人及人工智能（AI）为依托的数字技术所引发的"新工业革命"。它将日益消除物理世界、数字世界和生物世界之间的界限，是一场驱动产业结构、城市形态、生活方式和科技格局的颠覆式变革。

相较于以往，新工业革命最显著的特征便是各项技术的融合发展及应用。而这将极大地促进传统意义上的数字、物理、生物等技术领域的边界交叉。

---

① "这世上有已知之物，也有未知之物。介于二者之间的，是通向人类知觉的大门。"英国作家阿道司·赫胥黎（Aldous Huxley）在20世纪50年代写下的这句话，仍然是当今时代的恰当写照。

这场正在发生的革命中，更多的生产设备、产品和人员将被更紧密地连接在一起，收集、分析有关信息，事先预判，并不断进行自我调节，以适应不断变化的外部环境。在无人介入的状态下，愈来愈多的系统、产品将能够自主执行某些设定的功能。（见图1-7）

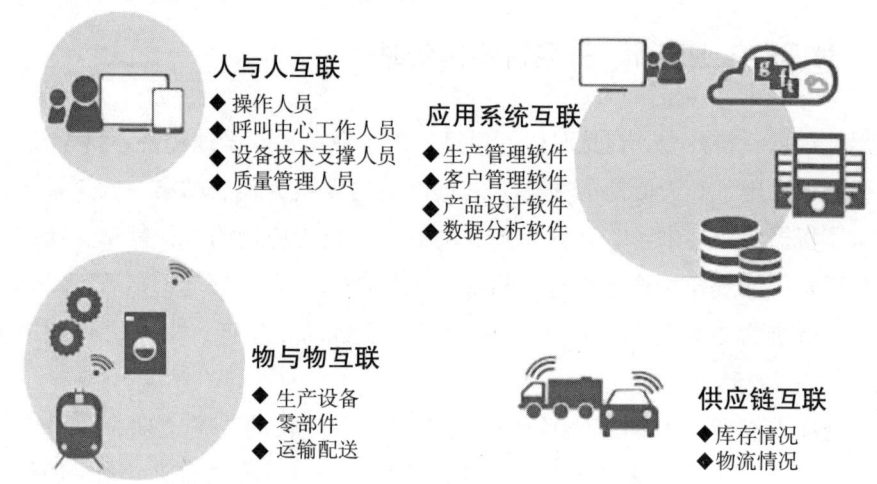

图1-7　第四次工业革命打造的是一个互联的世界

资料来源：网络。

第四次工业革命，其技术融合发展、扩散的速度，以及对社会影响的深度和广度，远远超越前三次工业革命。速度上，新工业革命呈现出指数级别的发展速度，新技术不断催生更新更强大的技术；广度、深度上，建立在数字革命基础上的新工业革命，融合了各种各样的科学技术，这些科技正在给我们的经济、社会和个人带来超乎以往、前所未有的改变。一方面，它改变着人们所做的事情和做事的方式方法，另一方面，还改变着我们人类自身，引起产业甚至整个社会发生重大变革。新工业革命引起的变革，昝胜锋等学者（2018）将其总结为技术模式变革、产业形态变革、组织方式变革和商业范式变革。①

1. 技术模式变革

首先表现出的趋势是重大科学技术创新的主要模式会以技术群形式出现。

---

① 昝胜锋，姜付高，陈旭. 新工业革命浪潮与"互联网+"互动范式研究［J］. 河南社会科学，2018（08）：72-06.

新工业革命时期，出现了标志性技术群（如新一代信息技术、新能源、新材料、智能制造和生物科技等）。其次是不同领域的科学技术出现了相互融合的趋势，并在此基础上实现了技术渗透和扩散。如，新一代信息技术更加向经济社会纵深融合发展，并与标志性技术群相互融合，形成了与过往不同的新科技应用领域，更多的新兴产业应时而生。最后是技术研发到应用的周期将会大幅度缩减。研发周期因科学技术的快速发展而提速迅猛。与此同时，技术高速的迭代升级使得其运用于生产生活的速度发生巨大的变化，不可同日而语。

2. 产业形态变革

新工业革命促进着信息化、数字化技术层出迭现，产业融合发展，边界愈加模糊。如隶属于二产的制造业和三产的服务业随着融合度不断提升，引发了制造业服务化和服务业产品化的新特征。在此背景下，制造业的生产制造环节依托于高智能和高效率的软硬件系统能够实现很好的产出的基础上，与其相关的生产性服务业进而得到迅速发展，成为现代制造业的高端环节，居于整个产业链的核心位置。

3. 组织方式变革

在现代激烈的市场竞争中，可以说一个企业掌握了知识和信息就掌握了市场的命运。而企业可以通过借助于网络实现与环境的广泛联系，进而突破传统认知的边界。一些企业聚焦垂直一体化或横向一体化组织生产，实现"归核化战略"管理，进而提高企业自身的核心竞争力。并且，以往主流的规模化生产方式逐渐被差异化和个性化的生产方式所替代，小型化组织形态成为新趋势。各种各类个性化产品一经生产问世，便得益于便捷的交通工具和网络服务的革命性转变，使产品迅速传播至全球各地。这深刻地体现出，产业生态不断向着网络化的方向发展。

4. 商业范式变革

现代以智能化、网络化、数字化为主要特征的科学技术体系可以说与之前大不相同，新的商业模式不断涌现，并配合着已经变化了的制造工艺和组织形式。目前，随着科学技术的突飞猛进，零技能制造成为可能。如3D打印技术适应了远程环境操作的需求，开辟了全新的商业模式，并有可能在极端情况下创造出新型生产方式。互联网革命时代，终端、平台、服务和数据成为商业模式的四大核心要素。在这些要素中，企业找准自己的核心能力定位，可以构建出适合自身发展的独特的商业模式，进而改变以往被动接受国际分工的局面，提升产业链增值能力。

（二）第四次工业革命融合的新技术

新工业革命是以新一代信息技术、新能源技术、新材料技术、新生物技术等技术的交叉融合为代表，带来突破性重组式创新，总体方向是数字化、网络化、智能化和绿色化发展。并有个形象的比喻："要长出一片丛林，丛林中不同的树种会结出不同的果实，不同的果实通过组合，再不断地长出新的树干，结出新的果实。"

跟以往的工业革命类似，当今的这场革命正在对若干科技突破进行广泛融合，这其中就包括物联网（IoT）、人工智能（AI）以及分布式账本技术（DLT）的融合。人们利用物联网采集数据，人工智能（AI）处理数据，智能合约则是利用数据触发实际动作（如支付、数据传输，或者结果的存储）。

1. 物联网（IoT）

物联网是以数据为中心，通过信息传感设备采集数据，并与互联网连接，进行信息交换，即物物相连相息，进而实现智能化识别和管理。物联网的物物相连表明：一是互联网仍是物联网的核心与基础，物联网是在互联网的基础上延展的网络；二是物联网使得用户端延展到了物与物之间，实现信息交互和通信。在数字时代，数据被认为是"新的石油"。而得益于传感器和制动器技术的发明创新，如测量温度、位置、速度、加速、深度、压力、血液成分、空气质量、颜色、照片扫描、语音扫描、生物计量、电子以及磁场的传感器等，使得人们不需要亲自进行测量，就能够接收到源源不断的各类型的实时数据。与此同时，5G、低功耗广域网等基础设施的加速构建，促进了数以万计的设备接入到网络，广泛意义上的物物相连无处不在。

2. 人工智能（AI）

数据是智能的燃料，大脑则是吸收数据的引擎，将其与之前数据进行交叉引用，按照分类整理，做出判断，在现实世界触发行动，然后再放回存储。人类大脑强大得令人不可思议，人之所以有别于地球上的其他物种也正因为这个器官。人工智能（AI）便是想让机器模拟人类智能，能够像人类那样思考，完成过去只有人才能做的智能工作。而人工智能的发展受益于数据、算法、计算等的不断突破。呈指数式爆炸性增长的数据为人工智能（AI）的落地应用奠定了基础；机器学习算法，尤其是深度学习、强化学习的完善与迭代促进了人工智能（AI）与各个场景的结合，是实现人工智能（AI）落地的引擎；基于 GPU/FPGA 等芯片的发展及计算能力的提升促使其可以快速计算和处理大批量数据。

3. 分布式账本技术（DLT）

DLT 是一种不需要被任何中心化主体存储或确认的数据记录方式。其一，最知名的 DLT 便是区块链，它是通过计算机的分布式网络实现的一种能处理自己的交易并将结果存放到一个公共账本上面的共享存储层。可以说，区块链是一个完全自动化运行的网络，能够达成较完美共识，同时不会给恶意行为者留下任何集中的攻击点。公共区块链不需要集中机构，任何人都可以使用该网络，并且在其基础上开发应用，交易是点对点（P2P）进行的，交易方之间没有中介。第二个知名的 DLT 是智能合约，它是一个模仿法律协定及法庭判决的区块链内部协议。经济需要各种类型的协定并且根据现实世界的结果对那些协定进行仲裁。智能合约可以在数字世界利用 if/then 语句再造这些来根据合约状态触发交易。其基本假设是合约就像书写一样被利用 if/then 参数进行编码。如衍生工具合约，当产品达到特定价格，则客户拿到钱，否则的话，客户就得付钱给对方。

> 专栏

第四次工业革命诞生的新技术[①]

源起于 21 世纪的新工业革命，发端于美、德、日等国。其中，美国以诞生颠覆性技术或革命性技术著称，在近 20 年的时间里，在生物工程、计算机信息、航空航天，以及 3D 打印等其他领域开创了一系列令世人瞩目的前沿科技成果。（见表 1-2）

---

① 李金华. 第四次工业革命的兴起与中国的行动选择［J］. 新疆师范大学学报（哲学社会科学版），2018，39（03）：77-86+2.

表 1-2　美国——代表性新技术成果

领域	代表性新科技成果
生物工程	2000 年，公布了人类基因组"工作框架图"； 2006 年，单分子晶体管被发明并开发出可植入人体的微型传感器； 2007 年，利用人体皮肤细胞"仿制"出胚胎干细胞； 2008 年，世界上第一个转基因人类胚胎被培育出来； 2008 年，研发出杀灭癌细胞的"纳米机器"； 2008 年，第一个人类神经细胞组织系统得以建立； 2011 年，世界上第一束生物激光问世； 2013 年，人类胚胎干细胞被培育出来； 2015 年，调控细胞衰老的关键"开关"被发现； 2017 年，发明基因疗法 2.0
计算机信息	2000 年，量子计算机、生物计算机以及 12 万亿次超级计算机被研制出来； 2008 年，全球最快的超级计算机（运算速度达每秒 1000 万亿次）问世； 2009 年，首台可处理两个量子比特数据的通用编程量子计算机问世； 2013 年，世界第一台碳纳米管计算机建成； 2014 年，新一代模仿人脑计算机芯片被研制出来
航空航天	2004 年，时速超万公里的超音速飞机被研制成功； 2004 年，成功将"卡西尼"号飞船送入土星轨道； 2008 年，成功将"凤凰号"探测器发射到火星并确认火星上有水的存在； 2011 年，向火星成功发射"好奇"号探测器； 2013 年，人类将探测器成功发射出太阳系； 2014 年，完成"猎户座"载人飞船首飞； 2014 年，成功用激光束从太空传回高清视频； 2016 年，Space X 完成全球首次海上火箭回收； 2016 年，"空中浮动涡轮"高空风电系统发明问世
3D 打印等其他领域	2001 年，纳米导线和只使用一个分子晶体管的可计算电路被研制出来； 2003 年，纳米电动机问世； 2003 年，修补大脑的芯片被发明出来； 2004 年，利用核反应堆大规模制氢技术被掌握； 2005 年，高效率燃料电池被研制出来； 2006 年，可取代晶体管的新元件"交换点阵式插锁"被发明出来； 2007 年，一种可以大幅提高以玉米为原料生产乙醇效率的新工艺被设计出来； 2010 年，硅纳米光子芯片技术被发明出来； 2011 年，反激光器被研制出来； 2013 年，首次在两个人脑之间实现远程控制； 2014 年，智能遥控指环 Ring 问世； 2016 年，3D 生物打印出人造耳朵、骨头和肌肉组织等； 2017 年，自动驾驶货车问世； 2017 年，实用型量子计算机问世

同时期，英国、日本、德国、中国等也产生了一些颠覆性技术成果，代表性技术如表 1-3 所示。

第一章 科技与城市关系的历史演进

表 1-3 其他重要国家革命性新技术

国家	革命性新技术
英国	2001 年，可用来监视机场跑道的高清晰雷达系统被开发出来； 2009 年，一种可以将普通皮肤细胞转化为诱导多功能干细胞的方法被发现； 2011 年，超薄"纳米片"制备方法被发明出来； 2012 年，一种高速磁存储原理被发现； 2013 年，首次 3D 打印出"活体组织"； 2015 年，被誉为"终极电池"的锂-空气电池问世； 2016 年，"五维数据存储"技术被成功发明，可存储海量数据、存储时间超百亿年
日本	2002 年，国际水稻基因组测序计划完成，成功绘制出世界第一张农作物的基因组精细图谱； 2003 年，量子计算机基本电路被研制出来； 2004 年，世界最快光通信技术被开发出来； 2006 年，一种利用照明灯传输的高速网络技术被研制出来； 2008 年，一类新的高温超导材料——铁基超导材料问世； 2011 年，世界最快计算机（每秒运算 1.051 万万亿次）被开发出来； 2012 年，首次用"人造"卵子产下小鼠； 2017 年，360°全景相机问世
德国	2002 年，实现铷原子气体在超流体态与绝缘态间的可逆转换； 2002 年，约 5 万个低能量状态的反氢原子被制造出来； 2006 年，全球第一款高分辨率、全彩色有机发光二极管显示器问世； 2012 年，首次从皮肤细胞中培养出成体干细胞
欧洲	2003 年，火星探测器被成功发射； 2007 年，DNA 制动器、分子发电机问世； 2008 年，首张完整的大脑网络地图被创建出来； 2009 年，最大远红外线望远镜问世； 2009 年，宇宙辐射探测器在欧洲升空； 2010 年，首次成功制造出多个反氢原子
瑞士	2011 年，世界最大的太阳能飞机"太阳驱动"号首次跨国飞行成功
韩国	2004 年，首次利用克隆技术获得了人类胚胎干细胞； 2006 年，4G 新一代移动数字通信系统问世
法国	2005 年，与瑞士科学家共同研制出超大容量纳米级信息存储材料
荷兰	2011 年，世界最小的分子"电动车"被制造出来
加拿大	2012 年，开发出人造大脑
俄罗斯	2001 年，完成新型飞机隐身技术的飞行试验； 2013 年，首次实现"一箭 32 星"发射
中国	2003 年，世界上第一条磁浮列车示范线建成； 2016 年，世界首颗量子通信卫星发射

(三)主要国家的应对行动

置身于新工业革命浪潮之中,世界各国纷纷制定了相应的战略举措,如德国——"工业4.0"、"工业战略2030"、欧盟——"欧洲工业数字化战略"、法国——"新工业法国"、韩国——"制造业创新3.0"、俄罗斯——"国家技术计划"、日本——"机器人新战略"等等。这一系列计划的大力实施,将很有可能形成新的技术前沿和新的生产可能性边界,并力图在新工业革命中抢占先机。(见表1-4)

德国:提出了"工业4.0"战略(2011年),走在了发展前列。该战略意图通过物联网等技术,把设备、产品、资源和人链接起来,进而实现生产制造流程的自动化。引人注意的是,为了实现设备网络接口的标准化,他们提出了"即插即用"方式,即是预先对生产机器按功能进行模块组合,而这些模块之间预设的是标准化的接口,进而实现按市场需求快速组合设备以供生产的目的。为了实现这项战略,不仅德国政府、行业协会等组织机构成立了"工业4.0"指导委员会和工作推进领导小组引导"工业4.0"战略发展,还在商业模式、标准制定、研究开发和人才培养等方面采取了一系列措施来支持"工业4.0"落地。与此同时,今年还提出了"国家工业战略2030",旨在有针对性地扶持重点工业领域,保证国家工业在欧洲乃至全球的竞争力。

美国:积极发展产业互联网应对新工业革命的来临。其通过传感器采集设备数据信息,在大数据分析下,达到降低成本、提升效率和优化系统的目的。为此,多家巨头公司(包括GE、AT&T、IBM、Cisco)联合成立了"产业互联网联盟",共同推动物联网标准化的框架建立以及创新实践。基于产业互联网的大数据分析成为新价值来源,如GE公司在2011年便筹建了软件中心,处理大数据管理业务,并于2014年向外部客户提供产业互联网核心数据分析软件,通过数据分析创造更多价值。

日本:提出"机器人战略"(2015)。该战略目标是通过人工智能(AI)、云储存等先进技术,对传统机器人进行升级,使新的智能机器人可以摆脱驱动系统,并能够做到与外部物体和人的相连接。为推进该项战略,在政府层面,特成立了"机器人战略协议会",并与相关机构开展合作,制定机器人通用标准和数据的安全准则。在企业层面,一是构建工厂内与企业内、企业间的网络连接通道。二是整合以往各个独立系统(如将工厂控制系统和企业经营系统进行整合),实现整体最优控制。三是推进企业之间数据共享机制建设与社会整体最优控制。采取分步骤措施,研究企业与企业之间如何通过分享数据得到整体最优,如何划分竞争与协调领域等相关问题。

至于"我国版本",大约便是 2015 年 10 月国务院常务会议上,李克强总理提出的"互联网+双创+中国制造 2025"的阐释,彼此结合起来进行工业创新。

表 1-4 主要国家应对新工业革命的战略和行动项目①

	发展战略或策略	行动项目或工程
美国	2009 年,推出《重振美国制造业框架》;2010 年,颁布《制造业促进法案》;2011 年,提出《美国制造业创新网络计划》《实施 21 世纪智能制造》《先进制造伙伴计划》;2015 年,实施《美国创新战略》等	(1) 机构建设上,2012 年,建立了国家增材制造业创新中心、数字制造和设计技术创新研究所等研究创新机构;(2) 项目行动上,2015 年,广泛开展各类项目,如新能源汽车、可再生能源、先进材料设计、信息学和数字制造技术、可视化技术、工业机器人、合成制造项目等
德国	2008 年推出《中小企业创新核心计划》;2013 年提出《保障德国制造业的未来:关于实施"工业 4.0"战略的建议》;2019 年提出《国家工业战略 2030》等	项目行动上,2013 年,开展智能工厂相关的生产系统开发项目。一是在机器人方向,推进协作机器人、并联机器人项目;二是在增材制造方向,研究增材制造与切割加工结合的混合制造项目,增材制造与工程仿真和拓扑优化技术结合项目等
日本	1999 年,颁布《制造基础技术振兴基本法》;2004 年,提出《新产业制造战略》;2009 年,实施《未来开拓战略》;2010 年,落实《日本制造业竞争策略》等	项目行动上,在 3D 打印领域,2013 年开展超精密 3D 造型系统技术开发项目,2014 年展开 3D 打印制造革命技术(2014—2019)项目等
英国	2007 年,提出《2008 制造战略》;2009 年,推出《新工业新战略》;2013 年,研究《制造业的未来:英国面临的机遇与挑战》和实施《产业战略》等	(1) 机构建设上,2011 年,建立制造业技术中心,建立考文垂制造中心;2012 年,建设工业生物技术开放获示范实验室等。(2) 项目行动上,2012 年开始,优先扶持核电、可再生能源、清洁汽车项目等
法国	2013 年,提出《新工业法国》;2015 年,推出《未来工业》等	项目行动上,在多个领域推动项目研发。包括数字制造、智能制造转型,环保汽车,新资源开发,新型医药,可持续发展城市,物联网、宽带网络与信息安全,智能电网项目等
韩国	2014 年,提出《制造业创新 3.0 战略》等	2017 年前,研发 3D 打印、大数据、物联网等相关技术项目等;2020 年前,谋划建设 1 万个智能工厂等

① 李金华. 第四次工业革命的兴起与中国的行动选择 [J]. 新疆师范大学学报(哲学社会科学版),2018,39(03):77-86+2.

续表

	发展战略或策略	行动项目或工程
俄罗斯	2011年，提出《2020年前俄联邦创新发展战略》；2015推出《国家技术计划》等	2015年，开展神经网络、海洋网络、汽车网络、航空网络建设项目等；2020年前，在汽车、机械、电子、医药等多个领域进行研发
中国	2009年，提出《装备制造业调整和振兴规划》；2012年，公布《"十二五"工业转型升级规划》；2015年，提出《中国制造2025》等	项目行动上，推进多个工程计划，研发多个应用项目。包括制造业创新能力建设工程、信息产业核心技术能力提升工程、智能产业基础支撑能力提升工程；工业互联网网络化改造和集成应用项目、质量品牌公共服务平台建设方向项目等

世界主要国家的行动表明，以物联网、大数据、人工智能（AI）技术为基础的技术融合体系为原有的工业结构转型升级拓展了新空间。以往依靠单体设备功能升级、制造单元局部改革的传统工业发展到今天，我们看到，其向上提升能力的空间愈来愈小，面临升级瓶颈，但借由数字技术的助力还能优化提升制造的全过程，使得成本进一步降低、效率进一步提升。不仅如此，我们可以利用云计算、大数据等相关技术，应用于设计、开发、维护等更高价值的服务领域。这使得传统工业企业不仅有制造功能还有服务功能，满足社会需求的同时，也为企业利润增长提供了新途径。目前，世界主要工业国家已经开始了借由先进科技力量促进产业结构转型升级的步伐，在诸多环节提供"弯道超车"的可能，并影响全球竞争格局发生深远变化。

二、产业互联网：新工业革命的关键支撑

从发展趋势来看，在融合发展浪潮中，新工业革命与互联网的融合将极大地影响着产业发展，被认为是产业变革的主要推动力之一。工业革命以来所创造的物质财富已经汇集了全人类几千年来创造的物质财富的总和。但我们也深深地感受到，现行的产业体系是如此的强大又如此的脆弱不堪。环境危机、能源危机和金融危机的产生不断提醒告诫着我们，现行的产业体系需要进行整体变革。不约而同地，世界各国在不同的地域，又恰恰在同一个时期内都在思索产业的变革之路。而这个变革的指引就是互联网时代下的产业变革。产业的未来发展必然有一股来自互联网及其复杂的"技术簇群"的力量支撑，促进产业升级发展，推动产业经济发展范式的演进。

(一)互联网时代的产业变革

如今,"互联网+产业"融合发展态势促进着新业态、新商业模式的不断涌现更迭,也催生出更多技术与业态互相融合的生产系统、服务系统,引发产业的调整和转型。与过去相比,新工业革命历程中,为了吻合新的外部环境、适应新的生产方式,无论是在产业之间还是在产业内部,产业变革显露出更大程度的融合和渗透。而以互联网信息技术为支撑的资源配置方式,将深刻影响产业的组织形式,将产业边界变得愈来愈模糊。产业边界模糊使得组织与外部市场或其他产业之间出现了融合的可能。产业组织网络化发展和企业内部组织扁平化发展成为适应融合发展的趋势。以往产业表现出的地理集群空间模式将被打破,并引发产业网络的虚拟聚集趋势。

可以看到,基于新工业革命和互联网进程的实质性开展,产业的互联网融合之路将推动产业向智能化模式发展。消费端上,个性化、定制化需求将可能会增多并取代部分同质化需求;生产端上,产业互联网将被更广泛应用,企业通过建立智能网络系统,链接生产线、仓储、产品等,实现终端、设备自主运作和讯息交换,达到网络协同控制。

总之,以新一代信息技术为代表的科技动能促进着产业朝互联网化的方向发展。由互联网所催生的、融合的智能技术对产业进行全方位改造、提升和变革,一系列产业生产的新模式、新业态和新的价值链体系正在全方位形成。①

(二)产业互联网:驱动发展的新动能

产业互联网(Industrial Internet)由消费互联网引申而来,面向B端企业,以物联网、云计算、大数据、智能硬件在产业环节的加速应用为途径,围绕生产、交易、流通等整个产业链环节展开,通过对产业数据进行深度感知、交换传输、建模计算,实现智能控制,优化企业的运营和生产组织方式,促进产业效率升级、成本降低。②

可以说,产业互联网是互联网和新一代信息技术与产业系统全方位深度融合所形成的产业和应用生态,并引发产业价值链的重构和创造新的价值。从产业视角看,产业互联网表现为由内部生产系统到外部商业系统的智能化。

---

① 唐德淼. 新工业革命与互联网融合的产业变革 [J]. 财经问题研究, 2015 (08): 24-06.
② 杨钊. 产业互联网的现实应用及其模式创新 [J]. 重庆社会科学, 2016 (02).

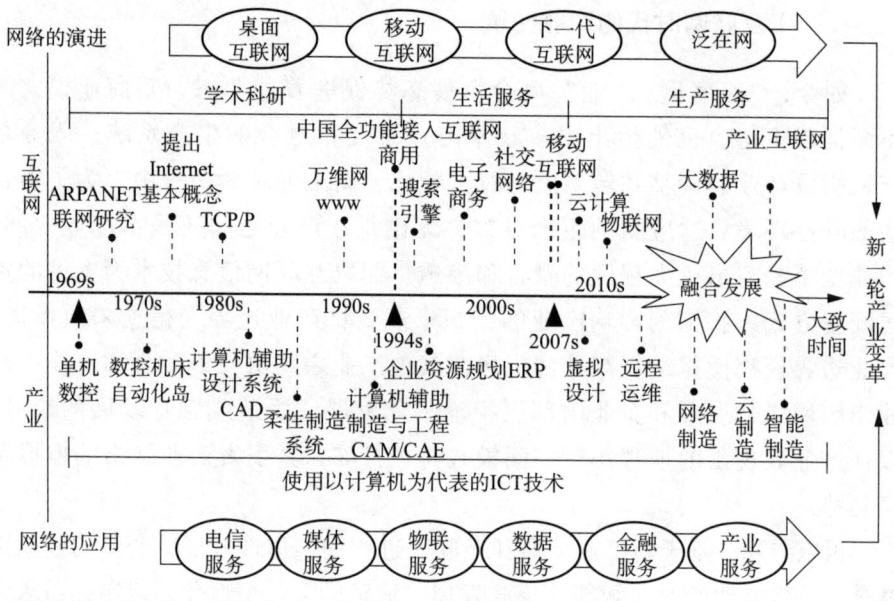

资料来源：中国信息通信研究院。

图1-8 互联网改变产业的几个阶段

生产系统自身依靠采集信息通信技术，将机器与机器、系统与机器和企业上下游之间实现实时连接与智能交互；从互联网视角看，产业互联网表现为由外部商业系统变革牵引内部生产系统的智能化，包括营销、服务、设计等环节的互联网新模式、新业态带动产业生产组织和制造模式向智能化变革。

据思科估计，到2020年，如果通过产业互联网方式升级，美国公司的利润可以增长21%左右。同样，我国产业互联网的规模空间也非常巨大。

专栏

互联网的下半场

当前，人们对互联网进入"下半场"的论断已达成广泛共识。互联网的主战场，悄然已从消费互联网向产业互联网转移。消费互联网（To C）时代，互联网以消费者为中心，历经20年快速发展，消费互联网已经在搜索引擎、电子商务、社交网络等领域形成了模式化的发展样式，市场新增空间受限，行业发展格局稳定。面对C端的发展空间的局限，以及产业消费升级的需求，产业互联网（To B）成为焦点，未来更大的发展空间将会来自产业互联网。

1. 消费级互联网发展成熟，高频场景缺乏（见图1-9）

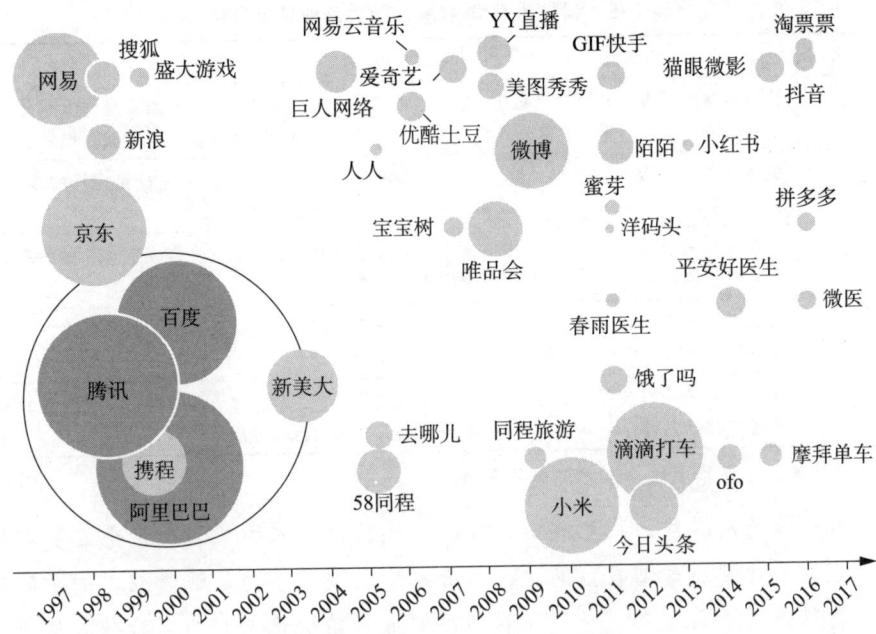

图1-9　消费级互联网市场发展历程

资料来源：普华永道，东方证券研究所。

目前，我国2C（To Consumer）互联网经过20年的发展，C端用户已趋于饱和，并呈现出BAT（百度、阿里巴巴、腾讯）三足鼎立的格局，进一步创新空间有限。C端应用已渗透"衣食住行文娱健"等各个细分领域，渗透率基本已接近天花板，创新空间不断缩小并不断细化。同时，C端的流量入口已基本集中在BAT等少数企业手中，无形之中提高了其他企业的进入壁垒。像百度占据了搜索入口，腾讯抢占了社交应用场景，阿里则专注在购物应用场景，美团等夺取了美食应用场景，滴滴主导着出行应用场景。通常人们所熟知的生活高频应用场景基本都被巨头公司占领，从C端高频应用场景领域再诞生新的巨头公司的机会愈来愈小。

消费级互联网市场已步入聚焦于增加客户黏性的存量时代，更加注重用户体验和满意度，产品和服务也实现了消费升级。而消费升级进一步倒逼产业升级，推动了B端对科技赋能的需求，使得面向B端的产业互联网成为下一个风口。产业互联网使得"供给端"（B端）与互联网深度融合，优化B端的渠道和资源配置，提高B端效率，使得B端的企业能够满足C端个性化产品和服务等需求，在消费级互联网用户体验和满意度的竞争中获胜。

2. 科技为 B 端赋能，助力产业新发展（见表 1-5）

表 1-5　科技为 B 端赋能，助力产业转型升级

技术	B 端赋能	产业升级
大数据	协助 B 端进行客户分析、优化运营、管控风险，实现产业价值链升级	产业链各环节实现精准升级，由 C 端向 B 端传导用户需求，逆供应链数据流将有效减少产能过剩
人工智能	提高企业运营效率，降低成本，提升用户黏性	智能化、自动化的基础，实现行业升级的核心，能有效提高行业能效
云计算	辅助 B 端进行数据储存与分析，成为实现数字化模式的基础	为产业智能化、数字化发展提供载体，辅助产业转型
物联网	优化质量控制，升级供应链，通过提升客户体验而提升客户黏性	整合资源，实现有效配置，提升行业效率，减少资源浪费
区块链	提升运营效率与安全性，去中心化属性将拉近 B 端与 C 端的距离	减少流程环节，提升行业透明度，促进资源的有效集结，辅助产业升级

资料来源：普华永道，东方证券研究所。

相较增速放缓的消费互联网，以新一代信息技术为代表的产业互联网不论是在增长速度还是增长空间上，都有巨大的发展潜力。随着技术的不断成熟，落地产品不断增多，产业互联网的商业价值会进一步得以释放。从数据上显示，全国有大约 60 多个千亿级的产业集群，往后的 20 年，互联网将深刻改变和塑造产业格局，很多产业的关键领域都将被互联网化。据计算，当引入互联网支持，产业效率提升一个百分点的水平下，在未来 15 年中整个产业集群预计将节省近 3000 亿美元。

人工智能（AI）、大数据等新技术除了能够服务企业用户，推动企业的智能化和信息化建设，极大提升企业的效率，还能驱动企业及其所处行业的转型和发展。以制造业的科技赋能为例，物联网技术采集各个节点的数据，通过人工智能（AI）等技术对数据进行分析处理，从而规划自身行为，实现生产流程的智能化，更合理地分配闲置生产资源，优化研发、生产、运输、销售等各个环节，从而提升生产效率、降低成本。

三、混合技术：打造一个互联的未来城市

现代城市发展历程中，科技革新推动着城市发展模式的演进，增进着城市为人们服务的能力：蒸汽引擎重塑了城市肌理，电网革命提升了城市效率，移动信息网络使人与人的沟通距离进一步缩短。新工业革命融合着以新一代信息技术为代表的众多技术，趋向于消除物理世界、数字世界和生物世界之

间的界限，为创新型社会的构建创造了新模式，对城市发展将会产生深远而复杂的影响。

（一）未来城市的变化新特征[①]

近年来，人们利用科学技术重塑着城市未来形态与格局。人与人的联系、人与城之间的联系越来越清晰可见，高效生产生活方式的"优与劣"引导着城市未来发展的内在运行规律。

1. 时空压缩下的交通智能化城市

城市在快速扩张的过程中，由于城市路网建设的滞后，往往会带来交通效率的低下。近年来，智慧交通系统的出现与应用，有效提升了城市整体的交通通行效率，缓解了城市迅速扩张引发的负面影响。我们设想，依托车联网、无人驾驶技术等的应用，未来城市将打破人们活动的时空局限，城市要素流动频率将会增加，设施服务半径将会扩展，城市各类公共资源的利用效率也会进一步提升。并且，智慧交通系统将促进未来城市布局的均衡化，尤其是城市中心区的建设密度将会显著下降，城市的绿地和商业设施也会交错分布，城市将变得更适宜居住。

2. 复合空间布局的产业创新化城市

依托科技创新力量的支撑，未来城市的工作空间和居住空间将实现更好的融合。以寻求经济和环境双重最优的企业组织会将规模工业设置在城市外围，并合理巧妙地将产业区、商业区、居住生活区融合于一体。原主打区域生产的空间形态将会从以往的工业新城模式向生产生活相融合的城市生产生活融合模式演进，"产城融合"的城市发展理念会得以更好实践。

3. 高效物联网构建的管理数据化城市

物联网是实现"物物相连"的重要网络，在城市智慧化发展过程中起着举足轻重的作用。城市管理方面，物联网的应用将会在道路安全、都市更新等方方面面引发重大改变，进而来满足和适应未来城市的布局、更新和维护。

未来城市，一方面共享性和功能多样性的公共空间将会更受欢迎，另一方面私人空间将会更加追求舒适性和专属性。人与空间的互动能力将更加成熟，人对生活和工作的掌控能力也将到达新高度。与此同时，未来建筑很可能会以模块化形式存在，模块化建筑"积木式"组合众多空间形态，来满足

[①] 杜超,黄鼎曦,等.未来城市的"变"与"不变"[J].房地产导刊,2018(08).

城市居住、工作、休闲等多样化需求。

（二）未来城市的实践探索

1. 雄安新区：打造未来城市发展的典范

2017年4月，国家级新区——雄安新区批复设立，举世瞩目。它肩负着疏解北京非首都功能、推进京津冀协同发展的历史重任。

从区域空间结构演变的视角看，弗里德曼（美国当代经济学家）的"区域空间结构之说"或许是观察雄安新区的一种视角："在前工业化阶段，由于生产力水平普遍低下，经济极度不发达，区域空间可以说总体上都处于比较低水平的均衡状态；到了过渡阶段，区域表现出城市内部（经济中心）因工业化变得强大，城市外围地区落后的样貌，空间结构陷入不平衡状态；进入工业化阶段，又扭转上述情况，空间上既有经济中心也有与其相适应的外围地区，空间结构向复杂化和有序化发展；步入后工业化阶段，内部中心与外围地区的界限会越来越模糊，区域最终走向空间一体化发展。"可以说，雄安新区的设立，便表现出向第三、第四阶段跨越发展的模样。①

2018年4月14日，《河北雄安新区规划纲要》发布，给出了构建人类伟大文明城市的中国智慧和中国方案。可以想象，主要承担疏解承载北京非首都功能的雄安新区，无疑是新时代文明城市的开创者、实践者和全球典范，致力于打造成为未来城市的典范。

除了打造一座高质量、高效益发展的创新之城，一座适合人类居住、生活、就业的高品质宜居之城，一座崇尚自然、天人合一的生态绿色之城之外，更无与伦比的是雄安新区将打造成为一座数字化、智能化管理和服务的智慧之城。

雄安新区将全面构筑智能化的地上、地下基础设施体系，利用传感器、大数据、云计算、物联网等最新科技进行城市交通、部件的管理，多网协同、数据共享，构筑集监测预警、预防救援、应急处置、危机管理为一体的城市安全保障体系，实现城市数据交换和预警推演的毫秒级响应。全面建成智能政务、智能环保、智慧消防、数字城管、数字化个人诚信体系、智能社区等新型治理载体和治理模式，形成符合新时代互联网发展特征的精细化、精准化、全时全域全程、开放共享的现代化城市大数据管理体系，全面建成现代、文明、安全的雄安新区。

---

① http://www.xinhuanet.com/city/2017-07/17/c_129656723.htm.

同时，雄安新区正在探索一种新的城市成长方式：在实体城市建设的同时，还要同步建成一座全时空感知、全要素联动、全周期迭代的虚拟城市。新区将采取 GIS 和 BIM 融合的数字技术记录新区成长的每一个瞬间，跟随新区沧海变桑田的全过程，逐步建成一个与实体城市完全镜像的虚拟世界。如建设市民中心，地面上建一个实体城市，同步建设一个数字化的镜像城市。市民中心有全方位智能管理系统，每一道建筑程序、每一个零件，都被数字化的可追溯的方式，加以记录。造林项目、租赁住房都引用了区域链技术。数字雄安有可能成为一个新型数字城市的代表。

在未来，还将接入雄安实时物联网运行数据，让这个虚实双生的城市，每一处局部变化都知晓对整体格局的影响、每一个宏观决策都充满对个体感受的关怀。并将为城市建立起"感知-体检-预警-更新"的智能迭代系统以及"开放-众筹-信用-交易"的众智创新体系。数字的聚集和共享不仅仅带来机器的智能，更会开启大众的智慧。

2. 日本：打造超级智能社会（社会 5.0）①

2016 年 1 月，日本发布《科学技术基本计划》（第五期），提出将建立高度融合网络空间和物理空间的"超智能社会"（Society 5.0）。（见图 1-10）

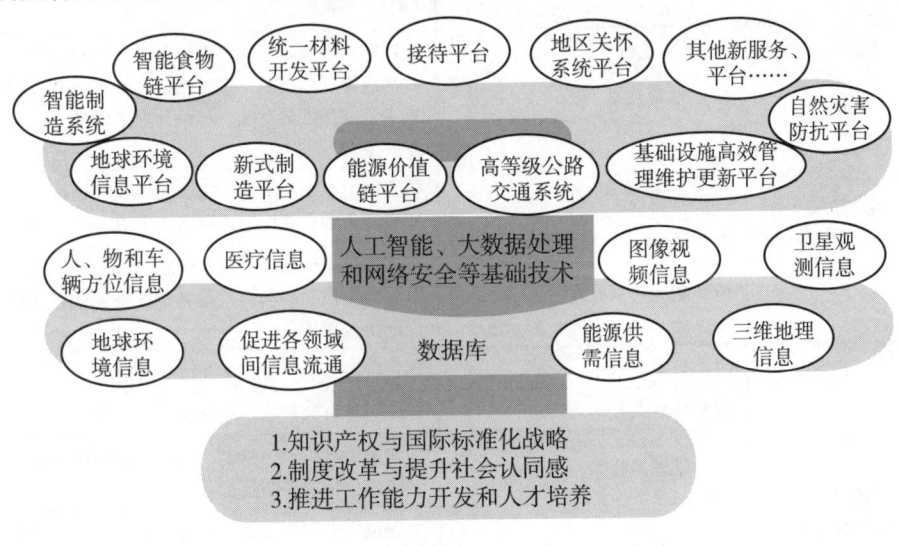

图 1-10 "超智能社会"构想的主要内容

---

① 朱启超，王姝．日本"超智能社会"建设构想：内涵、挑战与影响［J］．日本学刊，2018（02）：60-27．

可以说，"超智能社会"（Society 5.0）是继狩猎社会、农耕社会、工业社会、信息社会之后的又一种新型经济社会形态。它以两种空间（网络空间与物理空间）的高度技术融合为基础，对城市多样化潜在需求及时反应、快速提供相应的产品和服务。日本打造的"超智能社会"（Society 5.0）致力于成为一种能够实现社会经济发展与解决问题相协调、相促进的社会形态，也能够满足人们对高品质生活预期的、以人为中心的社会形态。（见表1-6）

表1-6　日本建设"超智能社会"（Society 5.0）的支撑技术

技术领域	支撑技术	功能简述
虚拟空间技术领域	（1）网络安全技术	依靠较低成本的安全通信来实现遍布各处的物联网设备进行统一管理，并关注物联网的漏洞处理、加密及高存储容量等技术问题
	（2）物联网系统建设技术	物联网设备的无缝链接、更新迭代的实现，要求对庞大的系统进行结构改造，这需要依靠结构化技术和虚拟技术的应用
	（3）大数据分析技术	高速信息处理技术能从海量非结构化数据中挖掘有价值的信息
	（4）人工智能（AI）技术	涉及机器学习、深度学习、人机交互、自然语言、机器视觉等多个领域的技术内容，并推进搜索型、知识型、计算型和综合型人工智能（AI）的研发
	（5）设备技术	加强针对小型超低功率设备促进大批量数据实时快速处理的技术开发工作，并在设备开发过程中进一步推进系统、材料开发之间的数据信息共享
	（6）网络技术	包括网络虚拟技术的推进，无线宽带通信技术研发和大数据深度分析网络技术研发等
	（7）边缘计算技术	应用对数据信息进行实时快速反应的分散式技术处理结构，确保网关等终端设备安全，并建立起防范架构
现实空间技术领域	（1）机器人技术	围绕机器人的相关技术及标准制定
	（2）传感器技术	开发一种可远程监控和性能更新的技术
	（3）处理器技术	加快发展与机理、驱动、操控有关的评价技术和研发生物处理器技术等
	（4）生物技术	加强包括生物传感器、运动数据采集设备和生物驱动装置等的研发，并进一步强化与生物领域有关的技术研发工作
	（5）人机交互技术	加强包括虚拟现实（VR）、增强现实（AR）、感知工程、脑科学、伦理学的研究

随着"超智能社会"（Society 5.0）概念的提出，人们赋予了这种社会形态很多内涵和深远影响。它被认为是利用本轮新工业革命，日本突破经济增长停滞不前，并实现中长期经济健康稳步发展，应对少子与老龄化加剧、劳动力人口快速下降、社保费用攀高不下等多重挑战，以实现社会转型发展的关键。其不仅覆盖了交通、制造、服务等众多领域，未来还将影响商务、劳动力提供和理念创新等内容。

"超智能社会"（Society 5.0）展现的是"在合适的时间里将合适的事务和服务准确提供给合适的人，精准应对各种社会需求，使更多的人都能享受高品质服务，创造更加安居乐业的社会风貌"。为此，要建成"超智能社会"（Society 5.0），还需要利用物联网将各种"物"链接起来，并推进各种系统网络联合协调，产生新价值、创造新服务。这就需要依托虚拟网络空间和现实物理空间两大技术领域进行底层技术支撑。

02

第二章
科技城市的定义及指标体系

02

第二章

社会符号学及相关术语

第一节　科技城市的基本内涵与特征

目前，关于"科技城市"的相关描述较多，如创新型城市、全球城市、全球科技创新中心等，但尚未形成普遍共识。值得关注的是，上述这些概念都承认了科技在城市发展中的核心作用。未来，城市将呈现出一些共同特征：全球创新要素的集聚之地；全球科技创新的重要枢纽节点；在全球资源配置特别是科技资源配置中处于重要支配或引领地位。

一、定义

2015年12月20—21日，中央城市工作会议在北京举行。习近平、李克强、张德江、俞正声、刘云山、王岐山、张高丽等党和国家领导人出席了会议。此次中央城市工作会议是继1978年后首次召开的最高规格的城市会议。会议提出，城市发展带动了整个经济社会发展，城市建设成为现代化建设的重要引擎。会议指出，城市是我国经济、政治、文化、社会等方面活动的中心，要深刻认识城市在我国经济社会发展、民生改善中的重要作用。会议强调，当前我国城市发展已经进入新的发展时期，要推进城市科技、文化等诸多领域改革，优化创新创业生态链，让创新成为城市发展的主动力，释放城市发展新动能。[1]

2015年的中央城市工作会议明确了创新是城市发展的主动力，科技作为创新的重要载体和表现形式，对城市的发展将起到至关重要的作用。通过对城市的历史演变研究，并结合国家赋予城市的功能定位以及科技创新的发展历程，我们认为，科技城市是新经济[2]条件下的一种城市发展模式，这种模式以科技创新为引领，以打造产业聚集、生态宜居、充满活力的城市空间为目

---

[1] http://www.xinhuanet.com/politics/2015-12/22/c_1117545528.htm.

[2] 所谓"新经济"是建立在信息技术革命和制度创新基础上的经济持续增长与低通货膨胀率、低失业率并存，经济周期的阶段性特征明显淡化的一种新的经济现象。

标，最终形成技术、人才、资本、机制、载体、文化、配套等多要素融合的生态系统。与我们所熟知的城市不同，科技城市是包含技术创新、机制创新、模式创新、管理创新以及组织创新等全方位创新的一种城市治理模式，既可以是行政区划的概念，也可以是城市的某一片区域。科技城市是产业园区、创新街区、生活社区的融合体，不仅自身可以成长，也能够带动周边区域实现共生共长。

从城市发展动力来看，科技城市是科技进步贡献对城市社会经济发展起着决定性支配作用的城市；从科技创新来看，科技城市是在全球新一轮技术变革和产业转移的背景下，特别是随着人工智能、大数据、物联网、云计算等新一代信息技术的快速发展，以高科技企业为核心主导要素，同时兼具生活、服务、休闲等城市功能的一种新型城市；从城市功能来看，科技城市一般是科研院所、高等院校、职业学校的汇集地，并通过原创技术的开发以及科技成果的转化，最终达到的目的是要对城市周边及更广阔的区域产生辐射效应。

二、构成要素

分析科技城市的构成要素，应抓住科技城市的内涵，需要从基础条件、运行机制、发展环境等角度来看，具体分为四个方面。

第一，基础资源。科技领域的基础资源是一切科技创新活动的出发点，主要包括人才、资金、信息、知识等。科技城市的成长需要充足的基础资源作为保障，即一定的产业基础、财富水平、人力资源储备和便捷的区位交通等。

第二，研发主体。国家和企业的科研机构以及大专院校是科研活动的行为主体，是技术创新的原动力，主要包括企业研发中心、国家级的研究机构、重点实验室、大学、创新孵化平台、政府资助机构等。

第三，组织机制。科技城市的最大特点是创新驱动和技术引领，这就需要轻松、活跃、有序的制度保障，既不能过于死板和保守，也不能过于宽松和无序。科技城市的有效运转需要科学、合理的创新体系和规章制度，主要包括激励、竞争、评价、服务和监督等机制。

第四，发展环境。科技的进步依赖人才，人才的发展越来越需要良好的环境。这种环境既包括硬件的载体，如良好的办公环境、人性化的城市格局、舒适的居住空间、完善的试验设备条件、畅快便捷的信息网络基础设施等；也包括软性的服务，如全链条的企业商务服务、适宜科技创新的政策措施、严格完善的法律法规、自由的社会文化等；甚至包括维护创新的专利环境乃至鼓励支持参与国际竞争与合作的外部环境，这些软硬环境共同成为维系和促进创新的保障。

三、发展模式

科技城市的发展与传统城市的发展模式不同，特别是在新的环境和背景下，必须要以新的理念和方式为城市经济发展寻找到新的突破口和增长点。科技城市的发展模式主要有以下两种划分方式。

第一，按照不同的主导主体划分，分为政府主导型、市场主导型、混合型以及高校和科研机构主导型。一般来说，发展中国家往往采用政府主导型发展模式，发达的工业化国家一般采用市场主导型发展模式。未来，自上而下和自下而上相结合的混合型发展模式将成为主流模式。高校和科研机构主导型发展模式比较少见，其以本身拥有大量高校和科研机构为前提，由高校和科研机构提供大量的科技基础研究、知识传播和技术创新来推动城市的科技创新发展。日本筑波、美国硅谷、中国中关村和英国剑桥科技园是四种发展模式的典型代表。

第二，按照不同的创新要素划分，分为知识创新型、技术创新型、产业创新型和制度创新型。科技城市的发展离不开基础资源、科研院所、组织机制和发展环境，不同的区域会有不同的比较优势，即在制度、知识、技术以及产业等要素上的多寡，科技城市的成长壮大也会根据这几方面的要素有所不同，特别突出的主导要素会成为这一区域发展模式的重要支撑。

四、主要特征

科技城市主要具有创新性、系统性、内生性、开放性、集聚性、可持续性六大特征。

第一，创新性。一般来说，科技城市是一个国家或地区新知识、新产品和新技术的发源地，是科研机构的集聚地、创新活动的频发地、技术思想的交汇地，同时，其创新环境完善、创新文化浓厚、创新机制灵活、创新保护严格，因而创新性是科技城市最根本的特征。

第二，系统性。一方面，科技城市是由技术、人才、资本等各种创新资源在空间上集聚形成的区域创新系统，是一个生态共同体；另一方面，科技城市不是一系列机构的机械组合，而是由多种创新行为主体及其互动构成的有机软组织，是各个构成要素的耦合联动形成化学反应。这些组织和机构之间除了存在产业链上的直接关联外，还会发生一些间接关联，甚至存在一些潜在的人脉和关系网络。

第三，内生性。一方面，依托"内生式发展模式"，科技城市建立起以自身科技创新资源为基础、以科技创新为强大驱动力的城市经济发展模式；另一方面，在科技城市的运行系统中，按照科技城市的发展计划和创新主体的利益需要，在政府相关政策的引导下，科技城市内部会适时自我调整，形成最有助于城市科技创新的结构功能。

第四，开放性。当前，全球经济发展一体化大势所趋，每一项高科技成果都来自世界各地的研发与合作，如空客A380的零部件来自全球40多个国家的数百家厂商。科技城市的发展应该是更加综合的协同创新，这种创新是基于国际化的合作与开发，其创新动力除了城市内部的科研院所外，还应拥有大量的国际知名高校的创新平台和大企业的研发机构。

第五，集聚性。随着科技城市的发展，其吸引力、集聚力和凝聚力不断增强，越来越多的创新资源向科技城市域内不断集中，这些资源包括高等院校、科研机构、智库平台、企业研发机构、技术研发人员、产业发展基金、风险投资机构、研发辅助配套设施及服务等。

第六，可持续性。科技城市的开发建设并非一蹴而就，而是有一个不断壮大的成长过程。在初始的起步阶段，科技创新主体倾向于在一定的范围内集中，随着创新资源的不断增多和创新基础的不断夯实，越来越多的研究机构和创新资源向此区域集聚，从而使得这一区域不断发展壮大，形成良性的可持续成长环境。

五、基本功能

科技城市是多种功能的复合载体，主要具有创新引领、协同共生、资源配置、辐射带动四大基本功能。

1. 创新引领功能

科技城市具有较强的引领发展能力，对其他地区可以起到较强的策源带动以及良好的示范作用。这些带动和示范效应主要体现在技术创新机制、创新政策措施、创新制度和企业运行机制等方面。

2. 协同共生功能

科技城市聚集了大量的人才、技术、信息、资本以及支撑服务等资源要素，众多要素如果组合不好则不仅无法促进科技城市的发展，也造成了巨大的资源浪费和成本支出。在众多国际化公司以及本地创新企业的协同推动下，科技城市应成为创新产业的孵化器和产业化基地。

3. 资源配置功能

科技城市的资源配置功能主要体现为创新要素的高效集聚和优化组合，从而实现最佳效益。科技城市具有良好的制度环境和灵活的运作机制，在规模效益递增情况下，各种资源要素应形成良性循环，并通过充分自由流动实现资源要素的优化配置。

4. 辐射带动功能

科技城市是各种创新资源的集聚地，不仅自身要具备较强的科技创新能力，同时还要拥有较强的科技产品和发展模式的对外输出能力。科技城市最终的发展能力，是要能够辐射、渗透、转移和扩散，将其自身开发和研制的专利技术、专有能力、先进工艺、生产技术、管理经验、发展模式、创新机制等向周边区域进行推广和扩散，使整个区域在科技协同发展、生产配套高效利用、信息及咨询服务共享等方面不断提质升级。

六、空间形态

科技城市是创新产业在空间上的集聚，是各种要素耦合联动的协同体。创新物理空间、创新机制、创新文化、创新人才共同组成了"城市创新空间系统"。"创新物理空间"是创新机制与文化、创新机构与平台的集中反映，在城市创新空间系统占据重要位置，是城市创新体系对外展示的直观窗口；"创新机制"是创新体系的纽带，是让各种要素正常运转的关键，主要包括组织模式、发展机制等；"创新文化"是创新体系的灵魂，是城市创新活力持续不断的支撑要素，主要包括创新精神、创新理念、创新工作方式、创新生活方式、创新价值准则以及创新城市空间等诸多方面；"创新人才"是创新的执行者，贯穿于创新全过程，包括科学家、工程师、企业家、投资人、管理人等。

"城市创新空间系统"在具体的项目规划中有多种表现形式，目前在国内外的实践中尚未形成统一概念。例如，目前比较通用的有研究园区（Research Park）、科学园区（Science Park）、技术园区（Technology Park）、科学城（Science City）、高技术集聚区（High-Technology Cluster）等。按照产业类型和发展定位不同，"城市创新空间系统"可以分为两大类型：一类是以开展基础研究为主的科学城，如俄罗斯新西伯利亚科技城、日本筑波科学城、德国海德堡基因研究中心等；另一类是以发展高技术及其产业为主的科技园，如美国的斯坦福大学研究园、128公路、英国剑桥科技园、中国台湾的新竹科学工业园等。

第二节　科技城市评价指标体系

当前，全球科技竞争日趋激烈，各种争端和壁垒不断出现，城市科技创新能力的提升逐步成为增强国际竞争力的重要抓手。复杂多变的国际竞争环境下，许多国家和地区都把强化科技创新体系作为发展战略，获取可持续发展的竞争优势。评价创新型城市能够科学、客观认知城市科技水平，有利于更好实现城市创新水平的提升，乃至促进和推动所在区域的创新发展，因此研究科技城市评价指标体系具有重要的理论和现实意义。

一、开展评价的背景

18世纪以来，人类社会先后出现了英国、德国、美国三个世界的经济中心和科技中心。在18世纪中叶到20世纪70年代，世界级的科技创新中心都是以"单极"的形式存在，随着全球化的不断推进，多中心、多节点构成的"全球创新网络"逐步形成，具有全球影响力的科技创新中心也逐渐由单极化向多极化发展，从而为更多的发展中国家和地区成为全球创新中心一极提供了可能。

从目前全球发展形势来看，科技竞争已经得到世界各国和地区的高度关注，关于全球科技创新中心的争夺也是日趋激烈。已有关于创新城市和创新中心的研究，更多是关注创新能力的评价，即创新的投入和产出方面，而对于创新基础特别是创新环境和创新关联的关注程度有所不足。客观讲，在全球化趋势下，任何一个地区和单元都不可能独立存在，都必然与周边乃至全国、全球的创新资源进行配置与整合，外部创新资源嵌入本地经济使得传统的创新方式发生了重大变化（王德禄，2011）。总的来看，创新型城市的评价维度多、范围广，需要结合发展形势、现状基础、多维环境等要素进行综合考量。

二、科技城市国际评价体系

关于创新型区域（国家、城市、地区等）的评价，国际上已有不少官方机构、科研院所、专家学者进行了深入和系统的研究，如全球创新指数、欧盟创新指数/欧洲创新记分牌、硅谷指数、全球知识竞争力指数、全球科技创新中心评价、国家创新能力指数、创意城市指数等，形成了科技城市评价指标体系。

（一）世界知识产权组织：全球创新指数[①]

2007年，由世界知识产权组织（WIPO）、康奈尔大学和欧洲工商管理学院（INSEAD）共同发布全球创新指数（Global Innovation Index，GII），用来衡量全球各经济体的创新能力，分析创新能力的差异，为适用于发达国家和新兴国家的创新建立了广阔的视野。全球创新指数是一种量化工具，主要用于帮助决策者更好地理解激励创新活动的方式和策略，以此来持续推动经济增长乃至人类的发展。2018年7月，第11版的全球创新指数正式发布，报告依据80项指标对全球126个经济体进行了排名。报告结果显示，瑞士继续排名榜首，中国晋升至全球最具创新性的前20个经济体之列。跻身2018年全球创新指数第2~10位的国家分别是：荷兰、瑞典、英国、新加坡、美国、芬兰、丹麦、德国和爱尔兰。

2018版报告设计的全球创新指数包含创新投入和创新产出两级指数，创新投入包括制度、人力资本和研究、基础设施、市场成熟度、商业成熟度五个方面；创新产出包括知识和技术产出、创意产出两个方面。该版报告通过计算出创新投入次级指数和创新产出次级指数，进而得出创新效率比，用来

---

① 康奈尔大学,欧洲工商管理学院,世界知识产权组织.2018年全球创新指数:世界能源,创新为要[R],2018-07-10.

刻画全球创新指数。值得关注的是，近年来，WIPO 的全球创新指数更加关注创新环境营造、创新体系构建、创新质量高低，并关心能源等问题对创新的影响。

（二）欧盟：欧盟创新指数/欧洲创新记分牌[①][②]

2000 年，欧洲理事会首次提出了欧盟创新记分牌（European Innovation Scoreboard, EIS），主要用于定量反映欧盟创新的发展水平，分析欧盟整体的创新水平与美国、日本存在的差距与不足，研判欧盟内部成员国之间创新水平的现状与差异，对欧盟创新政策的制定提供可靠的数据支撑与论据支持。2018 年 6 月，欧盟发布《2018 欧洲创新记分牌》，报告采用 27 项指标对欧盟 28 个成员国、中国、美国、日本、韩国等国的创新绩效进行了评价和比较，研究和分析各国创新体系的相对优势和不足，从而帮助欧盟各国确定其需要加强的领域。报告显示，2018 年欧盟创新绩效和产出速度持续提升，预计欧盟未来创新绩效会持续增长，但欧盟内部创新仍不平衡；欧盟在不断追赶美国，但远远落后于韩国；欧盟整体创新绩效提升，但塞浦路斯和罗马尼亚等部分成员国表现不佳。

2018 版创新绩效评估体系主要考虑了四大因素、十个维度、27 项不同的指标。自 2010 年以来，欧盟在友好的创新环境（特别是宽带普及率）、人力资源（特别是博士毕业生）和具有吸引力的研究系统（特别是国际合著）方面取得长足进步，公司投资和风险投资也持续增加。但相比而言，公共研发支出占 GDP 的比例仍低于 2010 年的水平。影响创新绩效的四大因素分别为框架条件、创新投资、创新活动和创新影响。框架条件主要反映一个国家的创新基础和创新环境；创新投资主要反映一个国家对创新的资金投入，包括政府的资金支持、风险投资以及企业的资金投入水平；创新活动主要反映企业在产品、流程、营销以及组织管理方面的创新活动、企业与公共机构联系以及企业的知识产权活动；创新影响主要反映创新对就业和经济的影响程度。一般来看，按照系统论的观点，创新系统分为创新投入、创新过程（活动）以及创新产出，而框架条件对于整个创新系统的运作和效率有着十分重要的影响。

---

① 崔维军. 欧盟创新指数研究进展[J]. 中国科技论坛, 2009(11): 125-128.
② 程如烟, 姜桂兴, 蔡凯. 欧洲创新评价指标体系变化趋势——基于对《欧洲创新记分牌》的分析[J]. 中国科技论坛, 2018(5): 165-172.

（三）硅谷联合投资：硅谷指数[①][②]

硅谷指数由硅谷联合投资（Joint Venture Silicon Valley）于 1995 年首创，随后与硅谷社区基金会（Silicon Valley Community Foundation）每年制定及发布系列报告。硅谷指数的制定主要是为政策制定者提供数据基础，重点关注硅谷在发展过程中遇到的各种问题及挑战。2007 年前硅谷指数由区域发展趋势性指标和年度进展观察两部分构成，2008 年起，指标体系扩展为人口、经济、社会、空间和地方行政 5 部分。

硅谷指数的指标体系包括 5 个一级指标，分别为人口、经济、社会、空间和地方行政。人口指标主要关注人才流动与多元化；经济指标关注就业、收入、创新和创业、商业空间；社会指标包含经济成功的准备工作、早期教育、艺术和文化、健康质量和安全；空间指标包括环境、交通、土地使用和住房；地方行政指标由城市金融和公民参与构成。二级指标中的创新和创业包含 8 个方面的子指标：增值、专利、风险投资、清洁技术、天使投资、IPO、兼并和并购、无雇员企业。

（四）英国罗伯特·哈金斯协会：全球知识竞争力指数[③][④]

英国智库罗伯特·哈金斯协会（Robert Huggins Associates）编制的《世界知识竞争力指数》（The World Knowledge Competitiveness Index，WKCI），提出了评价全球主要城市知识竞争力的理论框架和模型，构建了全球知识竞争力指数（WKCI）评价指标体系。WKCI 对全球最佳表现地区的知识经济进行综合分析，能够衡量各地区的知识容量、发展能力以及可持续性，重点评价将知识转换成经济价值和该地区居民财富的能力。总的来看，WKCI 能够较为准确和系统地反映"世界知识经济领先地区"的发展和建设情况，这些地区主要包括国际知名创新型城市和以创新型城市为核心的创新区域。

2008 年该指数以全球 145 个主要都市（圈）作为评估对象，测定这些区

---

① Silicon Valley Institute for Regional Studies. Silicon Valley Index 2015[R]. Silicon Valley, 2015.
② 罗晖,李慷,邓大胜. 中国"大众创业、万众创新"监测指标研究[J].全球经济瞭望,2016(1)：17-27.
③ Huggins R, Izushi H, Davies W, et al. World Knowledge Competitiveness Index 2008[R]. United Kingdom: Centre for International Competitiveness, 2008.
④ 罗晖,李慷,邓大胜. 中国"大众创业、万众创新"监测指标研究[J].全球经济瞭望,2016(1)：17-27.

域的知识竞争力指数并排定名次。指标体系由人力资源、知识资本、区域经济产出、金融资本、知识可持续性发展能力5个维度的19个指标构成。

（五）毕马威：全球科技创新中心评价①

2018年3月，毕马威发布了《2018全球科技创新报告》，主要是对科技行业将近800位的高级管理人员进行了文件调查并据此得到各国创新能力的评价。报告指出，我们如今正处在一个科技创新爆发的时代，对于科技企业来说，现在不是害怕失败或是裹足不前的时候。人工智能、机器人和物联网必将会影响全球的商业，那些不主动去抓住未来趋势的企业，必将会被淘汰。调查结果显示，影响城市是否具备创新能力的主要因素包括：有利的政府政策与优惠措施、创新加速器规模与数量、科学园区规模与数量、企业投资规模、最先进的基础设施以及至少要有代表性的成功案例等。

毕马威的研究报告显示，美国仍然是全球的技术创新中心，但其他地区的创新能力也在逐步增强。在创新方面，上海已成为除硅谷和旧金山外的排名第一城市，上升十分明显，紧随其后的是东京、伦敦、纽约、北京、新加坡、首尔、班加罗尔、特拉维夫和柏林。关于未来四年哪些城市能成为技术创新中心，除了硅谷以外，科技领袖认为顶级城市是纽约、波士顿和芝加哥，后两个城市并列第二。

（六）波特：国家创新能力指数②

2002年，波特等人构建了"国家创新能力指数"（National Innovation Capacity Index），主要是从体制与政策评价的角度研究创新能力的变化。波特认为，国家创新能力是一个国家作为政治和经济实体不断产生创新的潜力，而这种创新一定是具有商业价值的。国家创新能力不仅体现已有的技术创新能力和水平，而且也反映出一个国家或地区为打造激发创新活力的发展环境所具备的基础条件、所进行的资本投入和所实施的政策措施。值得说明的是，波特的该项研究是建立在比较完整的问卷调查和理论研究的基础上，其在报告中所采用的大量定性指标在参考应用时具有一定的局限性。

波特的"国家创新能力指数"主要包括5个指标：科学与工程人力、创新支持政策、集群创新环境、创新要素联系、公司创新战略和行动。这些指

---

① KPMG:The Changing Landscape of Disruptive Technologies.
② 中国科技创新景气指数(深圳南山指数)研究报告．

标主要从创新人才、创新环境、创新战略等层面，综合考虑了科学家、工程师、产权保护、关税成本、R&D 补贴、创新资源间连接程度、企业独特产品和服务的竞争优势等细分领域。

（七）佛罗里达：创意城市指数[①]

美国学者 Richard Florida 构建了创意城市指数（Florida's Creative Cities Index），提出了创新型城市的"3T"指标：人才（Talent）、技术（Technology）和包容（Tolerance）。Florida 认为，技术是一个城市创新能力和高科技水平的集中表现，一个城市的竞争优势来自能够迅速激发创新人才把创意转化成创新的商品，实现商业价值。因此，一个城市的优势在于能够吸引人才、留住人才，而包容在吸引创新创意人才以及支持高科技产业发展和城市经济增长的过程中则具有十分关键的作用。因此，佛罗里达创意城市指数被西方国家城市管理者视为建设创新型城市的基准评判标准。

"3T"指标中，人才（Talent）指标主要包括一个地区拥有学士以上学历人数占总人口的百分比，从事创意产业相关工作的创意阶层人口数量；技术（Technology）指标主要包括创新指数——人均申请专利数，高科技指数——地区的技术相关产业的规模和集中度；包容（Tolerance）指标主要包括同性恋指数——地区内同性恋人口占总人口的百分比（间接依据），波希米亚指数——地区内从事艺术创作的相对人口（直接依据）、熔炉指数——地区内外来人口的相对比重。

（八）澳大利亚创新研究机构"2 Think Now"：全球创新城市评价体系[②]

"2 Think Now"是澳大利亚的一家创新研究机构，从 2006 年起，该机构一直致力于做创新型城市评价研究。在其 2015 年世界创新型城市排行榜中，伦敦名列第 1，上海名列 20，北京名列 40。该指标体系反映出，创新的原始动力不是来自科技，而是基于文化，真正具有创新力的城市一定具有深厚的文化土壤，以及具备良好的教育、研究和开发基础，并且与其他市场形成紧密的网络。这也从另一个侧面反映了，"创新已不再是创新本身"。

"2 Think Now"构建的评价指标体系分为四层：3 个因素，31 个门类，162 个指标，1200 个数据点。他们认为，影响创新过程的三大因素是：文化

[①] 金元浦谈:全球城市发展的创意指数——当代城市竞争的评价与测度指数研究之二,https://www.sohu.com/a/169208330_179557.

[②] 中国科学技术发展战略研究院研究员武夷山:2 Think Now 的创新型城市评价指标体系,http://blog.sciencenet.cn/blog-1557-945710.html.

资产,即创意的源头(如设计师、美术馆、体育运动、博物馆、舞蹈、大自然等);实施创新所需的软硬基础设施(如交通、大学、企业、风险投资、办公空间、政府、技术等);发生网络联系的市场,这是创新所需要的基础条件和关联(如区位、军事国防力量、相关实体的经济状况等)。

三、科技城市国内评价体系

随着中国城镇化进程的快速推进和技术进步的持续提速,国内关于科技城市、创新城市的研究也不断增多。国内的不少研究机构和专家学者,都针对城市和区域创新能力、国家创新能力等课题进行了深入研究,形成了一系列的研究成果。总的来看,目前国内的研究成果主要聚焦在大都市的创新能力评价、区域的创新能力评价、科技创新中心的能力评估、高新园区的创新能力评价等。

(一)中国科技发展战略研究院:《中国区域科技创新评价报告2018》[①]

2018年10月,中国科技发展战略研究院发布了《中国区域科技创新评价报告2018》。报告构建了5个一级指标、12个二级指标、39个三级指标的指标体系,对全国及31个省、市、自治区的科技创新水平进行了分析。一级指标包括科技创新环境、科技活动投入、科技活动产出、高新技术产业化和科技促进经济社会发展五大方面。

从一级指标看,科技创新环境、科技活动投入、科技活动产出和科技促进经济社会发展4个指数排在前三位的省市均属于东部地区,高新技术产业化指数方面排在首位的是重庆。报告显示,经过多年的发展,创新投入和成果转化已由东部领先向东中西协调发展转变。上海、北京等东部沿海地区的创新带动作用日渐增强,中西部地区呈现出加速发展态势,安徽、湖北、陕西、四川等省份迅速崛起并成长为区域创新的新增长极。从全国整体发展现状来看,层次丰富、特色各异的区域创新格局已经形成。

(二)上海科学技术情报研究所、科睿唯安:国际大都市科技创新能力评价报告[②]

2017年10月,上海科学技术情报研究所联合科睿唯安,共同发布了

---

① http://stdaily.com/zhuanti01/2018pujiang/2018-10-29/content_725011.shtml.
② http://www.sh.chinanews.com/kjjy/2017-10-21/30389.shtml.

《2017国际大都市科技创新能力评价》报告。该报告聚焦在创新态势、创新热点、创新质量、创新主体和创新合力五个维度，共设计了三级指标体系，选取了23个指标评价了上海、北京、深圳、纽约、波士顿、柏林、伦敦、巴黎、斯德哥尔摩、东京、首尔、新加坡等12个城市的科技创新能力。报告主要采用了文献计量分析方法，使用的指标主要是与专利、学术论文中与之相关的评价指标。2017版的评价报告以十大新兴技术、全球顶级科学家、领先技术研发机构和学术研究机构的榜单为基础，形成四个相应的城市科技创新能力排名。

报告结果显示，波士顿的"创新质量"和"创新合力"表现较好，北京、东京和深圳分别在"创新主体""创新热点"和"创新趋势"三个方面表现较好。2017版的评价报告还发现，近十年以来，国际大都市的PCT专利技术和高质量学术论文整体呈现低速增长的态势，而我国的深圳、北京、上海保持两位数的高增长态势；在创新热点方面，信息技术和医药、医疗相关技术是国际大都市科技创新的两个热门领域，其中信息技术受到的重视程度更高，医药、医疗相关技术的重视程度有所下降；在创新主体方面，国际大都市呈现出明显的差异性，东京、斯德哥尔摩和深圳等大都市的企业申请专利数量极高，而新加坡、纽约和波士顿等大学科研机构的专利申请数量相对而言占比高于其他城市。

2018版报告选取了国际科技创新城市榜单中排名靠前的城市，使用2017年PCT（《专利合作条约》）专利公开量、2017年SCI（《科学引文索引》）和CPCI（《科技会议录索引》）论文发表数量等数据，进行权重打分，为20个国际大都市进行排名。

（三）上海市信息中心：《全球科技创新中心评估报告》[①]

2018年4月，上海市信息中心编制的《全球科技创新中心评估报告》正式发布，对全球知名度较高、经济较发达以及创新力较强的160多个城市或都市圈的创新能力进行了评估。评估报告以"全球通行、横向可比、纵向可考、动态更新"为原则，构建了一套由4个一级指标和25个二级指标组成的评价体系。4个一级指标分别为基础研究、创新活力、产业技术和发展环境。

报告结果显示，全球科技创新中心百强城市分布于世界范围内的38个国

---

① http://k.sina.com.cn/article_1793999061_6aee40d5019008ig7.html?from=news&subch=onews.

家，主要集中在北美、西欧和亚太三大地区，其中美国26个、德国9个、中国8个。从评分来看，硅谷最高，纽约-纽瓦克第2，上海列第17。进入百强的8个中国城市分别为北京、上海、香港、深圳、广州、台北、杭州和天津。综合来看，美国仍是全球科技创新中心最集中的地区。基础研究方面，波士顿第1，北京和上海列第6和第20位；产业技术方面，东京第1，上海和深圳分别排在第10和第12位；创新经济方面，美国占据前10位的8席，而亚洲占4席，超过了欧洲；创新环境方面，伦敦和巴黎排名第1和第2，中国香港、上海分居第10、21位。

（四）科技部火炬中心：《国家高新区创新能力评价报告2018》[①]

2018年12月，科学技术部火炬高技术产业开发中心、中国科学院科技战略咨询研究院联合发布《国家高新区创新能力评价报告2018》，对全国156家国家高新区和苏州工业园区的创新能力进行了评估。评价体系由5个一级指标和25个二级指标构成，一级指标主要聚焦在创新资源集聚、创新创业环境、创新活动绩效、创新国际化以及创新驱动发展5大方面。

报告结果显示，国家高新区的创新能力总指数快速增长，特别是创新创业环境指数表现突出。整体来看，各个省份的国家高新区群体差异比较明显，整体呈现"东强西弱"的特点，与经济发展水平正相关。北京国家高新区的整体创新能力水平最高，安徽国家高新区的群体创新能力增势较强。从增速上可以看到，后发地区的增势较猛，区域不平衡的问题在逐步改善。从主要影响因素来看，国家高新区呈现"四个加速"的特点，即创新资源加速集聚、创新主体加速发育、人才结构加速优化和人才价值加速实现。随着国家双创的持续升温，国家高新区的创业投资持续活跃，大众创业万众创新不断迈向新的高度。与硅谷等国际发达地区相比，我国的国家高新区在吸引创业投资和风险投资方面仍有不小差距，这也是下一步改进和提升的方向。

（五）北京立言创新科技咨询中心：《2018中国创新城市评价报告》[②]

2018年12月，北京立言创新科技咨询中心联合北京、天津、上海、成都、西安、南京多个城市的科技管理部门，发布了《2018中国创新城市评价

[①] http://www.ctp.gov.cn/kjb/hjdt/201812/1436cf3af0b644e4889d096c6f089651.shtml.
[②] http://stdaily.com/kjzc/jiedu/2018-12/03/content_735761.shtml.

报告》。评价报告以欧盟委员会的《欧盟创新记分牌》为基础，并结合科技部的《中国区域科技创新评价报告》、国家统计局的《创新型国家进程统计监测研究》和 OECD 的《OECD 科学技术和工业创新记分牌》，对我国创新指数较高的 20 个城市进行了分析和研究。评价报告建立了由创新条件、创新投资、创新活动和创新影响 4 个模块和 32 个指标构成的评价体系，对我国 20 个主要创新城市进行了评价。

根据评估结果显示，参评城市的总体创新水平为 63.26%，而全国总体平均创新水平为 36.57%。创新指数较高的 20 座城市当中，其格局基本上是 15 座副省级市，加上四大直辖市，再加上最强地级市苏州，这 20 座城市在全国的综合实力基本处于偏上水平，可能沈阳和厦门经济实力还不是很强大，但是其综合实力并不差。这也印证了一个城市的创新指数与城市实力之间紧密的联系。一个城市要做大做强，要持续高速发展下去，与一个城市的创新和科研科教是离不开的，虽然国家扶持是一方面，但是要真正强大起来，依旧得靠城市自身实力。

（六）华夏幸福：城市创新创业活力指数

创新创业活力是指都市圈中核心城市创新潜力、创业活力、创新能力、创新效率。华夏幸福产业研究院联合中国科学院大学企业管理研究中心编制了"城市创新创业活力指数"，其宗旨是通过科学测算和系统分析，全面精准地描述和揭示当前全球主要都市圈中核心城市的创新活力水平和创业发展现状。全球城市创新创业活力指数的构建，主要目的是为创客和创业者选择创业地点和开展创业活动提供指南，力争为创业孵化平台的运营者开展创新创业服务树立标杆，同时与政府一起打造创新创业的生态城市。由于国内外的城市在经济形势、政策环境以及创新创业环境等多个方面都存在显著差异，华夏幸福联手中国科学院大学企业管理研究中心共同构建了"全球创新创业城市活力指数"和"中国创新创业城市活力指数"两套评价体系，以真实反映国内外城市的创新活力现状。

1. 全球创新创业城市活力评价指标体系

全球创新创业城市活力评价指标体系涵盖了 4 个一级指标，8 个二级指标和 22 个三级指标，具体指标如表 2-1 所示：

表 2-1 全球创新创业城市活力评价指标体系

一级指标	二级指标	三级指标
创新创业环境要素	1. 经济发展水平	1.1 城市 GDP
		1.2 人均 GDP
		1.3 经济整体升级潜力（金融市场指数、经济指数、智力资本）
	2. 政策环境	2.1 对创业者及小微企业的政策支持力度*
		2.2 对创业者及小微企业权益的法律保护力度*
		2.3 政府治理能力与生活质量（健康指数、安全指数、保障指数、政治权力指数）
	3. 国际化水平	3.1 海外资金、技术要素吸引力*
		3.2 世界 500 强企业总部数量
创新创业行为要素	4. 互联网渗透率	4.1 人均移动上网时长
		4.2 人均电脑上网时长
		4.3 上网人数占人口比
	5. 潜在创业者	5.1 世界前 300 名大学在校人数
		5.2 一流大学数量
		5.3 区域外优秀人才的吸引力
	6. 创新投入	6.1 R&D 占 GDP 比重
		6.2 每千人科研人员数量
	7. 创业支持	7.1 城市文化发展能力
		7.2 城市创业氛围
		7.3 全球知名大学孵化器的数量
创新绩效	8. 创新产出	8.1 每亿美元 GDP 发明专利授权量
		8.2 每万人专利申请量
		8.3 城市主导产业活力*

注：*来源于相关机构和专家。

"全球创新创业城市活力指数"综合评价结果显示，纽约、东京、巴黎、伦敦、洛杉矶、北京、特拉维夫、慕尼黑、深圳和旧金山处于 31 个全球创新创业城市的第一梯队。从中国城市的整体排名来看，仅北京和深圳两个城市进入前十，分列第 6 和第 9 位；香港、上海和广州处于第二梯队，分别排在第 11、第 13 和第 19 位；台北处在第三梯队，排在第 21 位。从二级指标来看，纽约的政策环境、国际化水平、创业支持排在首位，东京的经济发展水平排在首位，巴黎的潜在创业者排在首位，北京的国际化水平与纽约并列排在首位,深圳的创新投入排在首位,墨西哥城的互联网渗透率排在首位,慕尼黑的创新产出排在首位。

2. 中国创新创业城市活力评价指标体系

"中国创新创业城市活力指数"的评价指标体系主要包括4个一级指标和23个二级指标,4个一级指标分别为创新基础、创新活力、创新环境和创新设施,具体指标如表2-2所示:

表2-2 中国创新创业城市活力评价指标体系

	一级指标	二级指标
创新城市活力	1. 创新基础	1.1 专利数量
		1.2 每千人/科研人员数量
		1.3 R&D 投入
		1.4 R&D 占 GDP 比重
	2. 创新活力	2.1 虚拟社区的数量
		2.2 虚拟社区活跃程度
		2.3 城市年轻指数(年轻人口比例)
		2.4 创新创业主题网页数量
		2.5 百度指数
		2.6 代表性咖啡馆数量
	3. 创新环境	3.1 机场乘客吞吐量
		3.2 中小型企业总数
		3.3 新三板企业数量
		3.4 政府发布相关信息(频次)数量
		3.5 创业板企业数量
		3.6 股票交易市场活跃程度
		3.7 互联网普及率(上网人数占人口总数百分比)
	4. 创新设施	4.1 众创空间指数
		4.2 公共管理与公共设施数量
		4.3 商业服务设施数量
		4.4 创意设计企业数量
		4.5 园区数量
		4.6 移动终端数量(移动用户数量)(单位:万户)

"中国创新创业城市活力指数"综合评价结果显示,北京、深圳和上海处于38个全国最具创新潜力的都市圈核心城市和区域性中心城市的第一梯队,

属于"尖峰"型城市；广州、杭州和成都处于第二梯队，属于"前沿"型城市；拉萨、西宁、海口和乌鲁木齐四个城市排在全国 38 个城市的最后，整体处于第五梯队，属于"追赶"型城市。从 4 个一级指标来看，北京的创新基础、创新环境和创新设施排在首位，深圳的创新活力排在首位，处于前三位的北京、上海和深圳三个城市的 4 个一级指标全部处于 38 个城市的前三位，整体实力非常均衡。

四、科技创新城市评价体系的特点与核心指标

通过分析国际和国内关于创新型城市的评价指标体系，从中寻找核心指标。在整理和研究中发现，目前现有的各个评价体系的层次、数目以及代表性指标的选择存在较大差异，这主要是取决于研究者的研究目的和出发点。因此，"普适的""公共的"指标框架很难建立，应依据研究的核心诉求来建立相应的评价体系。

通过整理和分析国内外的研究成果发现，研发经费投入和人员投入、专利产出水平和授权量、高新技术产业的规模和效益、创新创业企业数量等方面的指标被较多关注。可以看到，刚刚提到的这些指标是被国内外众多研究成果公认的衡量城市创新能力的重要指标。必须指出的是，创新环境无疑是创新活动的重要组成部分，但由于表征环境因素的定量数据较难获得，这也就影响了该类指标在研究中被采纳的概率。

第三节　构建科技城市评价体系的启示与思考

一、国际国内评价体系比较对中国的启示

通过对比国内外诸多区域创新能力的评价体系，我们认为应该从两方面来理解科技城市的评价体系工作。

一方面，目前对"科技城市"的内涵、特征、战略和机制等方面的研究尚未达成共识，对科技城市的运行尚未充分理解。从国外领先的科技创新型城市的发展实践来看，差异化是科技城市持久健康发展的独特优势，也是避

免城市人口外流的重要基础。我们认为，不同的城市应该结合自身具有的专属特色，如资源特色、区位特色、产业特色、历史特色、文化特色等。不同的科技城市必须要有不完全相同的创新驱动要素，坚定走出特色化、差异化的发展道路才能最终实现创新资源的分层流动和优化配置。基于此，构建差异化的科技城市评价方法以及与之相关的指标体系，是推进科技城市建设，继而推进创新型区域和创新型国家建设的客观要求。

另一方面，当前国外对科技城市的评价在研究方法、指标设计、评测方法上并没有达成一致。国外学者更加强调和注重从城市创新软条件建设入手，高度关注人的创新意识并使之成为城市发展的内在动力机制，追求城市治理创新，实现城市精神与物质共同发展、相互促进。而国内现有研究更多强调从城市创新硬条件入手，基于城市发展现状，从产业、技术、资源、科技、人文等不同方面的创新来描述和度量创新型城市。国内研究成果比较强调创新是城市未来发展的核心驱动力，注重城市整体自主创新能力的不断提升，而对城市制度创新、文化创新、环境创新等软指标重视不够。同时，在国内实践领域，各大城市强调的是自主创新能力的提高，在设计评价指标时，往往存在用创新能力评价替代创新型城市的倾向，而对一个城市本身的发展，如社会发展、资源环境的支撑性等相对比较薄弱。

因此，建立一个科学合理、具有操作性的科技城市评价模型应在以下几个方面着重考虑：

首先，深入把握科技城市内涵。国外理论界和实践领域提出了众多评价体系，但缺乏公认的、可操作性强的综合体系，这也从侧面反映了当前理论界对具备什么条件才能称为科技城市缺乏明确、一致的认识。科技城市以核心要素为支撑，均衡受力形成城市持续创新能力，科技城市的四个基本要素是基础资源、科研院所、组织机制和发展环境，任何一个要素的缺失都会导致"木桶效应"。因此，应在深入把握科技城市内涵的基础上，综合城市创新硬条件、软环境两方面要素评测城市创新能力和水平。

其次，合理区分科技城市类型。国外创新城市评价模型最大的共同点在于模型的适用范围存在局限性，即没有在充分分析创新城市类型的基础上进行有区别的设置，使评价体系适用的普遍性、可比性受到限制。应根据科技城市所处的不同阶段、不同的侧重点，以及科技城市的不同类型进行有针对性的设计，如针对文化创新型城市、科技创新型城市，其城市创新动力、依托的要素都有较大差别，其评测的指标、权重等也应体现出这种差别，才能扩大模型适用范围。

最后，科学筛选创新城市指标。遵循构建评价体系一般规律，科学筛选科技城市评价指标，提高评测的效度、信度。一是综合评测和分类评测相结合，在综合评测城市整体创新能力基础上，突出分类评测指标对不同类型城市的指导性。二是定性、定量相结合。综合运用专家评价法、层次分析法（AHP）、SOP分析法等筛选初次指标，结合主成分分析法等定量统计手段进行数据拟合、再次筛选。

二、构建科技城市评价体系的思考

纵观国内外关于城市创新能力评价体系的研究，我们认为还需要结合当前我国城镇化发展阶段和科技进步水平予以综合考量，既要科学合理，又要可比可行。

（一）构建原则

设立指标体系的基本原则是，既要充分考虑科技城市内涵，也要密切结合研究目的。我们认为，首先应考虑的是技术问题，因为城市是技术创新的载体，科技城市的最重要特点是技术立市，因为没有技术，科技城市就成为无源之水。其次，应考虑规模问题。先行工业化国家的技术水平较高，引领了世界科技发展，代表了发展中国家和相对落后国家的未来方向。最后，应考虑环境问题。当前技术创新环境问题备受关注，不论是传统的产业园区还是新兴的特色小镇，技术创新的生态环境都成为无法回避的话题，特别是科技城市本身的特点也决定了研究评价体系必须考量生态因素。

（二）体系构建

基于以上三点原则，结合数据的可得性，"科技城市评价指标体系研究"课题组利用可公开获得的统计数据，包括世界银行WDI数据库、国际统计年鉴、中国统计年鉴、中国科技统计年鉴、中国高技术产业统计年鉴、中国城市统计年鉴等相关统计资料，选取4个一级指标、16项二级指标构建了科技城市创新能力评价指标体系。指标体系的构建充分注重了两大融合，即创新功能与城市功能的空间融合、创新要素与市场要素的融合。构建的评价体系如表2-3所示：

表 2-3 科技城市创新能力评价指标体系

总指标	一级指标	二级指标
科技城市创新能力	创新源头	研发经费投入强度
		研发人员投入强度
		万人 R&D 科学家和工程师数量
		地方财政用于科技支出的比重
	创新转化	高校、科研机构数量
		技术引进、消化、吸收经费
		技术改造经费
		科技论文数
	创新产出	高科技出口占制成品出口的比重
		发明专利申请授权量
		新产品销售收入
		技术市场成交额
	创新应用/环境	互联网普及率
		科技企业孵化器数量
		有科技机构企业占全部企业比重
		金融机构贷款占科技经费筹集总额比重

03

第三章
IOD：以全球协同创新驱动城市发展的新模式

第一节 IOD时代背景：协同创新成为全球创新的主流模式

一、时代背景：全球科技革命催生协同创新成为创新主流模式

当前，全球新一轮科技革命和产业变革方兴未艾、蓬勃发展。科学技术从微观到宏观各个尺度向纵深演进，学科多点突破、交叉融合趋势日益明显。物质结构、宇宙演化、生命起源、意识本质等一些重大科学问题的原创性突破正在开辟新前沿新方向，信息网络、人工智能、生物技术、清洁能源、新材料、先进制造等领域呈现群体跃进态势，颠覆性技术不断涌现，催生新经济、新产业、新业态、新模式，对人类生产方式、生活方式乃至思维方式将产生前所未有的深刻影响。全球创新创业进入高度密集活跃期，人才、知识、技术、资本等创新资源全球流动的速度、范围和规模达到空前水平。全球创新版图正在加速重构，科技创新成为各国实现经济再平衡、打造国家竞争新优势的核心战略；全球创新模式正在发生重大变化，创新活动的网络化、全球化特征更加突出；全球创新范式正在向协同创新加速演进，驱动科技回归都市，推动城市发展由规模经济、范围经济向创新经济迭变。

科技的指数增长改变了创新活动的开展方式。随着科技指数曲线由平缓的直线逐渐走向陡峭，创新也从单打独斗走向了复杂的团队协作。（见图3-1）在文艺复兴时代，达·芬奇可以同时涉猎艺术、人体解剖学、机械学、物理学等，并均取得很高的成就。在工业革命时代，牛顿、麦克斯韦等物理学奠基人同时也是数学领域的开拓者。但从第二次世界大战开始，由于问题复杂度的提升，创新的主力已经从个人变成大学、公司和各种国家实验室。20世纪初那些横跨多个领域的"科学巨人"时代，已经一去不复返了。人类知识总量的指数级增长，使得一个人穷尽毕生时间，也难以掌握哪怕两个专业领域的全部知识，这使得创新的分工协作成为必然。例如，当生物学深入到分子结构领域，物理学方法变得至关重要；物理学想要取得进展，又高度依

赖于数学工具的发明。近年来，创新进一步呈现出跨学科、跨领域的特征。例如，人工智能的突破契机也许来自脑科学的研究；晶体管密度想要逼近极限，量子效应成为必须考虑的因素。在这种情况下，哪怕规模再大的公司、院系再全的大学，也无法保证自身拥有创新所需要的全部资源。

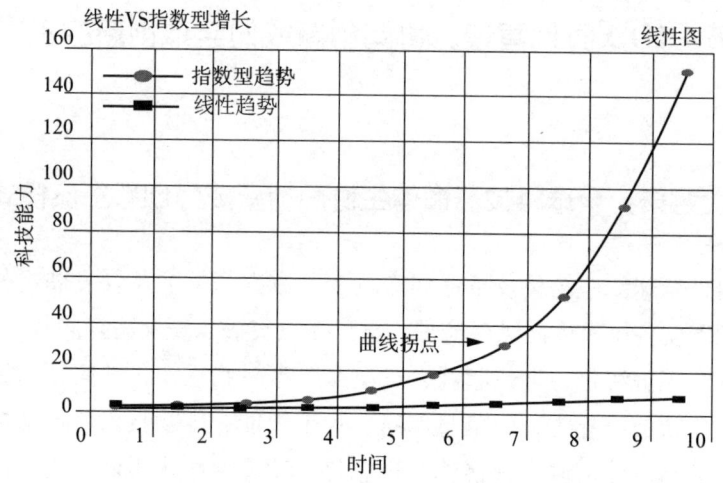

图 3-1　科技指数曲线：科学技术进步呈现出指数级增长

当前，以新一代信息技术和制造业深度融合为驱动的新经济在全球范围内逐步显现。移动互联网环境下的科技创新呈现出更深度、更开放的协同创新的特点，协同创新组织越来越表现出网状结构特点。全球协同创新成为技术进步的主要途径，企业或区域能否有效利用世界范围的外部创新资源，是其获得经济发展、核心竞争能力的关键。美国硅谷是最有代表性的协同创新生态系统，以成功的技术开发产业化闻名于世，企业与大学之间的产学研协同创新是其基本特征。

协同创新体系是世界范围内创新驱动发展的主要成功经验，也将是未来我国建设创新型国家的核心内容。当前，我国经济步入"新常态"，转变经济增长模式，从劳动力、土地等要素数量投入驱动转变到通过资本、人才等要素质量驱动，从要素驱动转变到创新驱动。经济增长创新驱动发展将更多依赖高端人力资源、新技术、新工艺、新制度等高质量要素，使科技服务业为代表的生产性服务业发挥主导作用。

二、协同创新内涵与层次

（一）内涵

国内外学者给了协同创新以不同的研究和解读。如表 3-1 所示，现有研究主要从创新生态系统视角、网络视角、组织视角和个体视角对协同创新进行分析解读，并提出了各自的见解与观点。例如，英国学者凯琴从组织视角，将协同创新界定为"创新组织为了持续创新而推动专门技术、思想和知识等资源跨组织转移与共享的过程"。我国学者陈劲基于组织的视角，将协同创新界定为"政府、企业、学研机构、中介机构等组织以知识增值为核心，为了实现科技创新而呈现出的组织互动模式"。总体上，国内外学者从不同视角就协同创新的内涵进行了分析、界定，形成了对协同创新的系统理解与多层次认识。

表 3-1 协同创新内涵界定

视角	相关观点	文献来源
基于网络视角	协同创新涉及信息、技术、知识等资源相互交换和融合的复杂网络系统，是一个从沟通、协调、合作及协同的过程	Serrano 和 Fische
	协同创新是一群自我激励的科研人员为了实现某一共同目标而组成网络小组来分享信息、思路的过程	Gloor
	协同创新是指合作网络中各种创新要素的无障碍流动及有效整合的一个较为复杂的系统工程	赵立雨
微观个人视角	协同创新是指科研工作者为了提升创新绩效而加强在研发过程中的协调与合作	Persaud
从创新生态系统视角	协同创新是指生态集群的创新企业与群外环境之间经过复杂非线性互动产生出单个企业难以实现的整体协同效应的过程	张方
中观（组织）视角	协同创新是创新组织为了持续创新而推动专门技术、思想和知识等资源实现跨组织转移与共享的过程	Ketchen 等
	协同创新是指组织对不断变化的外部环境采取有效的应对措施来提升组织创新绩效的过程	Soeparma 等
	协同创新是学研机构、企业、政府、中介机构等组织为了实现科技创新而不断地开展以知识增值为核心的组织互动模式	陈劲
	协同创新是多个组织共同参与推动技术转移和知识共享而形成的合作关系	张在群
	协同创新是指企业与学研机构、中介机构及金融机构等组织相互合作，实现资源互补和效率的提升，创造价值的过程	侯二秀和石晶

资料来源：作者整理所得。

协同创新的创新模式从封闭转变为开放，是一群自我迭代、自我激励的科研人员为实现某一共同创新目标而组成的网络小组，分享创新想法、信息和思路的多循环的反馈过程，是遵循"沟通—协调—合作—协同"逻辑而不断螺旋上升的头脑激荡、不断协同进步的过程。总之，协同创新的本质目的在于，打破创造主体及要素间的壁垒与障碍，使得相关主体围绕共同目标协同运作，最终实现"1+1>2"的协同效应[①]。

（二）三层特征[②]

协同创新是一个创新生态系统，而不是简单的拼凑合作。它要求系统内各子系统间科学耦合、紧密协作，进而获得超越各部分原有功能总和的新功效，具有微观、中观、宏观多层次特征。如图3-2所示，微观协同创新指创新科研团队内部及相互间形成的知识（思想、技术、专业技能）共享机制，通过深度交流与多样化协作实现创新，获得专利、转化成果；中观协同创新是指企业、大学、科研院所3个基本创新主体发挥各自资源优势与创新能力，在政府、科技金融机构、科技服务中介机构等主体支持下，实现协同效应的过程；宏观协同创新是指知识创新体系与经济体系之间有效互动和结合，促使科技、教育与经济的深度融合发展。

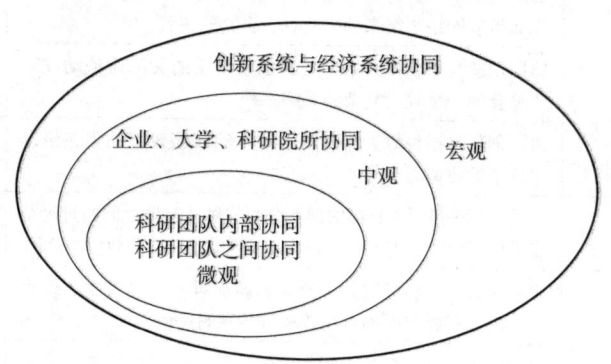

图3-2　协同创新的多层次特征

因此，微观层次协同创新是构筑协同创新系统的基础和基本单元。中观层次协同创新是以企业为主导的技术创新系统和以大学、科研机构为主导的

---

① 邓爱华. 以人为本的"创新2.0模式"[J]. 科技潮，2009（1）：01-05.
② 张艺，许治，朱桂龙. 协同创新的内涵、层次与框架[J]. 科技进步与对策，2018（18）：20-29.

基础研究为主的知识创新系统间的协同，是协同创新实现的重要途径。宏观层次协同创新是国家创新系统与经济系统紧密结合，旨在解决经济、科技"两张皮"的问题，是协同创新追求的终极目标。

1. 宏观层面：科技、教育和经济有机融合。经济、教育、科技是彼此既对立又强相关的三大系统，它们之间的协同实质上是相互依存、相互适应、耦合发展的过程，如图3-3所示。科技系统和教育系统是国家创新系统的重要组成部分，它们通过科技投入产出比、大学生比例等指标影响经济增长，而经济增长又反作用于科技系统和教育系统，实现协同发展。

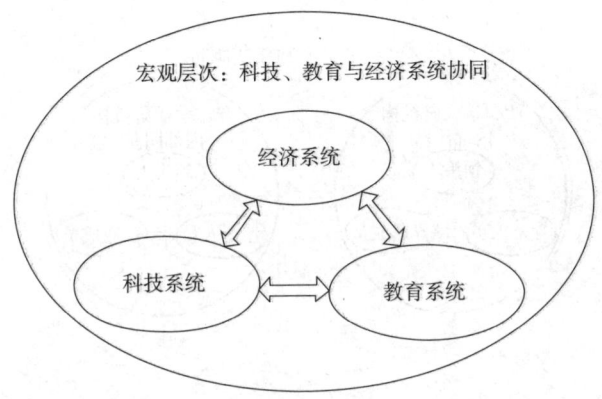

图3-3 科技、教育与经济协同

2. 中观层面：产学研协同创新。经济新常态下，我国经济增长方式正由要素驱动向创新驱动转变，实现创新驱动发展的很重要途径就是产学研协同创新。（见图3-4）

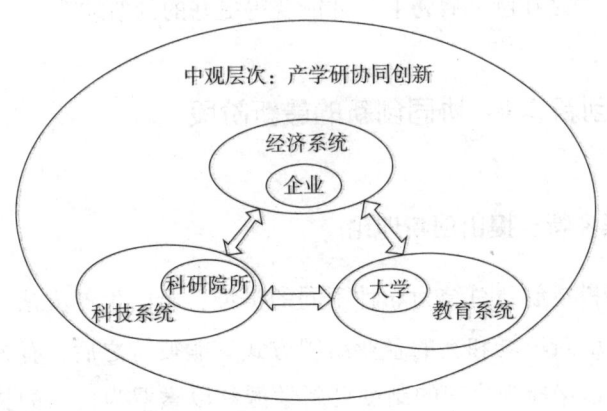

图3-4 企业、大学和科研院所协同

3. 微观层面：科研团队分工协作协同创新。科研团队既有一般团队的特点，又具有其独特之处。创新活动是科研团队的本质特征，科研工作是科研团队的主要任务。科研团队的协同创新又包括两类：第一类是团队内部协同，是指团队领头人、科研骨干和其他成员在相互信任及相关工作机制及规则指引下，实现知识共享，激发团队的集体创新性，使创新和创造得以竞相涌流，生产出更多的专利、发明、著作权等科研成果；第二类是指团队间的外部协同，是指通过团队合作，使创新要素打破科研团队间的各种壁垒，提高创新效率。（见图3-5）

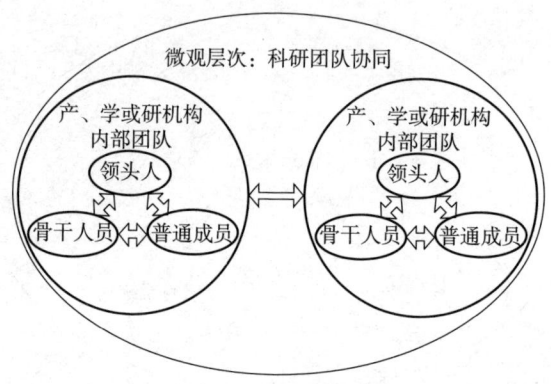

图 3-5　科研团队协同

当今时代，经济社会发展过程中出现的实践问题愈加复杂，往往需要汇集多学科知识才能有效解决。在交叉边缘学科不断出现和科学研究日益复杂的大趋势下，要求科研工作者必须摒弃"单打独斗"科研模式，转向团队协同作战，只有"站在巨人肩膀上"才能获得更好的创新绩效。

三、开放式创新2.0：协同创新的最新阶段

（一）熊彼特：提出创新理论

熊彼特将科技创新总结为5种不同的类型：新的生产方法、新产品、新的供应源、开辟新市场和新的企业组织方式。熊彼特之后，有关创新的研究逐渐分化成为以诺斯为代表的制度创新学派和以索罗为代表的技术创新学派两个基本分支。

科技创新从最本质上说是一个系统现象，或被称作一个集体成就，它是在不同参与主体和组织之间不断相互作用下而产生的。科技创新系统的参与主体包括企业、大学、科研院所以及政府部门等总是客观地存在于一定的地域空间内，系统的创新效率往往取决于所在地域经济、社会、政治及制度因素的影响①。

（二）钱学森开放复杂巨系统理论：（科学+技术+管理）2.0

钱学森开放复杂巨系统理论，强调信息化、知识和技术三者的相互融合、相互作用，也强调人的作用，特别强调知识集成和管理。钱学森认为，科技创新是"科学研究、技术进步与应用创新"三螺旋上升、共促演进的产物，三大体系相互渗透、互为动力、互为支撑，推动着技术研发、科学研究、制度创新与创新管理新形态，走向知识社会的科学2.0、技术2.0和管理2.0，共同塑造了面向知识社会的创新2.0形态。（见图3-6）

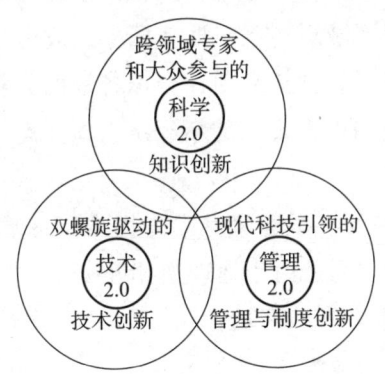

图3-6 钱学森面向知识社会的创新2.0

（三）"创新系统"理论：双螺旋

随着知识经济时代来临，人工智能、大数据、区块链等新一代信息技术飞速发展，西方对科技与城市关系的研究，最初是源于对现代城市发展过程中面临的问题，如城市生态、城市治理、交通管理、产业发展而提出的具有创造性的解决方案。后来，逐渐转向研究以科技作为驱动力的一种城市经济

---

① 何耀琴. 产学研协同创新研究综述［J］. 北京经济管理职业学院学报，2018（01）.

增长模式，并融合社会发展的理念与思想①。学术界相继提出了"国家创新系统""区域创新系统"等理论成果。

1. 国家创新系统

该理论是英国经济学家弗里曼提出的。国家创新系统理论，基本定义为"公共和私营部门中的机构网络，其活动和互相影响促进了开发、引进、扩散新技术"，并运用这一理论分析了第二次世界大战后日本以政府主导的技术创新为先导，辅以制度与组织创新，迅速实现技术赶超与跨越，成长为全球第二经济强国的历程。弗里曼将日本经济崛起归结为四大要素："企业的研究与开发，政府的政策引导，教育与培训以及国家产业结构的合理性"，说明日本经济崛起，本质上就是国家创新系统演变结出的硕果。

2. 区域创新系统

20 世纪末，随着经济全球化迅速发展与信息化变革向纵深推进，资金流、信息流、人才流等经济资源的全球流动突破国家边界的限制，表现出向地方区域集聚的强劲态势。区域经济逐步取代国家，成为全球经济舞台中最为重要的空间载体与经济单元。创新活动在全球各地的分布，呈现出非均衡或随机特征，也就造成越是知识密集型的新经济、新业态，越是在特定创新空间集群、迭代的趋势。

1992 年，英国城市经济学者库克率先提出了区域创新系统的概念。他认为，"区域创新系统主要是由于地理上相互分工与关联的生产企业、研究机构和高等教育机构等构成的区域性组织体系，并通过这种体系支持产生创新"。

相较于国家创新系统而言，区域创新系统更强调创新过程的地方根植性特征。由于难以实现远距离交换和具有黏滞性的隐性知识存在，使得科技创新日益基于企业（供应商、顾客、竞争对手）、研究组织（大学、其他公共和私人研究机构）和公共机构（技术转移中心、开发机构）等经济体间网络化的交互学习和知识流动。因而，即使在信息通信技术日益普及的时代，地理空间的邻近性对于创新的形成依然十分重要②。硅谷的崛起，就是区域创新经济发展的经典案例。

---

① 黄亮，杜德斌. 创新型城市研究的理论演进与反思［J］. 地理科学，2014（07）.
② 余泳泽. 创新要素集聚、政府支持与科技创新效率——基于省域数据的空间面板计量分析［J］. 经济评论，2011（02）.

（四）开放式创新 1.0：三螺旋理论

开放式创新 1.0 强调大学科研院所、企业、政府的"三螺旋"的产学研协同。三螺旋理论是科技创新研究的新范式。1995 年美国学者勒特、亨瑞将起源于 DNA 研究中的三螺旋模型用来分析大学—政府—产业之间关系，认为：区域内的创新主体由三个部门组成，三者的传统职能分别是知识创造、财富生产和政策协调，衍生出一系列新的职能，最终孕育出以知识为基础的创新型社会。创新体系的核心是大学科研院所与企业及其他相关机构间的技术合作和互动。政府在创新过程中起着引导、营造创新环境的重要作用。（见图 3-7）

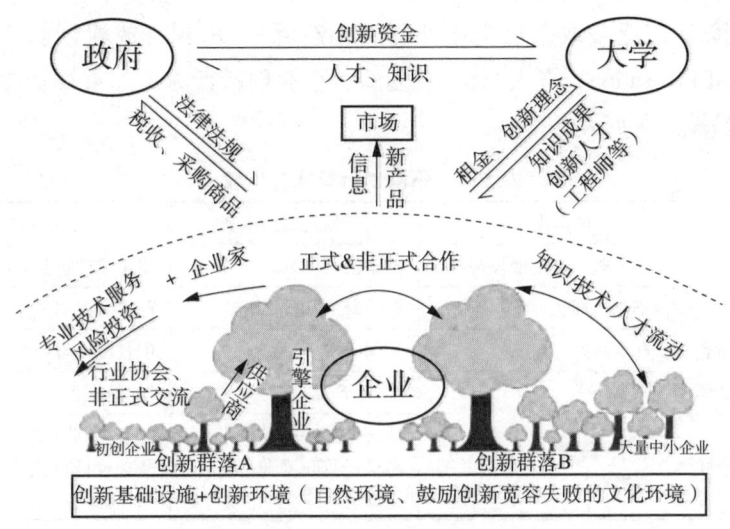

图 3-7　三螺旋创新生态系统示意

（五）开放式创新 2.0：四螺旋理论

21 世纪以来，以硅谷的持续创新为标志，创新范式开始了新一轮的变革与升级。全球对创新范式的研究已进入新阶段，进而形成"政府—企业—大学等科研机构—用户"的"四螺旋"开放式创新 2.0 阶段。2013 年，《斯坦福社会创新评论》出版了"下一代经济与创新生态系统"学术文章，认为"团队、信任、社会网络等六大要素是营造良好创新生态系统和创新型经济发展的关键要素。"（见图 3-8）

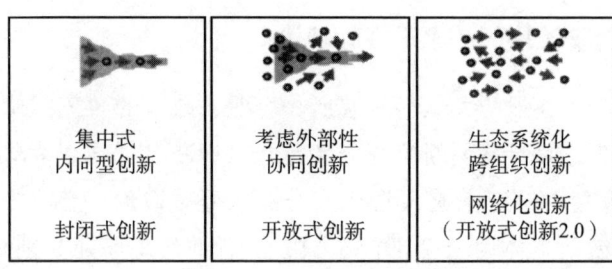

图 3-8 三代创新范式演进

2013 年，哈佛商业评论《拥抱开放创新 2.0》总结了企业创新范式演进的特点，提出了企业创新模式的演化脉络："从封闭式创新阶段（closed innovation，创新源局限在企业内部），到开放式创新 1.0 阶段（open innovation，开放式创新，广泛获取来自企业外部的创新源），再到开放式创新 2.0 阶段（embedded innovation，嵌入/共生式创新，企业创新行为更加重视资源整合与共生发展）①。"（见表 3-2）

表 3-2 不同创新范式的比较

	封闭式创新	开放式创新 1.0	开放式创新 2.0
理论基础	新古典、内生增长理论	国家创新体系	演化经济学及其新发展
创新主体	企业内部	产学研"协同"	产学研用"共生"
创新战略重点	自主研发	共同研发	创意设计与用户关系
价值实现载体	产品	服务+产品	体验+服务+产品
创新驱动模式	需求+科研 双螺旋	政府+企业+学研 需求+科研+竞争 三螺旋	政府+企业+学研+用户 需求+科研+竞争+共生 四螺旋

封闭式创新强调创新驱动力来自企业内部需求和科研的"双螺旋"。封闭式创新可以增强企业创新供给能力，体现在产品或服务的市场竞争力、性价比、服务质量等；开放式创新 1.0 强调产学研协同以及大学科研院所、企业、政府的"三螺旋"，企业通过并购整合、战略联盟、产业集群等创新手段，创造一种新的消费者需求或挖掘出潜在的消费者需求；开放式创新 2.0 体现为产学研用的"共生"以及企业、大学院所、政府、用户"四螺旋"。企业的核心竞争优

---

① 宋刚，张楠. 创新 2.0：知识社会环境下的创新民主化 [J]. 中国软科学，2009（10）.

势，开始来源于由"生产消费者①（prosumer）"科学社区、实践社区、粉丝社区以及利益相关者社区所构成的创新生态系统。（见图3-9）

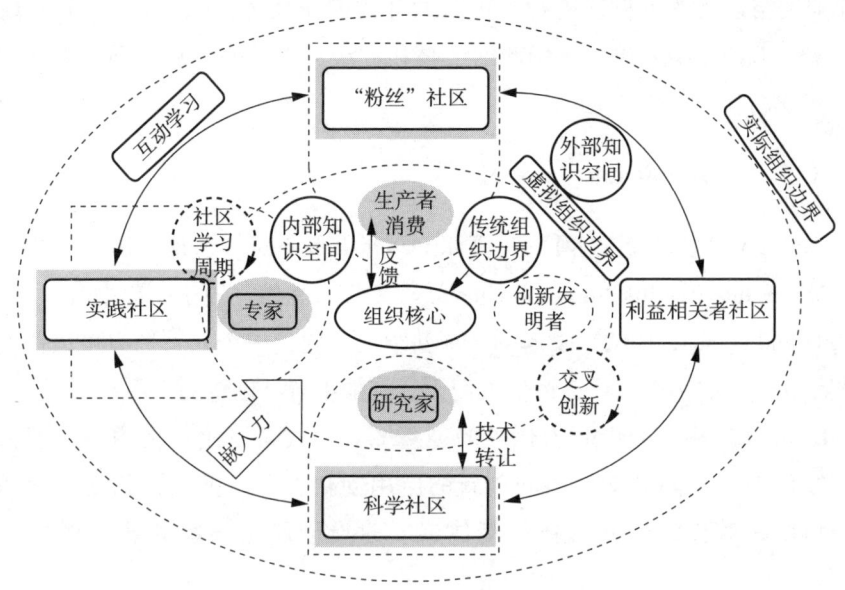

图3-9 开放式创新2.0——嵌入/共生式创新

近年来，欧盟、日本在开放式创新 2.0 相关创新政策的探索方面取得积极进展，不仅重视开放式创新 2.0 生态系统这一新的创新范式，并已将其上升至国家战略部署。2011 年，欧委会发布"新一代创新政策"，提出要"将社会需求至于政策中心"。同年，日本部署改良版的"科技政策学"（sciREX）项目。2013 年，欧盟发布以开放式创新 2.0 为核心的"都柏林宣言"，提出了 11 项策略与政策措施。

四、开放式创新 2.0 的典型探索

（一）欧盟 Living Lab

欧盟于 2006 年 11 月 20 日发起了 Living Labs 网络。其核心价值是改善和

---

① 生产消费者是美国著名经济学家比尔·奎恩（Bill Quain）博士在其《生产消费者力量》一书中提出的一个概念。"生产消费者"首先必须是消费者，然后通过对自己所使用的产品进行口碑宣传使更多的人产生了消费行为，促进消费品流通，促进商品转换成社会财富。

增加研发转移。Living Lab 强调以人为本、以用户为中心和共同创新[①]。Living Lab 立足于本地区的工作和生活环境，以科研机构为纽带，建立以政府、广泛的企业网络以及各种科研机构为主体的开放创新社会（Open Innovation Community）。Living Labs 网络采用新的工具和方法、先进的信息和通信技术来调动"集体的智慧和创造力"。

（二）美国 Fab Lab

Fab Lab 即微观装配实验室（Fabrication Laboratory），是美国麻省理工学院（Massachusettes Institute of Technology，MIT）比特和原子研究中心（Center for Bits and Atoms，CBA）发起的一项新颖的实验：一个几乎拥有可以制造任何产品和工具的小型工厂，可供人们设计和加工自己创意的产品。

Living Lab 和 Fab Lab 为代表的创新 2.0 模式，以用户为中心，通过搭建开放创新、共同创新、协同创新的应用创新平台，推动各创新要素的整合与协同，对我国建立科技创新体系、建设创新型国家有着重要的启示作用。

第二节　IOD 协同创新：中国以人为核心新型城镇化的新动能

一、中国新型城镇化新阶段：正从"要素驱动"转向"创新驱动"

（一）从"要素驱动"转向"创新驱动"：中国以人为核心新型城镇化的必由之路

过去 40 多年，我国城镇化模式是以土地财政和低附加值工业为主要驱动力的。

1. 我国传统城镇化快速发展得益于廉价的"要素驱动"，过度依赖廉价"土地红利"、廉价劳动力所带来的"人口红利"的城镇化模式不可持续。

一是土地市场供不应求与土地资源浪费严重并存。长期以来，一些地方

[①] 蕙江. Living Lab 创新模式及其启示［EB/OL］. http：//blog.sina.com，2018.

政府强调城镇化速度至上，通常采取以增加土地要素投入为单一手段来推动城镇化的发展①。不仅部分大城市实行了以建立新区或城市重心转移为特征的城市扩张战略，许多中小城市甚至小城镇也通过各种途径扩大建设用地规模。这种仅仅偏好土地规模扩张的城镇化发展模式导致土地利用率低下，造成土地资源的严重浪费，进一步加剧了土地资源约束。

二是"土地财政"不可持续。2017年土地出让金已经超过5万亿元，相当于地方财政收入的50%以上。在地方政府主导的城镇扩张过程中，"土地财政"扮演了极其重要的角色。过度依赖"土地财政"具有较大的风险性和不可持续性，以"土地财政"为重心的财政收入结构不适应城镇化可持续发展的资金需求。

三是地价和房价"螺旋式"上行，房地产"泡沫化"和实体经济萎缩，削弱城市产业基础。在现有土地"招拍挂"制度下，地价和房价存在互为因果关系，地价上涨导致房价跟涨，房价的上涨又进一步抬高地价，两者相互作用，呈"螺旋式"上升趋势。

四是"半城镇化"的社会代价过高，难以为继②。我国"半城镇化"指的是2亿多进城的农民工实现了地域转移、职业转换，但没有实现身份的转变。农民工在基本公共服务、就业机会、劳动报酬等多方面面临不平等待遇。农民工的自发性流动将造成区域之间城镇化的非均衡发展，对大城市和小城镇均产生不良影响。一方面，大城市的非常规人口膨胀会超出城市的资源环境承载力，引发环境污染、交通堵塞、贫富两极分化等多种"大城市病"；另一方面，小城镇人口基础薄弱，城镇化发展出现脱节现象，"点""面"并未能有效结合，大城市往往只能"鹤立鸡群"，造成结构失衡，城镇化具有无序性。

2. 我国城镇化要从"要素驱动"转向"创新驱动"，实现路径依赖改变。

一是以"创新驱动"推动城市产业升级，实现新型城镇化与新型工业化同步发展。推动城市产业结构优化升级是新型工业化的内在要求，也是实现城镇化"创新驱动"的必由之路。——大力发展战略性新兴产业。战略性新兴产业是以重大技术突破和广阔市场需求为基础，知识密集、资源消耗少、成长潜力大、综合效益好的产业，对城市经济社会全局和长远发展具有重大引领带动作用。一方面，战略性新兴产业不仅要加大科研开发投入，加强创新型人才培养，

---

① 蔡昉. 再不改革，城镇化对经济贡献将式微 [EB/OL]. 金融界观点频道. http：//opinion.jrj.c.2016.

② 辜胜阻，刘江日. 城镇化要从"要素驱动"走向"创新驱动"[J]. 人口研究，2012（06）.

提高自主创新能力，还要积极探索建立产学研合作体系，为促进科技成果有效转化为实际生产力打下坚实基础。另一方面，战略性新兴产业具有高投入、高风险、高回报的特征，要构建与战略性新兴产业相匹配、以天使投资、风险投资、私募基金为主的多层次股权投资体系，实现新兴产业与金融资本之间的良性互动。——用高技术和先进适用技术改造传统制造业，巩固城市实体经济基础。在未来较长时期内传统制造业依然是我国工业的主体部分和具有国际比较优势的产业，仍具有很大的发展空间。要加快传统产业的创新步伐，积极实施运用"互联网+""智能+"全面提升传统产业发展的战略层次和附加值。

二是新型城镇化"创新驱动"要实现科技赋能城市，实现城镇化、工业化与信息化的深度融合。科技赋能城市，实质上是一场以技术创新引导的生产、生活以及管理方式的变革，是经济发展模式创新在特定空间上的具体体现。推进科技与城市融合要把握以下要点：——应用为王。市场需求是促进城市持续发展的原动力。当前，我国在发展智慧城市的过程中存在"重建设、轻应用"的现象，政府倾向斥巨资购买容易量化的信息基础设施，并确保设备技术的先进性，却忽视了方便市民的应用开发和普及推广，导致政府在智慧城市的投资巨大，收效却不明显。——技术支撑。科技与城市融合必须依托技术创新和战略性新兴产业的发展，加快人工智能、大数据、物联网、云计算、区块链等领域相关技术研发，衍生全新的产业业态，推动城市产业升级，促进城市发展动力机制的转换。——协同整合。城市部门横向协同困难，行政分割、管理分治的"孤岛现象"现象普遍存在，很多信息化往往是技术上容易解决，但机制体制上难以实现。通过构建城市部门之间横向融合、纵向贯通的合作机制，避免"信息孤岛"的产生，完善城市综合管理运行体系。——治理变革。科技与城市融合，必须推进城市管理方式的变革，建立高效协调的城市治理机制，用科技手段医治当前日益严重的"大城市病"，使城市居民的生活更加安全、更加便捷、更加舒适。

总而言之，我国新型城镇化要从"要素驱动"走向"创新驱动"，使新型城镇化与新型工业化同步发展，特别要大力发展战略性新兴产业，靠创新驱动引领中国城市经济发展进入新增长周期。

（二）以人为核心新型城镇化的新要求：聚焦四大重点任务

党的十八届三中全会明确提出，坚持走中国特色新型城镇化道路，推进以人为核心的城镇化。在推进新型城镇化的进程中落实以人为核心，重点聚焦四大重点任务[①]：

一是推进城乡基本公共服务均等化。由于我国城乡二元社会结构长期存在，城乡之间基本公共服务供给上的差距较大，更加注重城乡基本公共服务均等化，是推进以人为核心的新型城镇化的题中应有之义。一方面，让进城农民工及其家庭融入城市，享受同等的社会保障、保障性住房、义务教育等基本公共服务；另一方面，要继续把新增公共资源向农村倾斜，提高农村居民享受基本公共服务的水平。

二是提高户籍人口城镇化率。目前我国58%的城镇化率，是按常住人口统计的，包含尚未获得城镇户口及未享受同等基本公共服务的农民工群体。为了使城镇化推进方向和指标真正体现以人为核心，党的十八届五中全会提出加快提高户籍人口城镇化率，即从2013年的36%提高到2020年的45%。

三是实现农业现代化与新型工业化、信息化、城镇化同步发展。农业现代化仍然是"四化同步"中的短板。我国农户平均土地经营规模只有0.6~0.7公顷，仅相当于世界银行定义的"小土地经营者"标准（2公顷）的1/3，不利于机械化和现代科技要素的投入，成为农业生产方式现代化的掣肘因素。推动土地适度规模经营，补齐"四化同步"中农业现代化这个短板，是实现以人为核心的新型城镇化的重要抓手。

四是增强城市宜居性，提升人民群众获得感和幸福感。城镇化既是外延扩大过程，更是内涵不断完善并精细化的过程。目前，我国城市发展中存在公共服务供给不均等和不充分现象，基础设施不完善、环境质量差和交通拥堵、城市景观缺乏特色、历史文化遗产保护不力，对提高城市宜居性、城市治理水平、推动城市管理现代化提出了紧迫任务。

经过改革开放40年，我国城市化进程走过了西方发达国家200多年的路程，城市群快速发展，托起"城市中国"大格局，重塑了中国城乡经济地理的版图，都市圈特别是长三角、粤港澳大湾区、京津冀地区，正在成为驱动我国创新驱动发展、引领中国现代化与参与国际竞争的重要创新载体空间。

---

① 蔡昉．走出一条以人为核心的城镇化道路［J］．求是，2016（23）．

二、科技城市：中国城市群都市圈协同创新发展的重要载体

（一）我国新型城镇化进入从城市群到都市圈演进的新阶段

1. 城市群是未来推进我国新型城镇化的主体空间形态

城市群通常以一个或两个经济比较发达、具有较强辐射带动功能的中心城市为核心，由若干个空间距离较近、经济联系密切、功能互补、等级有序的周边城市共同组成①。

改革开放40年以来，我国城镇化快速发展，2017年常住人口城镇化率达到58.52%。我国城镇化实践过程当中，逐步建立了"四大板块""三大战略"区域协调发展格局，形成了以城市群为主体和高能级中心城市为核心，到大中小城市和小城镇协调发展，再到乡村振兴的国土空间全尺度城镇化格局。《国家新型城镇化规划（2014—2020年）》和"十三五"规划中，明确以城市群作为推进城镇化的主体形态，重点建设19个不同等级、规模等特征异质的城市群。党的十九大指出，以城市群为主体构建大中小城市和小城镇协调发展的城镇格局。国务院在相关的城市群规划批复中，明确若干城市承担国家中心城市职能，进一步强化中心城市代表国家参与国际竞争和辐射带动周边区域发展的要求。

2. 都市圈是我国城镇化总体格局中承上启下的重要一环

都市圈是城市群的核心，是推进城市群健康高质量发展的核心抓手。在未来的城镇化格局当中，都市圈是我国城镇化格局中承上启下的极其重要一环（图3-10）。都市圈是以一个或多个中心城市为核心，以便捷的交通廊道为依托，吸引及辐射周边城市和区域，是大城市发展到一定阶段所出现的一种空间现象，是城市地域空间形态演化的高级形式。

（1）都市圈是城市群的核心功能区。都市圈一般由通勤圈、一日生活圈等多个圈层构成，是城市群的核心功能区。都市圈是代表国家参与全球竞争的重要创新空间单元，是加速提升综合国力的引擎。随着我国新型城镇化进程不断推进，我国已进入城市群向都市圈发展的新阶段，上海大都市圈、粤港澳大湾区、武汉都市圈、成都都市圈、郑州都市圈等纷纷提出并呈现加速发展态势。

---

① 肖金成. 未来城市群落脸谱有五大趋势 [EB/OL]. http://blog.sina.com，2012.

都市圈是城市地域空间形态演化的高级形式，也是大城市发展到一定阶段所出现的一种空间现象。未来国家之间的竞争越来越表现为以核心城市为中心的城市区域或城市集团的竞争。以大城市为核心的都市圈成为一种具有全球性意义的"城市+区域"发展模式与空间组合形式。

从国外都市圈产生、发展、壮大以及完善的过程来看，都市圈的形成具有明显的阶段性特点。综合弗里德曼（J. R. Friedman）城市空间结构四阶段论（前工业化时期、工业化初期、工业化成熟期、后工业化时期）、贝格和克拉森（Berg-Klaassen）提出的城市化发展四阶段模式（城市化、郊区化、逆城市化、再城市化）和霍尔（P. Hall）提出的城市演变六阶段模型（流失中的集中、绝对集中、相对集中、相对分散、绝对分散和流失中的分散），根据我国独特的发展背景和城镇化演进态势，可将我国都市圈发展分为绝对集中、相对集中、相对分散、绝对分散四个阶段，分别对应单中心集聚、近域扩散、广域扩散和多中心网络四种空间形态。

（2）都市圈空间范围与空间密度。参照伦敦、纽约、东京、巴黎四大都市圈的范围面积经验值，可知都市圈是半径约为50千米~80千米的城镇紧密联系区域（依中心城市所处的发展阶段而定），面积约为1万~2万平方公里。（见表3-3）

参照四大都市圈的空间密度经验值，结合我国人口众多的国情，确定都市圈区域人口密度>1000人/平方公里，中心城区人口密度>1万人/平方公里。

表 3-3　世界四大都市圈与中心城市规模与密度

都市圈范围	人口（万平方公里）	面积（万平方公里）	人口密度（人/平方公里）	中心城市	人口（万人）	密度（人/平方公里）
伦敦（通勤带）	1403	1.2	1169	大伦敦	880	5590
纽约（大纽约）	2009	2.1	956	纽约市五区	850	10890
东京（一都三县）	3584	1.3	2756	23区	940	15146
巴黎（巴黎大区）	1201	1.2	1001	大巴黎都市区	695	9116

（3）空间结构。都市圈是一个点—线—面相结合的区域，"点"是中心城市和次一级的中心，"线"是发展走廊和交通干线，"面"是整个都市圈的范围，呈现出圈层式分布的规律。

根据都市圈内各地区与中心城市经济社会联系的密切程度，一个半径为50公里的都市圈可划分为≤15公里、15~30公里、30~50公里三个圈层。15千米圈层以内为核心区，15~30公里圈层属于紧密联系区，30~50公里圈层是辐射协调区。若为半径80公里的都市圈,其核心区范围会大一些,多位于20公里的圈层内。

(4)中国都市圈的理论模型①。包括以下四点(见图3-10):

——都市圈:地域范围由1小时通勤圈范围决定,半径约为50~80公里,面积约1万~2万平方公里,区域最低人口密度约为1000人/平方公里。

——中心城市:位于都市圈中心半径15~20公里圈层内,人口高度集聚,人口密度大于10000人/平方公里;以高端服务业为主导产业,具有较强的综合服务功能。

——经济与交通联系:都市圈内产业沿交通廊道集聚布局明显;中心城市与周边邻近地区组成经济紧密协作区,各片区错位发展,打造特色产业集群。

——生态空间:都市圈内需要保留有大片生态用地,以绿带或楔形绿地等形式分布。

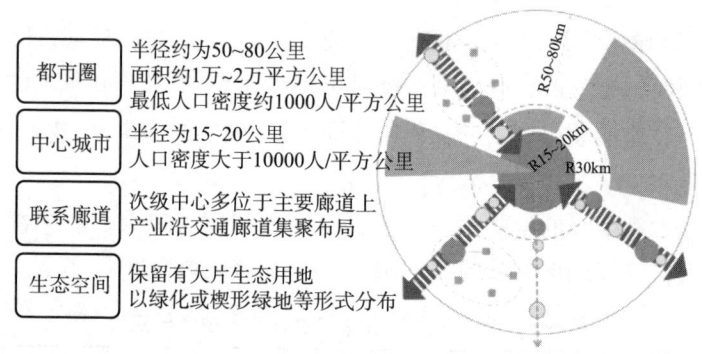

图3-10 中国都市圈理论模型示意

目前国家确定的"19+2城市群",除长三角城市群和珠三角城市群外,其余城市群均处于发育初期阶段或培育阶段,当前对于城市群核心——都市圈的培育将是未来一段时间推进城市群工作的重点。同时,城市群之外的其他大城市,也面临一系列城市协同发展问题,部分特大城市的城市病较为严重,急需在都市圈尺度进行全面统筹,在实现中心城市核心竞争力提升的同时,带动周边紧邻地区的一体发展。

同时,都市圈的本质是高度融合的城乡生产生活空间,将是小城镇发展和乡村振兴的地域依托。小城镇与乡村可在都市圈内充分发挥自身资源优势,

---

① 参考华夏幸福产业研究院相关研究资料。

抓住发展机遇，实现城乡融合发展。未来十年，我国高质量城镇化将逐步形成"城市群—都市圈—中心城市—大中小城市协同发展—特色小镇—乡村振兴"统筹发展的总体战略格局和全尺度空间组合链条，形成以城市群为主体形态的人口产业聚集格局，以都市圈为区域发展空间组织主要模式，以中心城市为核心的高端要素集聚极核，带动特色小镇发展和乡村振兴，实现大中小城市（镇）有效均衡协同发展和城乡融合发展。

（二）培育城市群都市圈内的"创新单元"——科技城市，是推动我国新型城镇化"创新驱动"的重要途径之一

1. 国际经验："创新单元"是推动全球城镇化和工业化同步发展的重要载体

从世界各国实践来看，推进工业化与城镇化协调发展，很重要的路径就是特大城市人口和产业要从主城区向周边和其他城镇疏散转移。（见图3-11）

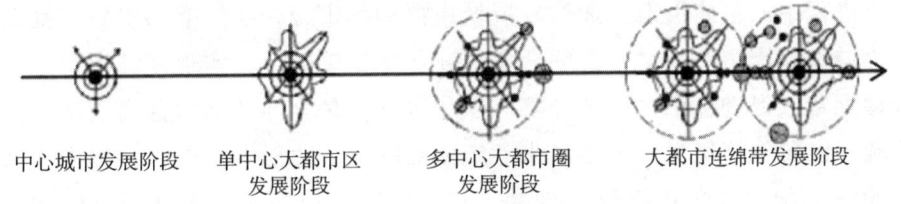

图3-11 世界都市圈发展不同阶段

资料来源：网络。

世界上大都市的发展虽然功能各有不同，但通常随着城市规模由中心向外围扩张，形成了较为规律性的空间结构。这种空间结构自内向外和自小向大可以分为四个圈层，代表了大都市发展过程的四个阶段：中心城市的面积一般在100~600平方公里，半径5~10公里，人口密度在1万~2万人/平方公里；大都市区由中心城市和郊区城市地区组成，面积一般在1500~2000平方公里，半径30~50公里，人口密度在5000~10000人/平方公里；大都市圈由一个以上的大都市区组成，面积一般在10000~20000平方公里，半径100公里左右，人口密度在1000~2500人/平方公里，其中周边大都市区的人口可以大于中心大都市区。大都市带由一个以上的大都市圈组成，面积一般在30000平方公里以上，半径200~300公里，人口密度在300~1000人/平方公

里①。发达国家著名的大都市，例如，欧洲的伦敦大都市、巴黎大都市，美国的纽约大都市、洛杉矶大都市，日本的东京大都市等，一般都经历了完整的发展阶段，形成了较为齐全的四个圈层。例如，纽约大都市为纽约中心城市（包括曼哈顿等5个区）、纽约大都市、纽约大都市圈（包括周边33个县）、纽约—波士顿—华盛顿大都市带；伦敦大都市为内伦敦中心城市、大伦敦（包括市区及附近的29个城镇）、伦敦大都市圈、伦敦—伯明翰大都市带；巴黎大都市为巴黎中心城市（环行大道内的20个区）、巴黎大都市、大巴黎大都市圈（巴黎市加上周边7个省，即伊尔—法兰西地区）；东京大都市为东京中心城市（包括市区的23个区）、东京都大城市区（包括市区的23个区和郊区的27个县）、东京圈（包括东京都和神奈川、琦玉、千叶3个县）、首都圈大都市带。

从当前世界城镇化实践看，城市群和都市圈是在工业化城镇化进程中出现的一种新型城市组织形态。20世纪初，城市群逐渐成为发达国家城市化进程中的主体形态。通过发展城市群和都市圈，统筹空间规划，推动中心城市与周边中小城市的联合发展，产生集聚效应，实现区域内资源的合理配置，促进整个区域的经济一体化进程，是全球各国的普遍做法。由伦敦、巴黎、慕尼黑、汉堡和米兰组成的欧洲五边形大都市区，集中了欧盟50%的国内生产总值和40%的人口。美国大纽约区、大洛杉矶区和五大湖区三大城市群地区集中了67%的国内生产总值。日本东京、阪神、名古屋三大城市群，集中了全国70%的国内生产总值和65%的人口。城市群和都市圈以一个或几个中心城市为核心，拥有与核心城市形成一体化社会经济联系和合理产业分工的中小城市，通过成熟立体的交通系统与发达的通信系统实现整个区域范围内的紧密联系，有效促进整个区域的经济一体化进程。

都市圈内拥有不同规模、不同性质的城市单元，它们承担着不同的功能。西方学者在研究都市圈内不同城市类型时，提出了大城市—小城市；中心城市—边缘城市；核心城市—依附型城市；枢纽型城市—节点型城市—外围型城市等不同的概念。都市圈内的中心城市，是指在都市圈中的各项社会经济活动中占据重要地位、具有多种综合功能，并且土地开发程度及密度高，主要作为金融、商贸、服务中心，在都市圈经济活动、交通系统以枢纽形态呈

---

① 金辉. 我国已进入大城市向都市圈发展的新阶段[J]. 经济参考报，2018-06-20.

现的大城市。中心城市具有极强的综合竞争力，在经济、科技、文化等方面对都市圈内周围城市产生聚集效应，并带来扩散效应。都市圈中的中小城市是一种比农村或者乡村高一层次的社会实体，具有一定的市政设施和服务设施；其工作人口并不是主要从事农业，而是从事第二和第三产业；通过都市圈的综合交通网络如轻轨、城市高速道路与中心城市紧密联系，具有大量通勤人口；能与中心城市形成城市基础设施的共享、环境资源的共同利用，是沟通城乡区域经济的桥梁与纽带。

世界主要创新型国家的科技创新在空间格局上呈现出三大规律：一是沿海与内陆统筹推进，巨型城市区域与点状创新中心并存。沿海与内陆分工协作，共同推进创新战略。美国沿海城市群主要是面向消费的科技创新、文化创新、金融创新，内陆城市群主要是面向制造业的专业化科技创新。欧盟的创新整体上来说北欧强于南欧，西欧强于东欧，从内陆城市群来看，莱茵河沿岸的法—南德—瑞士形成带动制造业的科技创新中心；从沿海城市群来看，芬兰、瑞典南部沿海形成高科技创新中心，英国东南沿海及荷兰跨海峡形成金融、科技创新中心。巨型城市区域与点状创新城市共同成为推动国家创新体系建设的重要空间载体。美国依托巨型城市参与全球科技竞争，东西海岸创新的团状集聚以全球性中心城市和区域性中心城市为核心，中部形成点状创新中心；英国伦敦创新中心周围形成团状集聚。二是创新区域与创新要素布局高度吻合。创新区域的形成与人口分布、高校科研机构、制造业基地的分布密切相关。美国人口密度最高的地区集中在美国东海岸、北美五大湖地区、以西雅图和旧金山洛杉矶一带为核心的太平洋沿岸地区，美国高等院校的分布在这些地区也最为密集。此外，美国制造业工作岗位也高度集中在上述几个地区，美国顶尖高科技工作岗位占制造业工作岗位的比例在这些地区也最高。创新区域与创新要素的布局呈高度吻合之势。三是科技创新城市体系与城市群结构高度吻合。城市群等级越高，创新能力越强。第一等级城市群的创新城市体系比第二等级城市群的创新城市体系规模更大、实力更强。对欧美世界级和国家级城市群进行统计可以发现，世界级城市群均呈现金字塔形体系结构。第一等级城市群平均拥有至少2个一级创新城市、至少4个二级创新城市和至少5个三级创新城市（见表3-4）。第一等级城市群涵盖了美国的加利福尼亚州城市群、美国东北地区城市群和五大湖地区城市群，以及欧洲的英国城市群和莱茵河流域经济带城市群。（见表3-4）

表 3-4 欧洲和美国创新城市统计

城市群等级	区域		一级创新城市	二级创新城市	三级创新城市	四级创新城市	合计
第一等级	欧洲	英国城市群	2	4	9		15
		莱茵河流域经济带	2	15	7		24
	美国	加利福尼亚州	3	5	8	1	17
		东北地区	3	5	5		13
		五大湖地区	1	4	12	2	19
		小计	11	33	41	3	88
第二等级	美国	卡斯卡迪	1	1			2
		皮德蒙特地区		4	3	1	8
		得克萨斯三角地带		4			4
		佛罗里达州		3	2		5
		落基山脉山前地带		2	2		4
		沿海海湾地区			3		3
		亚利桑那阳光地带			2		2
		小计	1	14	12	1	28

资料来源：2 thinknow Innovation Cities Index 2015.

承担特定功能的"创新单元"——科技城市，是城市群都市圈体系中的重要组成部分。"创新单元"作为促进都市圈内部的产业结构重组与创新要素配置效率提升的重要载体，是推动城镇化高端发展的有效途径。都市圈中的中心城市作为世界城市体系重要节点的中央商务区，渐次向外是 35 公里副中心圈层，主要是均匀分布的以疏散中心城市综合职能（行政、居住、交通、科教、商业、商务和工业）的大型副中心城市，以疏散居住、商业和交通功能为主的居住型中小城市（卫星城）；55 公里产业圈层，主要是以疏散中心城市人口，承接科教、工业的转移和发展为主的综合产业型卫星城；80 公里边缘圈层，这是中心城市的辐射边缘，主要在交通轴线布局单一产业型卫星城、外围交通/物流节点的边缘型卫星城。以东京都市圈为例，35 公里圈层分布了 3 个大城、1 个中等城、5 个小城，主要承担首都综合功能；55 公里圈层分布了 5 个中等城和 2 个小城，主要是综合产业型卫星城；80 公里圈层在主要交通轴线上分布了 6 个小城市，其中 3 个是单一产业型卫星城，3 个是以交通物流为主的边缘型卫星城。其中，筑波科学城（Tsukuba, Scientific Town in），日本科学研究中心，坐落在离日本东京东北约 60 公里的筑波山麓，距东京成田国际机场约40公里,由茨城县筑波町、丰里町、大穗町、谷田部町、茎崎町和樱村町6村町组成,总面积284.07平方公里,现有人口约20万。区内集聚了日本10个省、厅的43个国家研究所(约占日本40%的主要科研机构)、两家私人研究所和筑波大学等两所大学,有1.1万多名研究人员、专家和后勤人员,再加上附属人员,从事科学研究的总人数已达2.2万人。

"创新单元"在都市圈分布的主要特征为:一是圈层式布局与簇群式布局并存。综合型创新区域主要是一种圈层式布局。综合型创新区域主要出现在大都市区,依托大都市区中心区丰富的科教、金融等服务机构发展。以大波士顿地区为例,其中心位置是学校、科研机构、金融服务和部分科技企业所在地,企业以中心区为圆心,依托交通干线布局,在128高速公路和495高速公路附近分布了200多家生物技术企业。在一些技术型创新区域主要展现出一种簇群式布局的模式,自上而下的技术创新能够形成多个相互联系的创新产业集群。硅谷地区以北部的生命科学产业和南部的半导体产业为起点,逐渐衍生出互联网、企业软件、环保科技,以及相关的风险投资等产业簇群。二是呈现出创新廊道沿线分布特征。区域创新廊道是整合区域创新资源的关键。首先,依托创新廊道的规划,连接区域创新关键节点,是促进创新资源整合的常见方式。英国大伦敦规划确定了伦敦斯坦斯特德剑桥彼得堡廊道和伦敦东区—出海口廊道两条发展廊道,创新关键节点均位于其上;筑波秋叶原地区也形成了以公共交通为导向开发的区域创新廊道。其次,依靠跨区域联盟方式激发并带动创新廊道上关键节点的创新活力。例如,波士顿以跨领域联盟的方式促进剑桥科技园的再发展;交通区域联盟整合了剑桥大学、东安格利亚大学等10所高校近3个地区园区的技术力量。筑波TX铁路沿线布局多家国立、民间产业技术研究所。具有"产城人文融合"特征的"创新单元",是城市群和都市圈不可或缺的重要节点。

2. "创新单元"是推动我国区域协同创新、培育新动能的重要途径之一

当前,我国的城镇化进程进入到城市群、都市圈主导的空间发展新阶段,"一带一路"倡议、京津冀一体化、长三角城市群以及粤港澳大湾区的规划引导,加上高速铁路网的快速建设,高铁城市带的逐渐成形,已经在重塑全国的经济地理。京津冀、长江三角洲、珠三角及粤港澳、长江中游和成渝等五大大都市圈,体现出国家的空间大战略。在大都市圈内,有传统的龙头城市、首位城市或中心城市,但多层级的中心地化是不可阻挡的大趋势。顺应大都市圈的规律,优化资源配置手段和利益协调机制,探寻高效的政府和市场的

协同方式，有助于从根本上破解大都市圈内的均衡发展、协调发展问题。多中心大都市圈内针对主城、中心城市存在的功能过度集中问题，通过有效的疏散和平衡作用，来解决资源浪费、快速膨胀、无序发展的城市病问题，为现代城市规划走出单中心的思维定式、促进大空间的网络化、多核心大都市区、多中心城市区域等的建设，提供了方向性的引导。在超级城市群构成的大都市圈内，形成多中心的空间结构，可以达到内部的"规模互借"效应，即在更大的地理空间范围内实现经济的规模收益和集聚。此外，在一个大都市圈内，城市群内部等级化的多中心演化，有效促进了专业化的分工协作，以及均衡的生产力布局，缩小了相邻区间的收入差距，实现了整体性的增长。

在中国的五大大都市圈中，长三角、珠三角、京津冀、粤港澳和长江中游城市群等，是在国家战略层面进行空间规划与功能界定的，已经突出了功能疏解的多中心发展理念，体现了作为发展大国、"城市中国"和经济大国的责任担当。

但是，跨行政区划的超级城市群规划在推进实施的过程中，深度的互联互通会涉及行政、交通、经济、生态等多个领域，存在着多重利益纠葛。为此，要把握好三个方面的侧重点：一是树立"区域一体化"协同机制，在政府和市场的双重力量作用的平衡下，有序推进集群式、协同型的多中心区域建构。超级城市群未来将形成结构多元的庞大网状城市复合体，充分认识每个城市自身所处的层级和节点位置，把握机遇、顺势而为，会加速提升自身的能级。二是抓住高铁网络系统重塑中国城市群形态，以及高铁城市带逐步成为空间发展主轴的机遇，把次区域、节点城市发展重心朝高铁城市带靠拢或对接。在大都市圈内，高铁、地铁和轻轨的有机结合，能高速、高效率地整合发展的资源要素，培育出一个个新的"空间落点"，以缓解大城市中心城区压力，强化中小城市产业功能，促进合理的空间层级体系和特色性功能区的协调发展。三是加大培育地方性的"创新单元"，构成跨越层级的网状创新空间，促进大都市圈内部的结构重组与要素配置效率提升。政府可以运用经济、法律、行政等手段，以制度创新来引导城市群都市圈的协调发展，建立完善的利益评判与分配、补偿机制，培养一个个充满创新活力的"创新单元"，倒逼整体系统创新。

3. "创新单元"构建，需要"自上而下"与"自下而上"多方合力

跨地区超级城市群、大都市圈规划在推进实施的过程中，会涉及行政、交通、经济、生态等多个领域，存在着多重利益纠葛，建立利益共享机制，

形成协同发展的共识，并落实到实施方案和行动上，需要政府与市场多方力量提供创新策略与动力的支持。因此，在城市群内全面系统地、分阶段地落实各项重点任务，除了"自上而下"提要求外，还需要地方结合自身条件和发展的功能定位，"自下而上"制定具体的实施策略和行动方案，才能建立起高效的区域协同创新发展新机制。

增强城市群、大都市圈的协同性、联动性、整体性，必须加大全面深化改革的力度，以高效的市场机制、协作机制、互助机制和补偿机制等来汇聚各方发展力量，形成城市群与区域一体化建设、共享发展成果的价值共识与务实行动，为构建城市群为主体的大中小城市和小城镇协调发展的新格局，培育特色性的"创新单元"，为区域经济发展提供源源不断的创新动能。

第三节 IOD：以全球协同创新驱动城市发展的新模式

全球协同创新是一项系统的复杂工程，科技创新的全球协同，涉及诸多因素。一是地理位置隔离。尽管信息技术的进步使得全球合作与协调更加紧密，但由于地理位置的隔绝以及限制，隐性知识、经验技巧的大量存在，科技创新的全球协同始终存在隐形障碍。二是创新人才、机构非均衡分布。全球协同创新是一个动态、系统的工程，全球协同需要众多创新型人才的刻苦攻关。由于在人才培养机制以及创新环境上存在着较多的差异，创新人才在分布上呈现出地理上的不均衡性，一定程度上制约了全球协同创新。三是文化差异。创新氛围作为一种社会文化的长期积淀，与各国家特有的文化环境有着密切联系，各国文化氛围的差异使得在科技创新的全球协同过程中，创新环境较为薄弱的国家的创新能动性较差。

因此，在全球化时代，全球协同创新不仅需要本地企业和机构的合作和互动，还必须具备全球创新和知识的搜索、利用以及整合能力。"嵌入"本地创新能力是区域创新发展的源泉。当今世界，基于后发优势和经济联系，加快构建与发达地区的创新网络，是实现后发地区区域创新能力提升的重要途径。

一、IOD 的定义

科技城市 IOD 模式（Innovation Oriented Development Mode of Tech Cities），

是一种创新引领的科技城市发展模式，是在中国以人为核心的新型城镇化和创新驱动发展战略指引下，以构建国际创新型产业生态为引领，以发展现代科技服务业为先导，以吸引高端科技人才为切入点，立足城市产业转型升级的内在需求，打造全球协同创新平台，深度融入开放性创新2.0全球网络，持续驱动科技场景迭代应用，系统构建创新型产业生态圈，营造科技人才专属宜居宜业环境，实现"引才、引智、引资"，推动科技×城市的智慧融合，造福居民美好生活，实现国际协同创新、区域产业引领和城市迭代升级的一种新型城市综合开发和持续运营模式。

（一）形态

根据国际科学界技术成熟度标准（TRL[①]），IOD包括了围绕前沿探索型科技（TRL 1-3），以顶尖大学及其实验室为中心，建设集教学、研究、游览为一体的科教城市；围绕待商业化关键技术（TRL 4-6），以专业研究机构及其产业化基地为中心，建设集工程设计、科技示范、技术体验为一体的科研型城市；围绕已初步商业化技术（TRL 7-9），以企业研发与初创公司为中心，建设集产品开发、辅助生产、创新创业为一体的科创型城市。

表3-5　IOD的三种形态

类型	科教型：基础研究	科研型：应用研究	科创型：产品开发
TRL标准	TRL1：基础理论研究 ● 研究和探索科学机理并发表论文	TRL4：实验室环境验证 ● 在理想的实验条件下验证技术可行性	TRL7：产品基础及关键性能达标 ● 首次在真实工业环境中测试产品性能
	TRL2：技术概念提出 ● 初步提出技术概念与所需理论	TRL5：模拟工业环节示范 ● 介于实验室与工业规模的重要环节	TRL8：系统集成、试运行成功 ● 测试产品与整体系统的兼容
	TRL3：技术概念可行性验证 ● 证明技术理论可行性并获得产品专利	TRL6：准工业环境验证技术经济性 ● 分析产业化可行性和社会效益等	TRL9：功能及可靠性完全达标 ● 完成最终运行检测，可以推向市场

[①] TRL是由美国宇航局、国防部、欧盟等提出，在国际科研和企业研发界广泛认可的科技研发衡量标尺。衡量某项科技在科技应用研发中的成熟度（从1到9），并可用以识别该技术在科技研发产业链上的位置。

续表

类型	科教型：基础研究	科研型：应用研究	科创型：产品开发
科技产出	学术成果/理论验证	产品原型/技术验证	新产品/市场验证
创新主体	大学研究院	科研院所 产业研究联盟	企业研发中心
核心功能	科研院校分校区/实验室；学生教学、理论与技术研究、校园游览	科技研究院、技术产业化基地；技术产业化、工程设计、产品原型测试	企业研发中心、孵化器、加速器；产品开发与测试、生产辅助、高科技创业
科技衍生功能	• 科技应用展示：开放实验空间 • 科技体验区 • 科技服务及融资：众创空间 • 投融资机构 • 知识产权中介 • 认证认可机构 • 技术评估交易中心 • 工程及服务中心：测试检验中心 • 工业设计中心 • 科技文化教育：科技博物馆 • 图书馆 • 会议会展		
科技社区配套	科研人才公寓/公共交通；商业配套；国际学校/幼儿园；双语教育配套；高速4G/WIFI社区覆盖；一站式社区服务中心		

例如，剑桥市产学研融合布局，高校周边布局较多科研办公孵化器、实验室以及小型企业，同时注重高校与周边社区的融合发展。波士顿创新功能区通过土地的混合利用，建设具有最好创意和最具发展前途的企业家交流场所，成为集创业、工作、居家生活和休闲娱乐为一体的多功能城市社区。再如，硅谷以大学等科研机构为核心，圈层式布局教育、金融实验科研机构、居住生活服务设施，各圈层之间通过快速交通串联；交通干道沿线布局商业服务区及科研办公区等（见图3-12）。

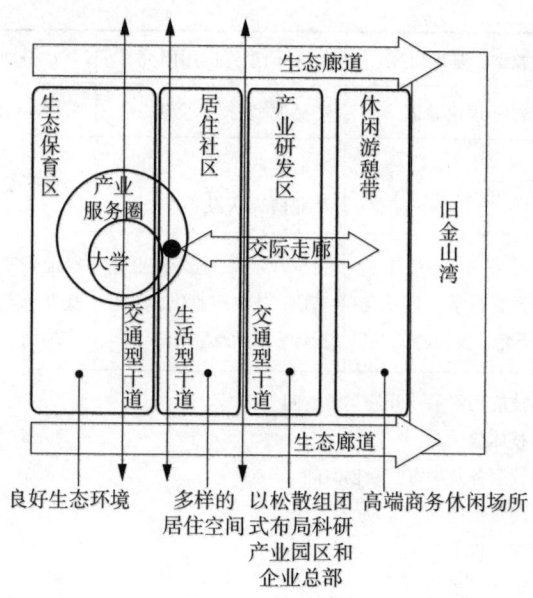

图 3-12　硅谷圈层式分布

资料来源：陈鑫，沈高洁，杜凤姣. 基于科技创新视角的美国硅谷地区空间布局与规划管控研究 [J]. 上海城市规划，2015（2）.

（二）选址与用地

在选址方面，科技城市优先在科技创新基础条件好的科创型城市中进行选取，并符合以下四点原则：一是所处城市具有较强的综合经济实力；二是所处城市具有健全的科技服务中介机构和科技创新服务能力；三是所处城市具有良好的科技创新环境，包括制度环境、文化和生态环境等；四是位于科技创新型城市或区域科技创新功能集聚区、创新走廊之上。

在用地规模方面，结合世界科技创新功能区规模大型化的发展趋势，综合考虑用地集约、节省基础设施建设投资等因素，建议科技城市的核心区规模控制在 1 平方公里以内。在用地功能分类方面，科技城市应重视科技研发和科技金融服务等功能，合理提高教研商务用地和工业研发用地的比例。建议教育科研用地的比例控制在 8%~10%，商务用地的比例控制在 5%~8%，工业研发用地的比例控制在 10%~15%；在弹性引导与管控方面，面向创新需求的新业态、新空间，建议创新功能区居住用地增加住宅办公、住宅商业和公益性住宅用地三个小类；工业用地增加工业研发用地小类。建议科技城市的用地管控采取弹性管理和适度控制的方式，鼓励不同类型用地的兼容性。

（三）功能分区

科技城市应适度配套居住、生活、娱乐等三类生活服务功能，以及较为完善的科技中介、科技金融服务等生产服务功能，构建功能复合的"综合城市功能区"。同时，科技城市应嵌入所在城市的公共服务中心体系，共享所在城市的高端生产和生活服务，形成无边界的创新功能区。（见图3-13）

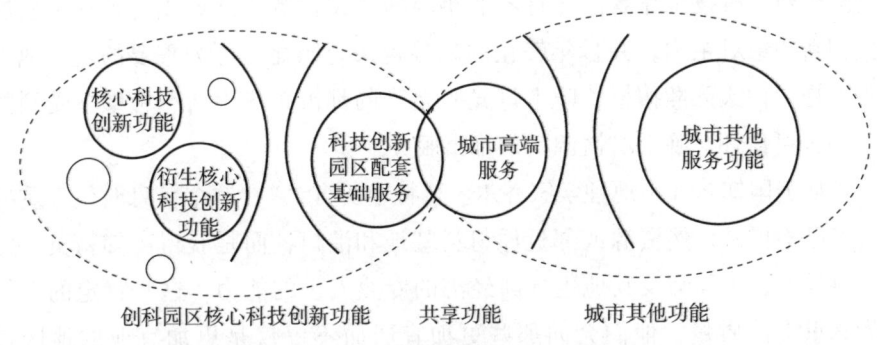

图3-13 科技城市功能分区

（四）创新环境营造

营造适宜的科技创新环境，需要从"以人为本"的角度出发，通过建设鼓励人群沟通与交流的非正式交往空间，营造激发创新人群活力的创新氛围，满足科技创新人才的需求。

一是整合核心创新要素，鼓励并发展多种非政府组织（NGO），建立宣传和推广平台。二是要注重交往、交易场所营造。建设开放的、多元的非正式交往空间，增强园区内外交流。三是要注重园区生态环境。通过营造高品质绿化环境，柔化园区空间，以及精细化管控，实现绿色保障，提升园区的环境品质。四是升级创新区基础设施，建设智慧型园区。着重加强区内光纤网络、高效供热（冷）系统、智能仪表、实时能源管理、零排放建筑、智能交通等基础设施的建设，从而构建"智能+互联"创新社区。

二、IOD：提供一整套城市创新驱动发展综合解决方案

过去，在我国城镇化快速发展的阶段，城市的发展只重视"壳（城市空间）"，而忽略了"瓤（城市内容）"，以住宅开发为导向的新城拔地而起，

却往往沦落为"鬼城"。但如今，如何培养"城市内容"，让科技赋能城市、城市为科技提供应用场景，实现科技与城市深度融合，发展壮大城市产业体系，已经成为城市发展的重中之重！

（一）IOD：以安居带动乐业

如今，科技人群已经发生了改变，不再是我们传统印象中年纪偏大，不懂生活乐趣的科技工作者。各行各业年轻的科技精英，已经成为大都市发展科技创新的绝对主力，并且年轻化的趋势越来越明显。更为重要的是，他们渴望的是"白天熙熙攘攘，晚上灯光明亮"的都市繁华生活、希望享受到的是"白天讲情怀，晚上讲情调"的都市服务配套。

正如美国知名经济地理学家乔尔·科特金所言："在这个信息时代，重要的资产已不再是自然资源或邻近原材料基地和港口，而是获得高知精英，尤其是科学家、工程师及其他主导新经济的专业人士的能力。这些特定的个体最为看重生活质量，他们会向那些更加宜居而不仅仅是更加宜业的地区迁移。"为此，营造引才的宜居环境显得至关重要。

专栏

科特金的新地理主义——人才是第一资源

美国著名经济地理家乔尔·科特金所著的《新地理——数字经济如何重塑美国地貌》一书提出一个著名理论——新地理理论。

旧地理模式是纯资源导向型模式，依靠如区位、税收、土地成本等资源优势发展。在旧地理模式下，一座城市牛，主要是因为各种资源，比如北京，因为它是首都，地价高、税收高。以往，企业选址都是在临近自然资源的地方，并且对企业而言，能够以较低的薪水雇佣通常没有技能的劳动力往往是很重要的。同时，"各个地方为了争取公司在本地落户，竞相提供低工资、税收刺激及配套的基础设施"。

而新地理模式是人才导向型模式。今天，重要的资产已不再是自然资源，而是获得高技能劳动力——尤其是科学家、工程师及其他主导新经济的专业人士的能力。在新地理模式下，"地点之间有特殊意义的差别和影响地点成功的变量变得更为重要了"。

乔尔·科特金发现，工业文明时期是人找活儿干，而科技文明时期是活

第三章 IOD：以全球协同创新驱动城市发展的新模式

儿找人干，换句话说，在工业文明时期，哪里靠近铁路，哪里靠近港口，哪里靠近煤矿，哪里就更有钱。在科技文明时期，只有一个坐标——哪里吸引人才，哪里就更有钱。"在信息时代，经济从对自然资源或廉价劳动力的依赖中解脱出来，比历史上任何时期都更加需要找到最理想的地点。"科技文明时期要做高科技产业就得找到足够多的知识分子，而哪个地方最宜居，知识分子就选择在哪里居住；知识分子选择在哪里居住，人类的智慧就会在哪里汇集；人类的知识在哪里汇集，财富就在哪里汇集。

图3-14 【美】乔尔·科特金《新地理——数字经济如何重塑美国地貌》
资料来源：网络。

安居带动乐业，是IOD发展的第一动因。"地区生活质量""城市魅力"已经成为吸引年轻科技人才聚集的磁石。科技随着人才在城市中的聚集，而更加趋向都市化发展。只有适应年轻科技人才的城市环境，才能吸引到科技人才，最终科技产业才能在城市中开花结果，发展起来，因此"城—人—产"的发展新模式，已经成为世界级创新中心的通用模式（见图3-15）。

深圳是中国"最年轻"的城市，2010年，第六次全国人口普查显示，深圳市平均年龄30.8岁

图3-15 深圳：靠抓住年轻人，快速提升城市创新发展的动力
资料来源：网络。

因此，要想实现科技与城市的深度融合，就必须让年轻的科技精英对城市趋之若鹜，并且让他们安心留下来。首先城市可以为年轻科技精英打造高品质的"蜂族公寓"，外观更时尚、功能更复合、配套更高效，为他们量身打造理想的生活社区。（见图3-16）

加拿大温哥华耶鲁城：建筑类型多元而样貌统一，其重视玻璃幕墙的使用，将住宅的立面也进行了公建化处理，使城市整体呈现出和谐的都市氛围

图3-16 蜂巢公寓通过公建化外立面设计，强化公寓的"高级感"
资料来源：网络。

其次，除了时尚、方便的居住公寓，城市还要为年轻科技精英定制商务社区城市，形成繁华活力的科技商务中心，营造熙熙攘攘、热闹非凡的城市氛围，让年轻科技精英和工作的人一起生活，和生活的人一起工作。（见图3-17）

韩国首尔数字媒体城：通过用地混合打造"下店上宅"的生活方式，实现有街有铺，写字楼底商全部开放，增加了人与人之间相遇的可能性

图3-17 韩国首尔数字媒体城：打造"工作—生活—休闲"平衡发生模式
资料来源：网络。

（二）IOD：让整个城市都来推动创新

新一代科技创新，已经从"生产导向"向"生活导向"转变。发达国家的经验证明，代表个性化的兴趣爱好——"玩儿"，才是物质丰富后人民的最大需求。在这样的趋势之下，科技创新的诞生地，已不再是生产要素聚集的工厂，而是成为生活要素聚集的城市。

1. 科技城市是创新"问题"发生器

科技城市可以为科技创新提供"问题"的发生器。一方面，只有以大城市为根据地，才能拥有足够的用户和商家数量，才能为那些"科技+生活网络"的创新性公司提供人口和商业的市场样本。另一方面，对于大多数城市来说，天生自带的"城市病"——交通拥堵、环境污染、公共安全等问题，也恰好给了无数创业公司巨大的市场机会。例如，城市"最后一公里"的难题催生了城市共享单车；城市"打车难"，催生了世界上著名的打车软件Uber等。

2. 科技城市为创新提供场景资源

毫无疑问，人工智能已经成为当下引领科技创新发展的新浪潮。场景资源是人工智能发展的核心驱动力，通过大量真实场景产生人工智能所需要的数据喂养。只有在都市，才能拥有人工智能发展所需求的"全景化"应用场景资源。

在场景驱动人工智能发展的模式之下，美国山景城高效利用城市中的地形地貌环境和城市空间场景，为高科技产品提供"处处可驯化"的场所。

3. 科技城市为创新提供试验场

生活导向型的科技创新，其成果只有在生活中进行试验才有意义。以城市作为科技成果的"试验场",这一模式被称为"Living Lab"（生活实验室）,已经在芬兰赫尔辛基、丹麦哥本哈根、西班牙巴塞罗那和荷兰阿姆斯特丹、埃因霍温等城市被广泛应用。

因此,中国的科技城市可以践行"Living Lab"模式,率先从智慧安防、智慧交通、智慧照明、智慧运动等方面全面布局,助推智慧城市技术的应用与推广。

4. 科技城市为创新提供观摩场

科技创新,往往经历了一个从模仿到颠覆的过程。在新的科技时代,城市为技术颠覆者提供了最好的"观摩场所"。以我国的共享单车为例,正是通过在城市中的观摩,共享单车才得以从最初的"有桩模式"向现在的"无桩模式"进行升级,甚至通过互相模仿,推动了整个共享单车行业的不断创新。因此,中国的城市应为技术创新者营造一个良好的观摩环境,为科技创新与颠覆培育最佳温床。

5. 科技城市让科技人员成为城市明星

如今,科技人员明星化已经成为一种世界潮流。无论是最早的"阿波罗计划"包装出来的明星科学家冯·布劳恩,或者是当下科技综艺类节目捧红的如Dr. 魏等"科学代言人",专业团队主导的科学家造星运动从来没有停止。

科技人员明星化,不仅有助于科学知识的普及和宣传,更有利于资本实现更大的收益。将科学家培养成明星,也将大力促进大众资本进行科学投资。凭借全套的专业的传媒体系,大都市成为最容易把科学家捧成科技明星的地方。

（三）IOD：以开放式创新2.0模式实现全球协同创新

互联网、移动互联网时代下,社会正在从简单系统发展到超复杂系统,面对这样的变化趋势,未来科技的工作方式也会发生相应的改变——更加需要"高密度协同创新""积木式即插即用创新"以及"跨界交流创新"。

1. 高密度协同创新

正如《科学美国人》所说:"今天的科技是复杂的协作系统,要有多个单位紧密协作,像爱迪生那样单打独斗的创新时代已经结束了。"从单打独斗到协同作战,未来科技必然需要高浓度、高密度的协同网络。而只有都市,才能提供高密度的人才池、才能拥有高密度的产业供应链、才能形成高浓度的创新氛围,最终形成科技创新所需要的高密度的协同网络。

2. 积木式即插即用创新

面对复杂的创新系统,如何快速寻找每一环节的"最长板"进行强强联手,以模块化的形式实现创新要素的"积木式拼接",已成为快速应对复杂问题的重要路径。积木式创新的关键在于能够快速找到各类"插件式人才"。而只有在人才富集的城市,才能一站式集齐科技创新所需要的各类人才。因此,中国的科技城市可以学习 MIT 媒体实验室,既要围绕各类前沿课题,拼接各领域的"最强大脑",将自身打造成为"自适应的复杂系统"。同时,还要主动拼接各类产业要素,迅速聚合"最强资源",助推积木式创新发展。

3. 跨界交流创新

美国社会学家马克·格兰诺维特（Mark Granovetter）曾提出:"弱关系链接,善于在各种场合结交新朋友,只有弱关系才有可能告诉你一些你不知道的事情——不相熟的人交流知识就会产生新知识。"由此可见,多样化交流促进"弱关系"的形成,有利于激发创新想法。而大都市提供的多样化社交空间,正成为一种重要的生产力。在这样的趋势之下,中国的科技城市可以学习西雅图的南湖联合区。一方面,要鼓励建筑内部设计一系列促进交流的合作空间。另一方面,城市公共空间要打造多样化的社交场所,同时提供丰富的文化艺术、节庆、运动休闲等活动,为科技精英打造富有魅力的生活社交体系。

当前,我国哪些城市最有机会获得创新机遇?最有可能在哪里产生科技城市?我们的答案是:我国北上广深一线城市的价值洼地和强二线城市。前者,是指国家三大都市圈中需要填充的大城市价值洼地,以北京、上海为例,在"控人疏解"的背景下,城市近郊及城区的城市更新地区将迎来发展机遇。后者,是指位于国家西部地区的中心城市,尤其是那些理工科院校聚集的城市,如武汉、西安、成都、郑州、长沙、济南、大连等,它们凭借丰富的科技创新人群优势,也将成为未来科技产业聚集的热点区域。

三、IOD 是落实中国创新驱动国家战略的有效途径

创新兴则国家兴,创新强则国家强,创新久则国家持续强盛。当前,创新驱动已成为中国发展的核心战略之一。在新形势下,亟待找准我国创新驱动发展的支点,更好地推动创新发展理念的落实以及创新驱动发展战略的实施,从而促进经济社会发展迈上新台阶。

IOD 是以企业为创新主体、以用户为中心、以社会实践为舞台、以全球协同创新、开放创新为特点的用户参与的创新模式。

IOD 是要让地处全球不同国家、地域的创新要素汇聚起来,使用互联网、信息通信技术的力量让所有人都参加创新,利用各种技术手段,让知识和创

新共享和扩散。

IOD 使企业成为协同创新发展的主要力量。政府从立法、规划、金融、财税、对外贸易和劳动力市场等多方面，适时有针对性地制定扶助和优待企业的政策，采取多种措施，促使企业成为技术和创新的主体。要以市场为导向，企业在技术创新决策、研发投入、科研组织和成果转化中处于主导作用，通过构建高水平企业研发中心，创建产业技术创新联盟，推进产学研用协同创新，破解企业创新动力和能力不强的瓶颈，构建"政府引导+市场化运作"的协同创新模式。

IOD 模式的探索，通过以用户为中心的开放创新平台、共同创新平台的搭建，以技术进步与应用设计的高度互补与互动，形成有利于创新涌现的创新生态。同时，通过大力培育宽容失败、敢为人先、崇尚创新创业的创新文化，多手段、多载体、多渠道广泛宣传重大创新成果、典型创新人物和领军企业，让创新的思想理念深入人心，成为一种全社会的价值导向，在全社会形成尊重创新、支持创新、服务创新、参与创新的良好风尚，对于健全和完善我国科技创新体系具有重大意义。

四、IOD 已具备良好的发展基础，是推动我国新型城镇化的有效途径

（一）我国区域经济已经明显形成了一二三梯队，区域协同创新呈加速趋势[①]

经过多年发展，我国区域经济已经明显形成了沿海第一梯队，内陆第二梯队和北方第三梯队的区域发展战略格局，三大梯队涵盖了国内 90% 的经济总量，形成了新时期我国区域经济的三大典型类型。（见表 3-6）

表 3-6　中国区域经济三个梯队情况

	第一梯队	第二梯队	第三梯队
2017 年常住人口（亿人）	4.49	4.84	1.97
2017 年经济比重	47.8%	28.4%	11.0%
2017 年人均 GDP（美元）	13351	7449	7071

---

① 中宏院.2018 年区域发展稳中有变:三大梯队分异发展 2019 年区域发展稳中有忧:三大梯队分类施策[R],2019-01-06.

续表

	第一梯队	第二梯队	第三梯队
2018年前三季度同比增速	6.8%	7.8%	5.3%
增长特点	发展水平高于全国、经济增速与全国持平	发展水平略低于全国、经济增速高于全国	发展水平、经济增速均低于全国
经济驱动	出口、创新	城镇化、基础设施	资源、重工业
代表省（区、市）	广东、江苏、浙江、上海、山东、福建、北京、天津等	安徽、江西、河南、湖北、湖南、重庆、四川、陕西等	黑龙江、吉林、辽宁、山西、内蒙古、甘肃等
空间分布	东部沿海	中西部	东北西北

资料来源：Wind。

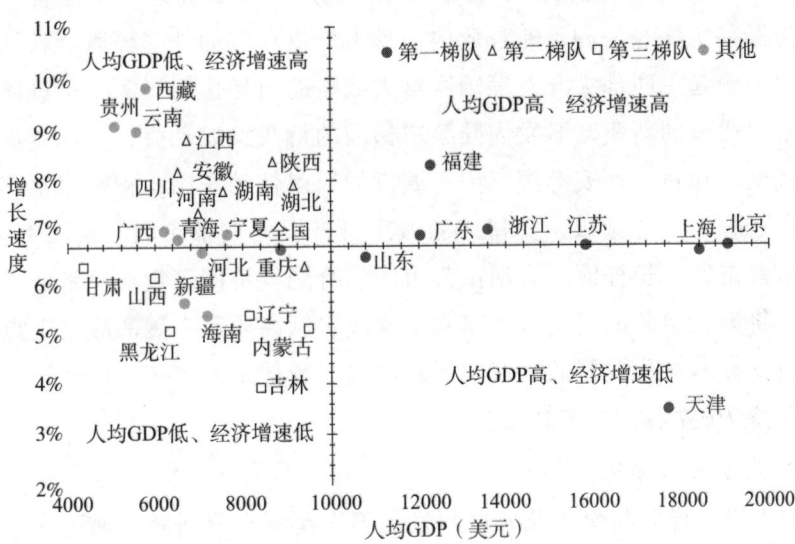

图3-18　2018年中国前三季度各省增速和2017年人均GDP

资料来源：Wind。

1. 沿海第一梯队

沿海第一梯队是保持我国经济稳定增长的"压舱石"，经济将保持合理增速，科技创新向国际化、高端化发展。沿海第一梯队在2018年整体跨越了"中等收入陷阱"，处在向现代化迈进的全新起点上。各级政府正在进一步推进更大规模更大范围的减税降费，抓紧改善营商环境，全力支持民营经济、混合所有制经济加快发展，营造有利于实体经济发展的良好环境。深入推进科技体制改革、科研管理体制改革，进一步完善知识产权保护制度，不断激发创新活力和动力，把沿海第一梯队打造成为我国创新的主要策源地，通过创新驱动推动沿海第一梯队高质量持续发展，促进沿海第一梯队在向现代化迈进的新征程中行稳致远，引领和带动其他相关区域高质量发展。预计未来三年，沿海第一梯队保持6%左右的经济增速。

2. 内陆第二梯队

内陆第二梯队是培育跨越"中等收入陷阱"的战略接续区，科技创新发展新动能处于加速阶段。内陆第二梯队各省（市）仍处于城镇化、工业化加速推进阶段，消费投资需求旺盛，内需支撑性较强，正处于跨越"中等收入陷阱"的关键时期。各级政府正把重大基础设施互联互通和新型城镇化作为第二梯队省份补短板、扩内需的重要举措，正在进一步深入推进"放管服"，推进更大幅度更大范围的减税降费，进一步完善营商环境，为振兴实体经济和不断释放内需潜力提供良好的外部环境。长江经济带、中部崛起、西部大开发等国家重大战略的引导作用，深入推进体制机制创新，通过创新驱动激发内陆第二梯度的持久发展动力，发挥重庆、成都、武汉、郑州、西安等国家中心城市的辐射带动作用，积极培育第二梯队的内陆腹地中心城市，支持成渝城市群、大西安都市圈、武汉都市圈、郑州大都市区、长株潭、大南昌都市圈、合肥经济圈等重点经济区一体化发展，将第二梯队的省会城市率先培育成引领高质量发展的战略支点，构建多极支撑网络化发展的区域发展新格局。预计未来三年，内陆第二梯队继续保持7%左右的中高速增长。

3. 北方第三梯队

北方第三梯队将努力化解区域发展不平衡不充分问题，通过推动经济转型升级和绿色发展力促高质量发展。北方第三梯队是我国区域发展中不平衡不充分问题最为突出的区域，也是我国进入经济新常态后"南北分异"中发展出现严重滞后的区域，一度出现了区域经济增长严重失速甚至"断崖式"下滑，外部发展环境复杂多变和内部发展动力不足等多重问题在北方第三梯队交错，使得北方第三梯队转型升级的能力不足、动力不强。北方第三梯队的核心问题是资源能源依赖性过高，产业结构过于单一，必须统筹推进稳增长和促转型，从而释放更多发展动能，确保北方第三梯队能够在2020年与全国同步全面实现小康，并通过转型升级，确保能够用10年多的时间，在"十五五"末左右顺利跨越中等收入陷阱，与全国同步全面实现现代化。各级政府正在发挥北方第三梯队部分省份生态环境良好的优势，积极探索产业生态化和生态产业化发展之路，通过"生态+"、"绿水青山+"、"旅游+"、冰雪经济等多业态融合发展模式，积极探索生态服务价值市场化实现新机制，架好"绿水青山"向"金山银山"转化的桥梁。积极推进绿色发展，将生态文明理念贯穿到第三梯队高质量发展的全过程和全领域，既不走守着"绿水青山"不谋发展的穷路，更不走破坏"绿水青山"野蛮式发展的歪路，走好"绿水青山"向"金山银山"转化的绿色发展正路。

（二）中国已经进入城市型国家，"创新驱动、链接全球、绿色发展"成为城市经济发展的三大核心主题

1978年改革开放以来，我国社会经济发展实现了巨大变革，综合国力迈上新的台阶，国内生产总值（GDP）由1978年的3645亿元增长到2017年的82.71万亿元，经济总量已占世界经济总量的15%左右，居全球第二位。全国共有14个城市的GDP总量超过万亿元，其总和占全国GDP总量的29.2%。1978—2017年，我国由传统农业大国转变为城镇化水平超过全球城镇化平均水平的城市型国家。中国城镇化率由17.9%提高到58.5%，城镇常住人口由1.7亿人增长到8.1亿人，人民生活总体达到小康水平。40年的城镇化和城市发展，深刻改变了中国的经济地理和空间组织格局，重塑了中国城乡面貌和城乡关系。（见图3-19）

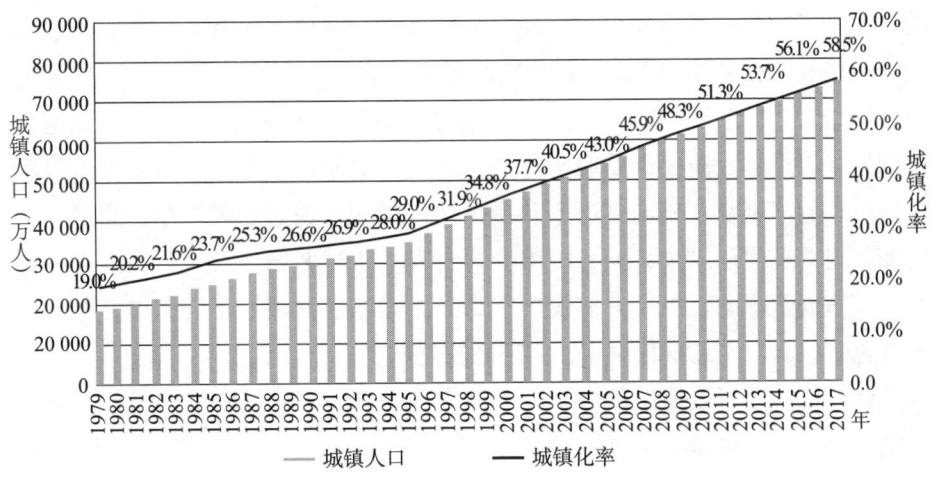

图3-19　1979—2017年中国城镇人口及城镇化率变化情况

改革开放以来，特别是加入WTO后，中国通过积极参与国际合作，加快了一些城市和地区的国际化进程。北京、上海、广州等中心城市，国际化水平和全球影响力得到显著提升，成为带动区域发展的引擎和展示国家形象的重要窗口。2016年，GaWC（全球化与世界城市网络研究）所公布的世界城市排名中，中国进入世界城市行列的城市超过30个，总量上仅次于美国，其中香港、北京、上海三座城市入围一线强城市（世界共7个城市）。

改革开放以来，城市是中国体制改革和创新驱动发展的重要引擎。全国高等教育和科研力量90%以上集中于城市，科技研发和创新实践活动也主要发生在城市。以"中关村"国家自主创新示范区为代表，北京、上海、广州、深圳等城市正在形成集科研、开发、生产、经营、培训和服务为一体的综合性创新服务体系，全面提高创新能力，加快产业升级，产业转型呈加速发展之势。

建设"新丝绸之路经济带"和"21世纪海上丝绸之路"的建设构想为中国的新型城镇化发展提供了新的推动力。城市是国际交往的核心平台。"一带一路"涉及的53个国家、94个城市中，大多数国家的城市在城镇化进程、信息化程度、经济发展水平等方面领先于中国，与沿线国家和城市的政策沟通、设施联通、贸易畅通、资金融通、民心相同，将为中国城市生态转型提供更为广阔的想象空间，是中国城市发展的历史机遇。

习近平总书记指出，实现中华民族的伟大复兴，就是中华民族近代最伟大的中国梦。城市是区域的中心，是产业经济的主要载体、创新创意的源泉，国际交往的重要平台。2015年中央城市工作会议指出"我们要开拓创新、扎实工作，不断开创城市发展新局面，为实现全面建成小康社会奋斗目标，实现中华民族伟大复兴的中国梦作出新的更大贡献"。

"城市梦"是中国梦的具体实践，需要承载国家的发展目标，同时回应民众的发展诉求。我国城市发展已经进入新的历史时期，要着力解决发展过程中所出现的不平衡、不丰富、不和谐等城市问题，提升发展质量，满足人民所需，建设现代化城市，助力中国梦的实现。新时期城市发展要转变发展方式，实施创新驱动，提高整体发展实力，注重绿色发展，建设和谐宜居、各具特色、包容共享的现代城市，实现高质量发展。

新时代中国城市愿景是时代特征的集中体现，也随着时代要求的变化而不断演进，人们对城市发展愿景的认知和对理想城市的定义发生了重大转变。生态城市、智慧城市、宜居城市、人工智能城市等概念相继出现，进一步引领着新时代城市发展愿景的方向性转变。新时代中国城市发展背负着实现中国梦的重要使命，因此，要有长远目光，紧跟全球城市发展的步伐，追求高质量、可持续的发展。

"创新驱动、链接全球、绿色发展"是新时代城市发展的三大核心主题①。一是创新驱动。城市是创新的孵化器和加速器。新时代城市工作的重要目标指向之一，就是成为创新驱动的强大引擎，成为开展创新活动、提升国家创新能力的重要基地。新时期城市发展要注重创新驱动，营造高质量的城市环境，吸引更多的高端企业与人才，转变低端、粗放的发展模式。二是链接全球。融入全球分工协作体系，实现国际化发展已经成为我国主要城市的共同追求。"一带一路"倡议的提出，对于我国城市融入全球化城市体系提供了重要契机，要充分利用经济全球化的资本与要素自由流动的态势，寻求更多的发展机会。提高城市的枢纽地位和网络联系能力，巩固和提升城市地位。三是绿色发展。绿色发展是生态文明建设的重要内容，新时期城市应当把绿色发展作为重要的目标导向，坚持节约优先、保护优先、自然恢复为主的方针，实现增长方式由"高耗能、高污染、高排放"向"低耗能、低污染、低排放"转变；发展方式由"污染——治理——再污染"恶性循环向"环保——节约——发展"良性循环转变；城市建设布局由粗放、非均衡向集约、均衡转变；建设模式由线性方式向循环方式转变。

新时期，中国城市的发展要更深入融入全球，依托京津冀协同、长江经济带，"一带一路"，充分利用环太平洋、环印度洋和欧亚大陆的地缘优势，融入经济全球化的体系中，实现资源互补、比较优势，合作共赢。2030年，预计全球2/3的人口将居住在城市，人口1000万人以上的超大城市人口占比将从7%增长至14%，世界范围而言，城市群将主导世界人口与经济的发展。我国城市群主要集中在京津冀、长三角和珠三角，以及粤港澳大湾区，辽中南、山东半岛、长株潭等。党的十九大报告指出，以城市群为主体构建大中小城市和小城镇协调发展的城镇格局。未来20年，长三角腹地将不断扩大，江苏大部、浙江大部、安徽一部分地区将进入城市群的范围，上海都市圈科技创新发展将迈上新的、更高台阶，上海成功建成全球科技创新中心。京津冀城市群中，首都副中心、雄安新区的建设不断取得进展，城市开发建设的新机制新体制成为全国新标杆，虚实相生的数字孪生城市成为人工智能、物联网高度融合的全球城市的新样板。珠三角地区将和香港、澳门实现区域经

---

① 汪光焘. 城市：40年回顾与新时代愿景 [J]. 城市规划学刊，2018年（06）.

济一体化；粤港澳大湾区，其优势更大，辐射力更强；珠三角将超越日本东京，成为世界人口和面积最大的城市带。

（三）我国科技创新领域呈现出政策体系服务化、功能组织体系多元化及空间体系全球化、网络化、梯度化特征①

经过改革开放40年的发展，我国创新能力已经得到了大幅提高，创新方面的政策体系和组织体系不断完善（见图3-20），形成了以国家自主创新示范区、高新技术产业开发区、国家大学科技园等科技创新功能区为主体，由科学技术部（以下简称科技部）、农业农村部（以下简称农业部）、教育部、国家国防科技工业局（以下简称国家国防科工局）、国家发展和改革委员会（以下简称国家发展改革委）、工业和信息化部（以下简称工信部）等部门共同推进建设的组织体系。在空间上呈现出东强西弱、梯次减弱的格局特征，并依托主要城市群形成了具有全国影响力、链入全球创新网络的全球创新型区域，以及具备区域影响力的全国创新型区域。

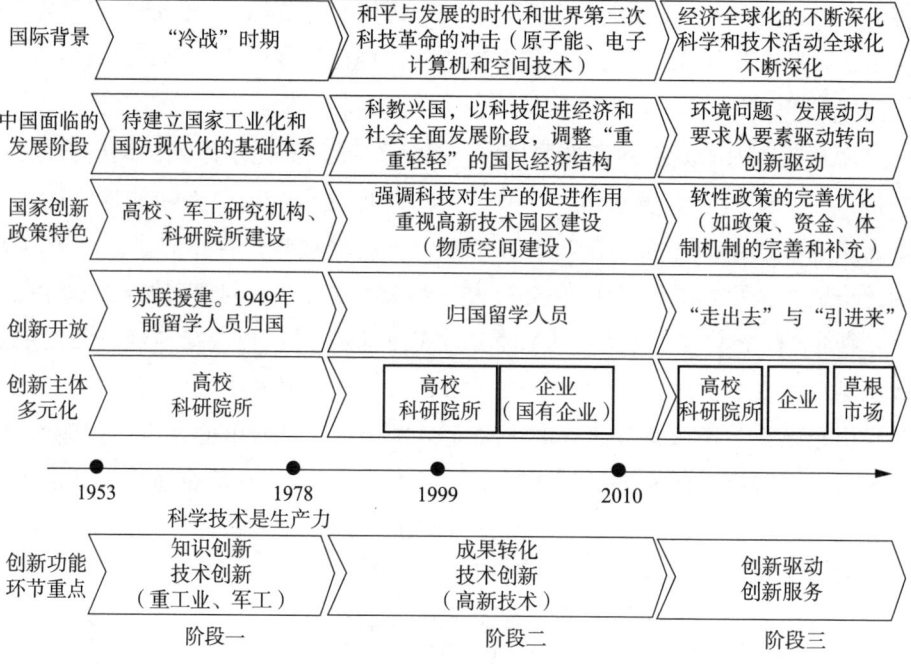

图3-20 中国创新政策演变分析

---

① 尹稚等. 科技创新功能空间规划规律研究[M].2018年.

1. 科技创新政策体系服务化

从"硬件"建设走向"软件"建设，从研发管理转向创新服务，是我国创新政策变化的主要趋势。早期科研院所的建设和中期高科技园区的开发，以物质空间的"硬件"环境建设为主，目前则更加重视创新生态等"软件"环境完善，即政策链、资金链、服务链、保障链的保障建设。

2. 科技创新功能组织体系多元化

我国科技创新体系由国家自主创新示范区、高新技术产业开发区、大学科技园等创新功能区构成，并由科技部、农业部、教育部、国家国防科工局等部门共同推进建设。（见图3-21）

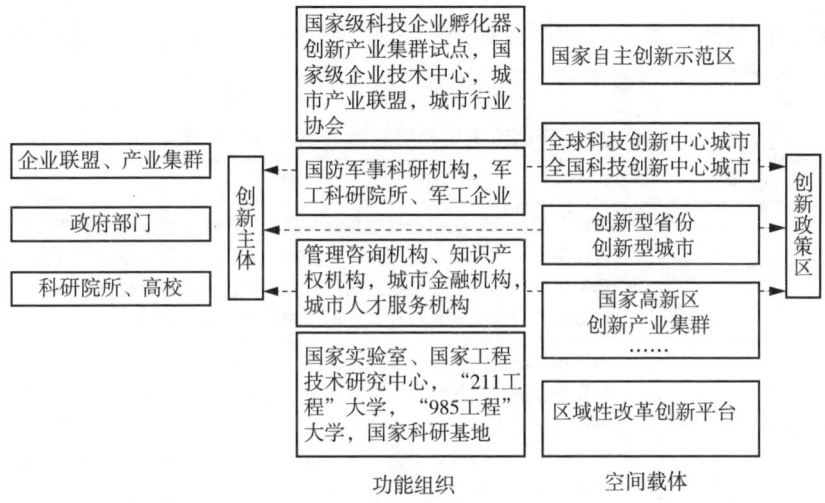

图3-21 中国科技创新功能组织体系

其中，科技部形成了以政府、高校、企业三方构成的科技创新体系，由国家高新技术产业开发区、国家自主创新示范区、国家大学科技园、国家重点实验室、科技企业孵化器、高新技术业、企业技术中心和公益类科研机构为主体构成。其创新源分为两类，包括科技创新源和商业创新源。其传导关系相对扁平化，即国家通过政策和机构认定进行支持帮扶，形成多类新基地。

教育部主要通过政策法规制定和评价体系构建，从而对高校科技创新能力提升及科技成果转化进行引导，促进产学研一体化发展。创新源主要为高校。

国家国防科工局（原国防科工委）形成了以军队科研机构、军工科研机构、民用科研机构为主的科研机构体系，由军队院校、军工院校、民用院校等组成的院校体系，以及由军工企业、民用企业等组成的企业体系。创新源包括三类，分别为军队创新源、军工创新源和民用创新源。创新的传导主要依靠国家通过专业机构设置和军民合作，形成多类创新基地。

农业部形成了以基础性研究（国家基地）—区域性农业产业技术研究（区域性科技创新中心）—科技成果示范扩散平台（试验站、现代农业示范区）—农产品研发和工艺研制（企业农业技术研发中心）为核心的多级创新体系，整体呈现由全国到区域到地方的梯度扩散新源分为三类：基础性创新源、共性技术创新源、特性技术创新源。

在各部门的协同推进下，我国逐步形成了以创新主体和创新功能区（政策区）为核心的科技创新功能体系（见图3-21）。创新主体包括企业、政府部门、科研院所、高校，创新功能区包括国家自主创新示范区、国家高新技术产业开发区、区域性改革创新平台、创新型省份试点等（见表3-8）。

表3-8 中国主要创新功能区（政策区）一览

名称	内涵
国家自主创新示范区	经国务院批准，在推进自主创新和高技术产业发展方面先行先试、探索经验国家自主创新示范区作出示范的区域，对于进一步完善科技创新的体制机制，加快发展战略性新兴产业，推进创新驱动发展，加快转变经济发展方式等方面将发挥重要的引领、辐射带动作用
国家高新技术产业开发区	为发展高新技术而设置的特定区域，是依托于密集的智力资源、技术资源开放国家高新技术产业环境，依靠科技和经济实力，吸收和借鉴国外先进科技资源、资金和管理手段，通过开发区实行税收和贷款方面的优惠政策和各项改革措施，最大限度地把科技成果转化为现实生产力而建立起来的，促进科研、教育和生产结合的综合性基地
创新型省份试点	对建设创新型国家发挥显著支撑作用的有关省份。到2018年，推动东、中、西及东北等不同地区的一批省市率先进入创新型省市行列，创新型省份研究与试验发展（R&D）经费支出占地区生产总值（GDP）比重达到2.5%以上，形成一批高端引领的创新型企业、人才团队，若干重点产业进入创新型省份试点全球价值链中高端，基本实现创新驱动发展。到2020年，在全国范围内推动更多省份和城市进入创新型省市行列，形成一批具有全国乃至全球影响力的区域创新中心、科学技术重要发展地和新兴产业策源地，初步形成协同高效的区域创新体系和创新型经济格局，发展驱动力实现根本转换，对建成创新型国家形成有力支撑
创新型城市试点	国家发展改革委、科技部主导，选择依靠科技、知识、人力、文化、体制等创新要素推动发展的城市（城区）作为试点。创新型城市对其他区域具有高端辐射与引领创新型城市试点作用，其内涵一般体现在思想观念创新、发展模式创新、机制体制创新、对外开放创新、企业管理创新和城市管理创新等方面

续表

名称	内涵
创新型产业集群试点	由科技部确定，并通过国家火炬计划、创新基金、高新技术企业培育和国家重点新产品等政策资源支持建设创新型产业集群试点。以主导产业、特色产业、优势创新型产业、集群试点产业为重点，通过围绕产业链扶持骨干企业、科技型产业，推动产业集群，尤其是创新型产业集群形成，充分发挥产业集群集聚效应，不断提升发展的实力和产业的国际竞争力
开放创新综合试验区	由国务院批准，开放创新综合试验区的设立，是站在国家新一轮改革开放前沿，积极探索开放与创新融合、创新与产业融合、产业与城市融合的发展道路，更好地引领全国开发区转型升级和创新发展，是打造国际化开放合作、自主创新发展的产业城市深度融合的开发区增强版。苏州工业园区是全国首个开放创新综合试验区

3. 科技创新空间体系全球化、网络化、集聚化、梯度化

（1）全球化、网络化。我国已形成全球创新型区域和全国创新型区域两类创新型区域。全球创新型区域具有全国影响力，且已经链入全球创新网络，但各区域的链入程度和内部网络化水平存在显著差异；全国创新型区域则具备跨区域影响力，且部分已经链入次区域网络（如东北亚、东南亚、中亚、西亚等），但区域内部的创新联系网络尚未形成。

①全球创新型区域。分别为京津冀城市群、长三角城市群和粤港澳大湾区3个全球创新区域。京津冀城市群：近域辐射不明显，知识创新网络直接辐射全国，城市群内部网络化程度低，京津二市是城市群链入全球、全国网络的"绝对"窗口。京津冀城市群一直是全国科技创新相关投资的主要流出地，部分创新资源具有全国辐射能力，如中关村、清华科技园等。一般城市的腹地往往为周边毗邻地区，但京津冀城市群创新资源的主要辐射范围并非集中于近域，而是直接辐射全国。但城市群内部创新联系的网络化程度仍然低，主要创新中心北京和天津的首位度高，其他城市创新功能滞后[①]。从各类专项创新看，城市群的知识创新和服务创新能力非常突出，技术创新与其他城市群差异则相对较小。长三角城市群：充分链入全球创新网络，近域联系明显，内部网络化趋势明显。长三角城市群外向度高，链入全球创新网络较为充分。一方面，主要创新中心（如上海、苏州）跨国企业研发中心较多，呈现外资、国企、民营企业并重的协同创新；另一方面，一些县、镇（如乌

---

① 赵影希，魏冀明，吴康. 京津冀城市群的功能联系及其复杂网络演化[J]. 城市规划学刊，2014（01）.

镇）已经作为专业科技创新节点直接链入全球创新网络。长三角城市群在科技创新领域具有全国影响力，其核心联系和影响范围集中在泛长三角地区，即江苏、浙江、上海和安徽地区。城市群内部网络化程度高，尤其在核心区（包括上海、苏南、浙北地区），已经形成明显的多中心、网络化结构[①]。从各类专项创新看，城市群的知识创新、服务创新和技术创新能力均非常突出。粤港澳大湾区：借力港澳充分链入全球创新网络，近域联系明显，内部网络化趋势明显。珠三角城市群依托早期与香港展开的"三来一补"以及科技创新成果转化等产业与创新合作，已经培育起华为、中兴通讯等一批具有国际影响力的自主创新跨国企业，科技创新能力具备全国影响力，并形成了以深圳为代表的创新城市。其核心联系集中在珠三角地区，近域联系强度高于京津冀城市群，但低于长三角城市群。城市群内部网络化程度相对较高，尤其在珠江口东岸地区已经形成明显的多中心网络。从各类专项创新看，技术创新突出，高等级知识创新、服务创新型城市缺失。

②全国创新型区域。分别为成渝城市群、长江中游城市群、山东半岛城市群、海西城市群和辽中南城市群5个全国创新区域。成渝城市群：核心联系集中在长江经济带，内部网络化程度低。成渝城市群具备跨区域影响力，核心联系集中在长江经济带沿线，即西南地区和长三角地区，与关中、华北、珠三角联系逐渐加强，并作为西部开放窗口，初步链入全球科技创新网络。但城市群内部网络化程度仍然较低，板块化严重，成都、重庆两大中心城市首位度高，总体呈现为中心城市与其他城市具有强联系，而其他城市之间的科技创新联系非常弱，形成了以成都为核心的单中心科技创新区域和以重庆为核心的单中心科技创新区域，其中成德绵眉乐走廊上的各城市间的科技创新联系不断加强，其他创新廊道尚未发育。从各类专项创新看，高等级单项（知识创新、技术创新、服务创新）创新城市缺失，但各单项创新水平较为均衡。长江中游城市群：核心联系集中在长江经济带，内部网络化程度低，三大科技创新板块间联系弱。长江中游城市群具备跨区域影响力，核心联系集中在长江经济带沿线，即长江中游和长三角地区，并与长江中上游的成渝、滇中城市群联系不断加强。城市群内部网络化程度低，板块化严重，武汉、长沙两大中心城市首位度高，中心城市与其他城市具有强联系，而其他城市

---

① 吴志强，陆天赞. 引力与网络：长三角创新城市群落的空间组织特征分析［J］. 城市规划学刊，2015（02）.

之间的科技创新联系非常弱①。初步形成了武汉都市圈、环长株潭地区、南昌地区三大板块,其中,武汉都市圈是以武汉为核心的单中心科创区域,环长株潭地区则仅在长株潭地区形成科创网络,南昌地区为南昌单点,尚未形成创新区域。从各类专项创新看,单项创新中高级创新城市缺失,与成渝城市群相比,服务创新水平尤其偏低。山东半岛城市群:核心联系集中在华东地区,区域内部城市发展相对均衡,网络化程度较高。山东半岛城市群初步具备跨区域影响力,核心联系集中在山东、江苏地区,与东北亚地区(日韩)的科创联系较为密切,初步链入全球创新网络。由于山东半岛各城市发展相对均衡,城市群内部网络化程度较高,形成了以青岛、济南、烟台为主的多中心网络,其中尤以青岛、烟台、威海、潍坊等胶东城市间联系最为紧密。从各类专项创新看,缺少中高级单项创新城市,其中技术创新能力相对突出,但知识创新和服务创新严重滞后。海西城市群:核心联系集中在东南沿海地区,局部地区网络化联系初步形成。海西城市群初步具备跨区域影响力,其核心联系集中在福建、浙江、上海、粤东等东南沿海地区,与江西等地区的联系逐渐加强。城市群整体网络化程度低,在福州、莆田,尤其是厦漳泉等福建沿海地区的网络化科技创新联系初步形成,但沿海与福建内陆城市之间的科技创新联系仍然相对较弱。从各类专项创新看,各单项创新所处城市层级均较低,其中技术创新能力相对突出,知识创新和服务创新严重滞后。辽中南城市群:核心联系集中在环渤海地区,内部网络化程度较低。辽中南城市群初步具备跨区域影响力,核心联系集中在辽宁、天津、河北等环渤海地区,与长三角的联系逐渐加强。城市群内部网络化程度低,沈阳、大连两大中心城市首位度高,呈现中心城市与其他城市的强联系,而其他城市之间的科技创新联系非常弱。各单项创新能力均较弱,其中知识创新能力相对突出,技术创新和服务创新严重滞后。

(2)集聚化、梯度化。集聚化:创新高度集聚在沿海综合创新带和内陆专业创新城市。我国企业广泛分布在胡焕庸线以南,包括东部沿海省份、长江中下游省份、吉林、辽宁等,与我国人口分布基本一致。与企业分布相比,创新分布则更加集中,创新中心高度集聚在沿海长三角、珠三角、京津冀、山东半岛、海西等城市群,以及成都、重庆、武汉、西安等个别内陆城市。

---

① 唐子来,李涛. 长三角地区和长江中游地区的城市体系比较研究:基于企业关联网络的分析方法[J]. 城市规划学刊, 2014 (02).

梯度化：空间格局呈现东强西弱、梯次减弱的特征。创新城市由沿海向内陆递减的趋势明显。东部地区承载全国绝大部分高等级创新城市，等级体系完善，创新城市数量多，形成国内最重要的创新地带。其中，江苏和广东创新水平明显高于全国平均水平，是全国创新格局中最重要的两个省份；北京和上海表现出超强的原始创新能力和技术输出能力；华北地区的天津，东北地区的辽宁，华东地区的浙江、福建和山东也属于国内基础条件较好，创新资源较丰富，创新绩效较好的创新高地。长江经济创新带初步显现。我国中部地区的湖北、西南地区的四川和重庆，既是中国传统的区域科技中心，又在改革开放中逐步形成各自的创新特色，形成长江经济创新带。

04

第四章
IOD：要素、特征与路径

第一节 IOD 的构成要素

科技城市的创新体系为城市创新提供了新的样本和可能，它将传统的线性创新模式，转变为创新主体之间相互作用的网络状的、非线性的结构模式，这对于创新活动的开展更加有利。

全球协同创新驱动的科技城市的创新系统由主体要素和环境要素组成。在创新过程中，各要素相互支持、相互影响。科技城市创新系统以创新为核心，旨在加快城市的科学技术和社会经济发展，提高城市竞争力与可持续发展力，是一个开放而复杂的社会经济体系。其中，科技创新系统的主体要素由企业、高校及科研机构、政府、金融机构以及中介机构等跟创新相关的要素组成，科技创新系统的环境要素由宏观经济、市场、政策和基础设施等构成。

一、科技创新系统主体要素

（一）企业

以企业为主体，以城市主要产业及由企业间竞合关系为纽带而建立起来的高度专业的分工协作产业集群是科技创新的主要载体。在科技城市创新系统中，产业集群的定义是，以主导企业为核心，由合作伙伴、供应商和经销商等构成的支撑企业和辅助企业所组成的企业集群，它们是科技创新的主体。

创新发展是企业管理的一项重要工作，是决定企业发展方向、发展规模和发展速度的关键要素。从公司的整体管理，到具体业务运行，企业创新贯穿于每个部门、每个细节之中。企业创新包括组织、技术、管理、战略等方面的创新，各方面的创新不能孤立考虑，而是要整体考虑企业各方面，因为各方面创新具有较强的关联度。

中国管理科学学会会长张国有提出："我国经济已由高速增长阶段转向高

质量发展阶段，企业要完成的是从'数量追赶'转向'质量追赶'，从'规模扩张'转向'结构升级'，从'要素驱动'转向'创新驱动'的转型，这些都对管理学者提出了极大的挑战。"

我国提出创新驱动战略，要培育创新型企业，充分说明了创新对企业的重要性。但值得注意的是，有不少人对创新存在较大误解。大部分认为创新就是搞科研，这是完全错误的。

清华大学技术创新研究中心主任、经济管理学院教授陈劲说："创新必须重视科研，但是创新不能只有科研或者只有技术。创新缺乏长期规划，研发创新体系管理不当，人才与文化建设没有跟上都是大问题。帮助企业理解创新，帮助企业战略与创新对接，帮助企业设计和研发创新体系，是非常重要的。"

陈劲教授曾做过统计，从财务指标排名来看，中国企业非常强，可一旦进行企业的创新力排名，中国企业能够入围的就比较少了，能够最终上榜的中国企业更是屈指可数。

作为美国三大商业媒体之一，Fast Company每年对全球最具颠覆性创新能力的企业进行排名，其已经成为全球范围内具有影响力的榜单。2018年Top50全球最具创新力公司榜单显示：苹果公司当仁不让名列第一，中国企业只有4家入选。其中，腾讯公司借助微信和庞大的内容帝国超过亚马逊名列第四，另外三家中国企业是VIPKid、大疆公司和字节跳动公司。入选榜单但未入选全球Top50的有滴滴出行、阿里巴巴、K11、海尔、深圳纽迪瑞科技和顺丰速递。

陈劲教授表示："下一步重点保持经济收入、企业销售增长过程当中，必须强调核心技术开发和人才队伍建设，活力开发、文化影响力等等非常关键。"

过去的这些年，以海尔、华为、格力等为代表的部分优秀企业，在学习借鉴国外先进管理理念和经验的基础上，勇于探索、敢于创新，积极提出新的管理理念，创新管理模式，已取得了显著成绩。但是不可否认的是，我国在核心技术等一些深层次问题上仍存在欠缺。

众所周知，创新对于老牌企业来说绝非易事。因为有太多的固定程序和文化因素阻碍着创新的脚步。总的来说，老牌企业的执行力比创新力强，它们的成功更多依靠的是对现有业务进行优化，而非对游戏规则的改变。

尽管如此，仍有一些老牌大型组织成了创新的领路人，如美国的美铝公司、探索集团，以及美国NASA艾姆斯研究中心等。

进入21世纪，随着科学技术日新月异的发展，尤其是信息通信技术的普及和发展，企业作为创新的主体，其创新模式产生了一系列变化。企业创新从封闭式创新阶段，到开放式创新阶段，再到嵌入/共生式创新阶段，企业创新模式不断升级（见图4-1①）。其中，封闭式创新局限于企业内部，强调建立内设研发机构进行自研，创新驱动力来自需求与科研的"双螺旋"作用；开放式创新广泛获取来自企业外部的创新源，强调产学研协同以及政府、企业、大学与科研院所的"三螺旋"作用；而开放式创新2.0——嵌入/共生式创新的企业创新行为更加重视资源整合与共生发展，进一步体现为产学研用的"共生"关系，以及政府、企业、大学与科研院所和用户的"四螺旋"作用，其中用户体验成为非常重要的核心部分，这在后续提到的多个典型案例中都有所体现。正如360安全卫士董事长周鸿祎提出的，"用户体验的创新是决定互联网应用能否受欢迎的关键因素"，这种创新被称为"微创新"。

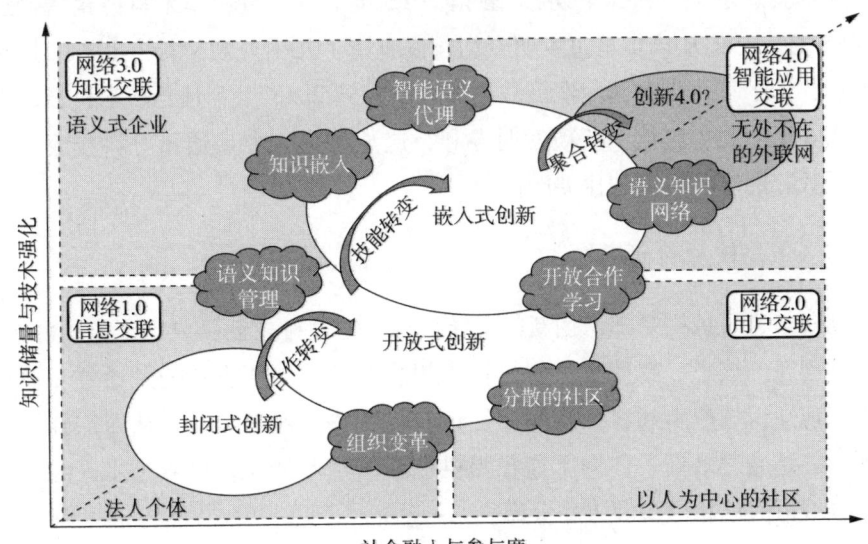

图4-1 企业创新模式的演化历程

著名科技公司小米科技正是凭借多维度的创新生态系统构建，开启了小米科技自己的企业创新3.0模式。

---

① Journal of Innovation Economics & Management，2011.

2010年，原金山软件CEO雷军带领他的"小米"团队因"为发烧而生"的产品理念而拥有了大批"米粉"，并以三大创新生态系统构建了小米科技的"创新生态帝国"，对科技、服务和文化的融合创新形成全面支持。小米科技的技术生态系统包括"MIUI+硬件+米聊"，可以为用户提供完美的解决方案；知识生态系统包括"创意设计+产品研发+用户体验"，能够有力推动商业模式的创新和产学研用"四螺旋"创新。产销生态系统包括"芯片+代工+直营电商"，可以高速获得市场上最新型号的芯片等部件。如果说Apple公司是网络经济时代"美国制造"的代表，那么"小米"可以说是以"四螺旋"创新生态系统为支撑的新时期"中国制造"的典型代表。

在产品特色方面，小米科技可以归纳为"三无"。一是无生产工厂。小米科技的产品主要外包给富士康和英华达生产，小米科技有产量但无产能。二是无实体零售店和线下渠道。小米科技创造性地采用线上直销模式，最大化降低了营销成本和产品售价；在品牌推广方式上，早期并没有采取传统的广告推广形式，而是依靠互联网和用户口碑进行传播营销，进一步降低了产品推广成本。三是无专利（早期）。截至2012年7月4日，小米科技销售额已达60.5亿元，但从未申请过发明专利，仅申请了几项外观设计专利和实用新型专利；为了下一步的国际发展战略做准备，到2013年5月，小米科技才申请了336项专利，包括297项发明专利，这与华为、中兴通讯等科技公司动辄几千数万的专利数量相比差距巨大。

（二）高校及科研机构

高校与科研机构是知识创新的主导机构，也是科技创新成果产出的源头，是科技创新的核心。高校与科研机构承担着两项主要职责：一是通过专业教育来实现知识的产生和扩散，利用知识获得解决问题的方法，从而加强城市管理；二是通过培训、咨询等途径提供创新的经验知识，培养技术人才，成为科技城市的创新源头和人才宝库。

大学、职业学校以及各类培训机构共同构成了城市创新的主要知识载体，其中，具有创新性的大学是最重要的知识创新主体。它们的功能主要包括：

（1）培养创新人才：以全日制的学历教育、职业教育以及在职培训的方式培养创新人才。

（2）从事科技研究：对具体领域的科学技术基础理论和应用领域进行研发，为科技城市的创新发展储备科技能力。

（3）传播科技知识：加速学术和技术的扩散交流，向社会普及科技知识。

（4）营造创新文化：创造严谨热烈的学术气氛、创新求新的理念和人文氛围，推动科技城市的文化创新能力。

科研机构是城市的重要创新主体，它们进行知识创新和科技创新，在科技城市创新系统中具有举足轻重的作用。科研机构包括独立法人科研机构和企业研发机构两大类。

企业研发机构实际上是企业的一个功能部门，其从事的科技创新活动服务于企业的技术和产品创新需求。

独立法人科研机构的功能主要包括科学研究、成果转化和文化创新：科学研究是基本功能，包括对企业输出技术成果，对政府输出决策咨询；成果转化是指由科研机构与企业协同合作，共同开展技术创新并实现技术产业化的过程；文化创新是指建设以创新为核心理念的学术气氛和科研环境。

当前，促进高校及科研机构科技成果向市场转化已成为我国创新驱动发展的关键任务。来自世界知识产权组织的数据显示，我国 2017 年申报国际专利的数量高达 48882 件，跃居全球第二，其中高校及科研机构专利数量也不断攀升。在国家科技成果转化"三部曲"和地方成果转化条例的出台和各级政府的大力推动下，高校及科研机构科技成果转化取得了实际成效。成果转化典型成功案例层出不穷、多元转化模式不断涌现、全过程转化链条不断完善、转移转化组织机制日趋成熟。下一步，如何切实把成果转化的思想融入政府决策中，把成果转化的导向根植到实际研发中，把成果转化的服务覆盖到创新全链条中，是当前深度落实国家科技成果转化"三部曲"的核心与关键。

但是总体看来，我国高校及科研机构科技成果转化仍然存在着一些亟待突破的问题。一是政府放与管之"难点"：中央下放快、地方干预多。一方面，国家"介入权"下放快，难以全面掌握成果转化实际情况。另一方面，地方政府行政干预多，造成技术市场秩序紊乱等问题。二是全链条转化政策之"盲点"：成果转化链前端政策尚属空白。科技成果的管理与转化必须渗透到每一个环节。然而目前，我国高校及科研机构科技成果尚未做到全流程管理，造成了我国高校及科研机构科技成果前端环节的不当处置和后端环节的国资流失。与此同时，我国高校及科研机构也忽视了科技成果的全流程转化。

1. 高校知识产权转移机制

合理设计高校知识产权管理和转移转化部门的职能与权限，是推动高校科技成果转移转化的重要一环。发达国家高校把设立"技术转移办公室

（TTO）"来开展技术转移转化工作，作为推进科技成果转化的主要手段。20世纪80年代以来，以斯坦福大学等为代表的高校技术转移办公室在知识产权规划与管理、科技成果转移转化等方面发挥了巨大作用。

（1）组织机制：内部办公室的模式是主流

从TTO的主要职能来看：一方面，对内是高校知识产权的"掌门人"。以斯坦福大学为例，其技术许可办公室是科技成果转移的唯一授权代表，职权范围涵盖了知识产权背景调查（包括资助资金来源、发明者及任何相关的事前协议）、科研成果确权、知识产权价值和价格评估、知识产权市场潜力挖掘、商业计划制定等环节；另一方面，TTO也是知识产权交易的撮合人。斯坦福大学要求技术经理人与各行业广泛接触，以便能基于最优匹配而非便利原则开展科技成果转化工作。

基于TTO的主要职能，世界知名大学技术转移办公室的组织模式主要有内部、外部和混合三种。内部模式下，TTO依附于大学行政管理体系，包括内部单一办公室和内部多办公室两类；外部模式下，TTO独立于大学，包括单一公司、多公司及区域混合三类；混合模式则整合了内部和外部模式的特征（见表4-1）。

表4-1 世界知名大学技术转移办公室组织结构

组织模式	细分模式	描述	示意图
内部	单一办公室	大学内部单一办公室负责技术转移所有事宜	高校—办公室A
内部	多办公室	大学内部多个办公室协同负责技术转移所有事宜	高校—办公室B、办公室A
外部	单一公司	单一公司负责大学所有技术转移事宜	高校——技术转移公司
外部	多公司	多个公司协同负责大学技术转移事宜	高校——技术转移公司A、技术转移公司B
外部	区域混合	单一公司负责区域内所有大学的技术转移事宜	高校—技术转移公司—高校
混合		整合内部和外部模式特征	高校—办公室B、办公室A——技术转移公司A、技术转移公司B

值得注意的是，世界知名大学TTO的主流组织模式是内部部门形式（单

一办公室和内部多办公室)。在 QS Top200 的大学中,内部单一办公室的比例最高,占比 41%。由于技术成果转移具有变数大、风险高、时效快等特点,内部单一办公室模式在重要信息传递效率、排除大学内部干扰等方面具有显著优势,同时评价标准令出一门,便于开展成果绩效评估。

(2) 运行模式:从成果发布到转移转化所得利益分配的全流程管理

一是鼓励老师发布具有商业前景的科研成果,并进行监督。没有老师的科研成果,技术转移就是无米之炊。美国托莱多大学的 TTO 要求:"所有教职工(包括全体教员、工作人员、在美访学的外国研究人员等)必须向校方披露所有科研成果;若发明人基于合同约定仅向校外个人或企业披露发明信息,应与对方签署保密协议,且不得有损校方权益;若向校方披露发明后再向第三方披露,应通知校方参与披露过程。"对于教师的恶意体外循环和隐形持股问题,美国和日本的很多大学选择中断与教职工及其所属企业的合作,而香港理工大学则选择诉诸法律以维护学校利益。

二是协调教师、企业、校内行政机构间的冲突。针对教学与科研冲突、纵向与横向课题的科研设施分配矛盾,美国和日本的大学 TTO 要求参与技术转移的科研人员事先签署利益冲突协议;针对大学内部部门冲突,TTO 基于其唯一授权单位的身份统领成果管理、技术转移、投资部门,运用信息互认机制和一体化的绩效评价体系,克服三大职能部门之间目标、动机及利益的不一致性;针对大学科研使命和商业化活动之间的可能冲突,东京大学要求 TTO 和教职工的商业化行为必须让位于教学和科研使命。

三是甄别潜在被授权人和投资者。世界知名大学的 TTO 均要求其技术经理人利用产业界关系网络和技术转移网络(大学技术经理人协会)推介大学科研人员的基础研究和应用研究成果,争取产业界的早期资助;同时,充分挖掘教职工的创业潜力。斯坦福大学的 TTO 对外帮助衍生企业获取人力资源、财务资源及其他专业服务,对内协助创始成员向校方阐述商业计划、获取校方专利授权、申请种子基金等,甚至帮助衍生企业组建管理层。

四是定制技术转移合同并分配相关收益。在合同定制环节,麻省理工学院要求技术经理人甄别技术购买目的,定制相匹配的专利许可或转让合同条款,提高交易成功率,提升大学科研成果的扩散效应。在收益分配环节,世界知名大学主要采取三方面平衡机制:一是收益分配次序和基数上,美国大学的 TTO、德国和日本大学的教职工享有优先分配权,以合同成交总额而非转化收益净额为基数；二是分配形式上，大学的校内收益分配以固定比例制为主，累计递减制为辅，如斯坦福大学采用固定比例制（即"三三三制"），牛津大学则采取累计递减制；三是分配比例上，大学教职工获得收益的比例通常不超过50%。其中，美国87所研究型大学教职工的平均收益比例为38.01%，德国和日本仅为30%。

（3）绩效评价：更加重视对总量的考核评估

世界知名大学主要针对TTO而非大学本身开展绩效评价，不谋求发挥"指挥棒"的导向和引领作用。从评价主体看，通常由大学或行业协会进行，以统计调查和宏观分析为主，围绕TTO的角色定位和运行机制，在多个环节开展综合评价（见图4-2）。

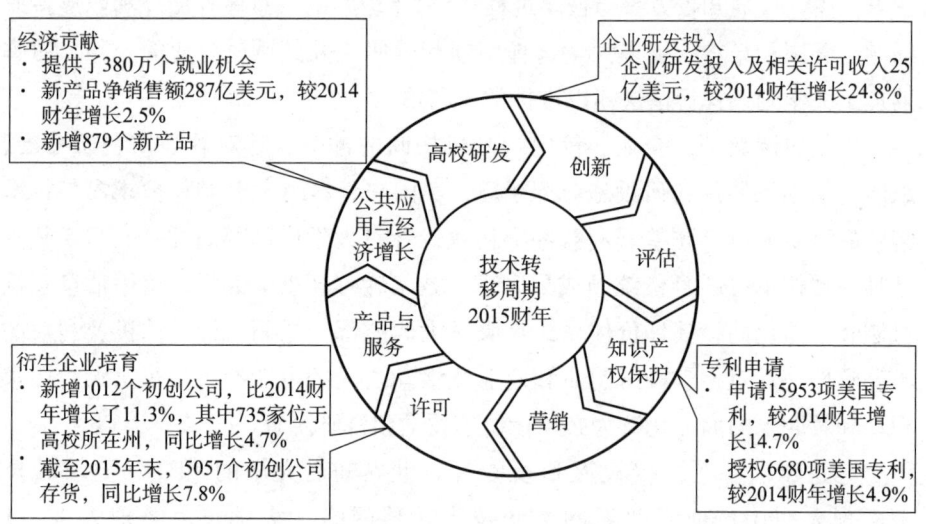

图4-2 美国技术经理人协会绩效评估

从评价内容看，世界知名大学主要考核其校内TTO发明公开数和专利授权数、许可/转让专利的数量和收入、衍生公司开办数量及企业研发投入（见表4-2）。指标主要采取存量指标与增量指标相结合、数量指标与经济指标相结合的方式，但更重视绝对值指标的考核。值得注意的是，世界知名大学一般不考核TTO的盈利状况。例如，斯坦福大学的OTL，在盈利方面长期处于亏损状态，校方只提出保持盈亏平衡的要求。

表 4-2 发达国家的技术转移绩效评价体系

统计机构	国家	评价指标	
欧洲科学和技术转移专业人员协会（ASTP）	欧洲国家	• 与企业签订研发协议数 • 发明公开数 • 优先专利申请数 • 单一国家/美国授予的专利数	• 专利许可数/协议数 • 新创办企业数 • 已赚取的许可收入数
创业管理与创新中心（CEMI）	西欧国家	• 已生效的许可数 • 许可收入 • 产业界的研究协议收入/数量	• 专利授权数 • 新创办企业数
美国大学技术经理人协会（AUTM）	美国、加拿大	• 发明公开数 • 新的美国专利申请数 • 生效的许可数 • 调整后的毛许可收入	• 合法且已支出/偿还的专业服务费 • 已授权的美国专利数 • 新创办企业数
大学创新和技术转移网络（UNITT）	日本	• 合作研发支出 • 发明公开数 • 专利申请数	• 新的许可数 • 已完成和正在执行许可数
加拿大统计局	加拿大	• 知识产权的收入 • 知识产权商业性转化 • 企业委托研究合同数	• 专利申请数和授权数 • 衍生公司数
工业、创新、科技、研究和高等教育部	澳大利亚	• 发明披露数 • 专利申请数和授予数 • 衍生公司开办数	• 企业委托研究合同数 • 技能培训及知识交流活动

美国著名的独立经济智库米尔肯研究所构建了大学科技成果转移&商业化指数（见表4-3），该指数兼顾了总量和绩效两方面。其中，权重最高的指数是许可收入和衍生企业数量。最新排名显示，美国225所大学中，犹他大学、哥伦比亚大学、佛罗里达大学、杨百翰大学和斯坦福大学分列科技成果转移绩效排名前五位。

表 4-3 大学科技成果转移 & 商业化指数的指标权重

	四年平均值	单位研发投入的四年平均值	权重合计
专利申请数量	7.5%	7.5%	15%
技术许可数量	7.5%	7.5%	15%
许可收入	17.5%	17.5%	35%
衍生企业数量	17.5%	17.5%	35%
许可收入	50%	50%	100%

2. 以上是大学知识产权转移转化的机制介绍，那么对于科研机构技术转移转化机制

我们下面以美国的国家实验室技术转移联盟（FLC）为例来介绍一下。

始建于 20 世纪 70 年代的美国国家实验室技术转移联盟（FLC），以促进国家实验室科技成果向产业领域转移为使命，目前已成为全美 343 家国有科研机构科技成果转移转化的核心平台。美国商务部《国家实验室技术转移》2014 财年报告显示，在 FLC 的促进下，美国国家实验室的专利许可数量累计达到 20822 项（包括当年新增专利许可 9908 项）。

为有序协调遍布全美的 343 家成员单位，FLC 建立了以执行委员会为核心的三级网络化管理机制（见图 4-3）。通过相应的机构和人员设置，确保各层级之间及与有关各方的有效沟通。第一层：执行委员会，负责确定联盟发展目标和方向，决定年度预算，主席、副主席、财务官和秘书由政府选派，由工业界、学术界、州政府和地方政府以及国家实验室专家组成咨询委员会，同时在华盛顿设置联络官，对接美国联邦政府在科技领域的立法和政策；第二层：六大区域分部，FLC 按地域划分成六个区域分部，并由区域协调员负责主管本区域内的 FLC 技术转移工作的开展；第三层：机构和个人会员，个人会员主要由各个国家实验室的代表构成，是国家实验室和 FLC 间的主要联系人，在 FLC-business 数据库中随时更新实验室的有关情况，向 FLC 提交技术转移成功案例或协议样本，提名年度技术转移成就奖获奖人等。

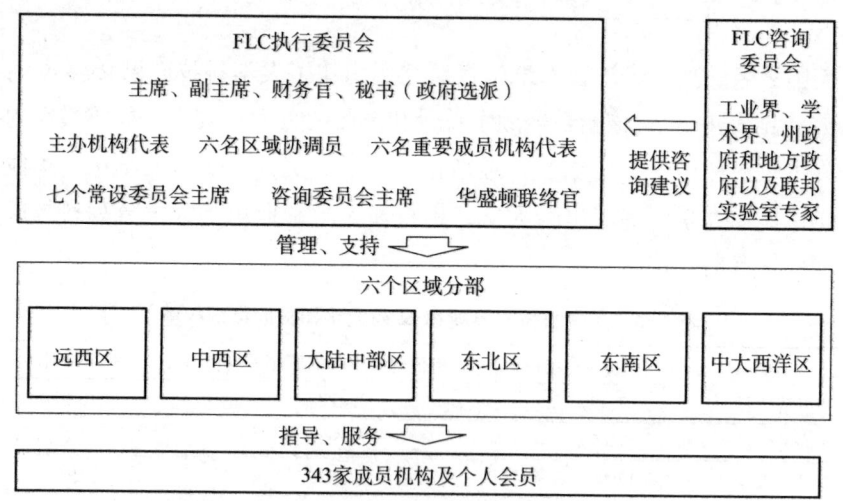

图 4-3　FLC 的组织管理架构示意

在运行高效的组织架构的基础上，为加快联邦资助的研究和创新成果从实验室推向市场，FLC 将其核心任务集中于"宣传、指导和促进技术转移"，一直把帮助国家实验室与产业界的技术需求建立对接作为其中心使命。在其最新的"2015—2019 发展战略"（Strategic Plan 2015—2019）中，FLC 提出了 4 个具体目标（见表 4-4）。

表 4-4　FLC 推进技术转移的具体目标

序号	目标	具体内容
1	教育培训	使 FLC 成员成为技术转移领域有影响力的领导者
2	市场拓展	在国家实验室和产业界以及其他合作伙伴之间建立科研和技术应用的有效联系
3	政策支持	以大量实践经验和专门知识指导和支持国家技术转移政策制定
4	宣传推广	促进国家实验室技术转移的经济和社会价值实现

FLC 充分发挥准官方平台的优势，多方式、多途径、多维度提升国家实验室技术转移能力、推进技术转移成效：一是"显性化"实验室的能力和成果。二是促进"供"与"需"的对接。三是培育技术转移"中间力量"。四是促进技术转移立法和政策更新。

（三）政府

政府是城市的设计者，负责制定城市定位和经济发展规划，开展体制创新、机制创新、政策创新和管理创新等全方位创新管理工作，创建优良的政治环境、经济环境和创新制度环境。

政府以产业政策服务于城市的技术创新系统，以科技政策服务于城市的知识创新系统，以金融政策服务于投融资系统，以科技扶持政策服务于科技成果转移转化，从而降低企业创新风险，激励企业从事技术创新活动。

政府是文化创新的主体，肩负着创造和培育先进文化的责任，决定了社会文化的发展方向。

政府是城市基建的主体。创新型政府是建设完善的城市基础设施的基本保障，也是实现科技城市的重要保障。

从世界范围看，硅谷的诞生和发展、纽约和伦敦由国际经济中心向科技创新中心转型、慕尼黑由传统工业向智能工业升级，以及印度班加罗尔等创新城市的兴起，政府均扮演了重要的角色。

一是政府是科技创新的直接投入者。一方面，为大学和科研机构提供支持，支持领域主要是基础研究、应用基础研究以及共性技术开发。美国大学的科研经费绝大部分来自政府，越顶尖的大学从政府获取科研经费的比例越高。2011年，美国大学的科研支出高达650.73亿美元，其中来自联邦政府和地方政府的资金共占68.5%。政府对大学的大量科研投入使得美国大学能专注于基础研究，为科技创新提供持续发展的动力源泉。另一方面，重点投资发展国防、新能源等领域的高科技产业，大大加速了一批城市科技创新的发展。冷战时期，联邦政府向具有科研潜力的大学和研究机构进行大笔拨款，全力发展高科技，斯坦福大学和加州大学伯克利分校就是在这种支持下成长的。同样的，在美国能源部4.65亿美元低息贷款的支持下，特斯拉才得以支付S型电动汽车的工程和生产成本，并获得今天的巨大成功。

二是政府制定发展规划蓝图，是推动科技创新发展的重要条件。印度班加罗尔的成功归功于政府的长远规划。20世纪80年代，印度政府开始将产业发展的重心向信息技术产业转变，并通过建立软件开发局来实施信息技术产业相关政策。90年代初，印度政府开始制定计算机软件开发的长期国家战略，并于1999年成立"信息技术部"，制定加速发展信息产业的国家计划，提出高起点发展信息技术产业的战略定位，举全国之力为信息产业的发展清除了障碍。同样的，纽约市政府为了提升城市科技创新水平，设立了科学技术与研究办公室，下设一系列项目中心，如战略研究中心、先进技术研究中心等。纽约市政府的经济发展部、技术办公室以及税务、财政等部门联合制定了激励企业技术创新的一系列政策（见图4-4）。位于美国北卡罗来纳州的"研究三角园区"也得益于政府的大力支持与规划。

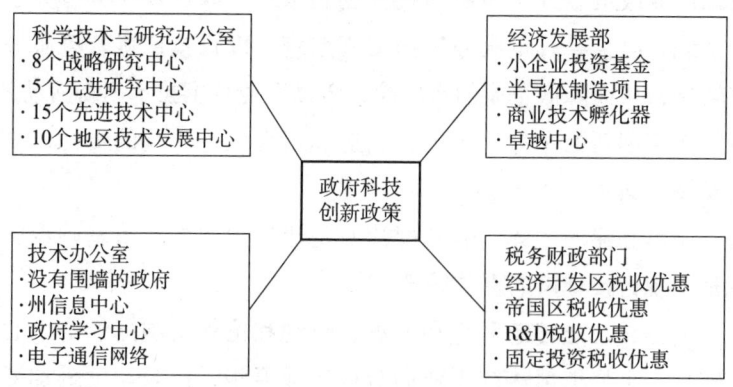

图4-4　纽约政府的科技创新政策体系

三是政府作为创新优惠政策和法律法规的制定者,是保护创新投入及产出的重要支撑。一方面,建立专利保护制度。美国通过《专利法商标法》《版权法》和《反不正当竞争法》等一系列保护知识产权的法律,为高技术企业的发展建立了法律基础、营造了法制环境。另一方面,建立反垄断和反不正当竞争制度。此类制度保证了高技术企业,尤其是新创企业得以在公平的竞争环境中成长。新加坡的中小企业占企业总数的约92%,政府制定了一系列配套措施和政策,引导中小企业走科技创新之路。此外,美国1980年通过的《拜杜法案》通过放松对技术转移的限制,促使产学研进一步合作。

(四)金融机构

金融机构和资本市场的支持为创新成果最终实现产业化提供了资本保障,有利于促进城市的科技创新和经济增长。金融机构对本地企业、高校及科研院所进行贷款或投资,建立机构间合作网络,能够强力支持其科技创新活动,提高科技城市的知识和技术储备增速。

科技创新各阶段存在的风险各不相同,需要金融机构提供有针对性的金融支持。科技创新前段的基础研究和应用基础研究是以政府财政支持为主,科技创新后段的商业化阶段以企业投资和银行支持为主,中段的小试、中试以及应用研发则同时需要企业、风险投资、政府资金等多方支持。来自金融机构的大力支持,是科技创新顺利实现商业化的重要保障。因此,为了实现科技城市的建立和发展,应大力创新金融机构管理体制,积极设立各类创新发展基金,努力完善创投市场。

国外学者较早从理论角度研究了金融资源在科技创新中的作用。早在1912年,熊彼特就强调了金融资本对创新的重要性,论证了货币、利息和信贷等金融变量对科技创新以及经济发展的重要影响。熊彼特还提出信用创造论,认为信贷是为在循环流转中运行的企业所提供的信贷,强调信贷是企业家实现利润的重要条件。他还指出,银行通过支持那些能够创新产品的企业家,间接促进了技术创新。

希克斯(1969)指出产业革命发生的最重要条件不是技术革命,而是支持技术推广的金融资源,新技术的产业化需要大规模的持续资金注入,这需要有效率的金融安排。希克斯还提出了"产业革命发生之前有必要发生金融革命"的观点,他引用18世纪早期英国金融市场的快速发展这一例证,证明其是第一次产业革命发生的主要原因。保罗认为金融市场具有风险分散功能,金融市场通过为经济主体从事创新活动提供必要的资金保障，来促进整个社会的技术进步和经济发展。

20世纪90年代以后，国外学者对金融体系在科技创新中的作用进行了大量实证研究，强调金融体系能够提高社会经济生产率。金和莱文认为，金融体系对有创新能力的企业提供信贷资金支持，为其提供多元的风险分散渠道。他们利用1960—1989年的80个发达国家和发展中国家的相关数据，分析了金融与经济要素生产率之间的关系。结果表明，金融中介规模的发展，可以促进经济全要素生产力的提高。

与此相同，世界银行发布的《金融与增长——动荡条件下的政策选择》也得出了金融对长期经济增长的贡献的主要途径是通过提高全要素生产率来实现的结论。黑尔维希和拉詹认为，银行具有信息处理的优势。

银行可以获得大量异质性信息，并且银行有利用信息获取信息租金的激励，其后果是银行的市场力量减少了企业从事有利润项目的动力。温斯坦与亚夫、莫克与中村发现，银行的信贷投放遵循稳健原则，银行在进行信贷投放时，是厌恶风险的。因此，那些潜在效益高但风险大的项目，往往难以获得银行信贷支持。随着对银行和科技创新关系研究的深化，研究者发现银行与科技创新之间并非是绝对对立的，银行对科技创新企业的资金支持重点是：把握科技创新的发展阶段及其风险特征。

戈德史密斯认为，金融机构尤其是国有银行通过为工业部门提供中长期贷款，对墨西哥的快速工业化起到了重要作用。斯图尔兹发现，银行对分阶段融资的科技创新活动提供融资的效率，比其他金融机构的效率更高。路易吉、法比奥与亚历山德拉的研究发现，银行的发展对高科技行业的技术创新有促进作用，银行业的业务创新降低了企业因资本支出导致的对现金流的敏感度。

着重发挥金融功能支持科技创新，一直以来都是欧美等国推动科技发展的重要举措。早在20世纪，欧、美、日、韩以及以色列等国就开始从政府引导、银行业务创新、资本市场建设以及风险投资发展等多个维度，对科技创新给予大力扶持。

1. 金融机构的体制机制、产品和服务创新

科技银行的出现是金融机构体制机制创新的典型案例。不同于一般的商业银行，科技银行只服务于科技型中小企业，主要为企业的技术转移、产品研发、试验等具有创新内涵的业务提供融资服务。

最具代表性的科技银行是1983年成立的美国硅谷银行。硅谷银行具有清晰的战略定位，重点支持生命科学、计算机、软件等领域的科技型企业。硅谷银行与创投、评估等外部机构合作，增强了对企业发展前景的认知和判断能力，大大降低了信贷风险。硅谷银行持续进行金融创新来控制风险和损失，如重点支持获得风投资金支持的企业，提供知识产权质押贷款，针对不同发展阶段的企业提供差异化的金融产品等。

2. 多层次资本市场的重要性

美国资本市场是世界上规模最大、层次最丰富的市场，各种类型的科技型企业几乎都能在那里获得融资支持，为美国成为世界技术创新中心提供了重要支撑。

被誉为"美国新经济的摇篮"的纳斯达克市场，吸引了美国90%以上具有高成长性的企业在此上市，对促进美国IT、软件、生物等新兴技术的发展产生了巨大作用。现在，纳斯达克市场包括全球精选市场、全球市场和资本市场三个层次，其中资本市场是小型股市场，对上市企业的要求相对较低。

此外，韩国的科斯达克市场，以及德国、西班牙等欧洲国家的中小企业贷款证券化（SMESec）融资工具同样具有借鉴意义。

3. 风险投资是资本市场的有益补充

发展风险投资能够产生两大作用，一是促进科技创新行为，二是完善资本市场结构。在美国，政府推出多种政策和计划来推进风险投资市场的发展，但并不出手直接干预，是典型的"官助民营"模式。例如，第二次世界大战后美国政府发布的"小企业投资计划"。同时，美国风险投资产业的繁荣发达也与有限合伙制的组织形式、风投机构的专业投资能力以及资金来源多元化有重要关系。

说起风险投资，就不能不提一下以色列。以色列是另一个世界风险投资的中心，而且人均风投资金超过美国，位列世界第一。以色列政府视大力发展风投行业为推进国家经济改革的重要途径。以色列政府曾出资1亿美元成立风投母基金YOZMA，下设多个子基金来吸引民间和国际资金。政府的政策是，让投资方独立管理运作基金，与投资方分担风险。这种做法极大提高了投资方的积极性，提升了风投效率。不出意外，下属子基金在五年内全部实现了获益。然后政府以股权转让和拍卖的形式完成国有资本增值并撤出。YOZMA基金完成私有化改制后，政府则专注于开发风投扶持政策和建设良好的市场环境。此外，以色列政府也注重风投行业与国际接轨，出台政策吸引外资风投机构大量进入，大大充实了国内创投资金规模，并获得了欧美市场基金运作和企业海外上市的经验，加速了科技企业的国际化发展。

我国科技金融行业的快速发展始于2006年国务院发布《国家中长期科学和技术发展规划纲要（2006—2020年）》。通过一系列的科技金融试点工作，如建立科技银行、鼓励银行科技小额贷款业务、设立北京中关村示范区等，我国的科技金融服务开启了创新发展之路。

经过十几年的飞速发展，我国的风险投资行业已今非昔比，目前已经成为世界第二大风险投资市场。普华永道的统计数据显示，2010—2016年，我国在全球风险投资（A轮到D轮）年均复合增长率最快的十个地区中排名第二，同时以平均每笔3000万美元的投资数额稳居榜首。可观的单笔投资金额加上快速的增长率，显示出中国风投市场强劲的生命力。共享单车铺天盖地而来，便是风险投资所赐。据毕马威2019年2月发布的风险投资趋势季度分析报告《风投脉搏》（Venture Pulse）统计，2018年，亚洲和全球风投交易额均大幅增长超过40%，分别创下935亿美元和2547亿美元新高。其中，中国风险投资交易额在2018年创下705亿美元的纪录新高，较2017年的461亿美元增加52.9%。

甚至有外国咨询机构的统计显示，2018年中国的风险投资总额已超过美国，首次领跑全球。无论哪个数据更准确一些，都指向了一个事实：2018年，我国风险投资市场再次大爆发，与美国的差距正变得越来越小。呈现这种格局的原因，主要在于超过1亿美元的"超级风险投资"事件在2018年接连发生。超过1亿美元的风险投资占我国风险投资总额的大部分。例如，人工智能"独角兽"商汤科技2018年连续获得多笔大额投资，包括4月获得阿里巴巴领投的6亿美元C轮融资、5月宣布获得6.2亿美元C+轮融资、9月软银中国又向其投资10亿美元；蚂蚁金服在6月份获得了总额为140亿美元由淡马锡控股（Temasek Holdings）和新加坡政府投资公司（GIC）领投的C轮融资，顺利完成了国际风投历史上迄今为止最大的一笔融资。

活跃的风险资本不断推动着中国科技创业公司的发展壮大。数据显示，在全球最具价值的30家未上市创业公司中，中国公司达到11家。即使与全球市值最高的已上市科技公司相比，在前20家企业中，中国科技公司（含上市、未上市）也达到了9家。同时，风险资本的崛起也有力促进了中国具备全球化特征的科技中心的出现。2018年CB Insights发布的《全球科技中心报告》显示，北京与上海位列全球科技中心25个城市榜单，同时也是亚洲地区独角兽企业最多的城市。独角兽企业的大量诞生，离不开大体量和高度活跃的风险资本。例如，北京已经成为继硅谷之后吸引风险资本最多的城市，上海则位居纽约之后，排名全球第四，深圳、杭州等核心二线城市的风投市场同样也在高速成长。我国风险资本的一个特征是，募集渠道主要来自国内：2016年人民币基金占中国风险资本总额的75%，而在十年前仅占25%，2014年的占比也只有50%。

著名投资人解学成认为："在新兴领域，会有越来越多的相关创业公司、上市公司出现，进而为风投带来投资机会。此外，中国的移动互联网比国外发展得更快，技术更成熟，5G催生的大量设备更新和产品技术升级估计在未来几年将产生较多投资机会。"我国的医疗保健、生命科技和教育等行业，以及人工智能和其他应用范围较广泛的创新科技将持续吸引大量风投资金涌入。

中国人民大学重阳金融研究院研究员卞永祖认为："从未来全球经济发展形势来看，风投在整个经济活动中所起的作用会越来越大。人类未来经济发展、商业模式创新很多都是创新企业或初创公司来引导的。随着中国加快经济优化升级，风险投资所起的作用或者规模会越来越大。"

从整个风投市场看，大中型科技企业在科技创新成果转化和产业化阶段能够获得较好的金融支持，小型科技企业在技术研发和成果转化阶段主要依靠自有资金，但由于缺乏地方性金融政策的支持，后期产业化融资之路困难重重。我国的金融体系仍存在一些不足，尤其在匹配科技创新融资需求方面差距较大。

一是我国金融体系对科技创新的支持存在障碍。截至目前，我国企业获取融资的渠道是以间接融资为主，即主要依靠银行信贷，股票融资和债券融资的比例较低。然而，商业银行的贷款原则首重稳健，这与科技创新收益的高风险属性形成了根本对立，这种先天的制度性障碍大大削减了银行向科技创新企业贷款的积极性，严重阻碍了科技创新活动从银行业金融机构获取支持。制度性问题进而导致银行在支持科技创新企业方面出现四个具体问题。第一，科技创新资金的供需缺口越来越大。第二，银行为科技企业提供创新型融资产品和服务的动力不足。第三，银行内部服务于融资咨询的科技专业人才匮乏。第四，针对科技创新企业的信用增进机制建设进度缓慢。

二是多层次资本市场建设尚不完善，金融支持效果有限[①]。实践证明，技术创新从不同渠道获取的金融支持效率大不相同，资本市场的效率远高于信贷市场。多层次资本市场的优势明显，不仅能够为科技创新企业提供高效的融资渠道，还能够提供风险补偿机制，使风险投资的退出更加便捷。此外，多层次资本市场对于企业的产权结构和经营机制都具有显见的优化作用。近年来，虽然我国多层次资本市场已日渐成熟，新三板扩容，科创板设立，股权市场持续壮大，但我国资本市场的成熟度与欧美市场仍有较大差距。一般来说，金字塔结构的多层次资本市场是正常的，中小企业的投融资活动最为活跃，是金字塔的基底。但我国的多层次资本市场却是倒金字塔结构，中小企业的投融资数量和体量大不如规模企业。以中小科技企业为主的新三板为例，虽然新三板的挂牌企业数量超过主板，但无论是经济体量，还是交易流动性均弱于主板。

三是风险投资保护机制不到位。尽管我国风险投资行业取得了长足发展，但目前尚未形成合理的投资者保护机制。风险投资作为一种金融投资产品主要投向科技创新企业，然而科技创新绝非一帆风顺。从共享单车的经验与教训看，风险投资者应该更重视合理而有效的盈利模式。被投资企业上市、并购或其他股权转让方式仍然是盈利的主要通道，它对资本市场规则的要求更严格。理顺股票市场秩序，建立和健全保护投资者的制度，风险投资才能大有作为。

（五）科技中介机构

科技中介机构是科技城市创新体系的重要组成部分，面向社会提供技术传播、科研成果评估和转化、科技资源配置、创新策略和管理咨询等专业化服务，是桥接科技城市创新主体的纽带，是优化创新资源配置的助推器，使创新资源溢出和流动更便捷。与官产学研相关的各类科技中介机构是科技城市的重要创新主体，拥有完善的中介服务体系是塑造科技城市的必要条件。

科技中介机构包括三大类功能主体。

一是直接帮助创新主体进行技术创新的机构，主要包括生产力促进机构、创业服务机构、工程技术研究中心等；

二是向创新主体提供科技、管控、市场等咨询服务的机构，主要包括各类科学技术咨询和评估机构、科技项目招投标机构、知识产权机构等；

---

① 李艳. 金融支持科技创新的国际经验与政策建议 [J]. 西南金融，2017（04）.

三是促进科创资源合理配置的机构，包括技术转化机构、人才中介机构、科技产权交易机构等。

研究发达国家的科技发展历程可以发现，在提高科技企业竞争力方面，科技中介服务机构的作用非常明显。在此，我们以德国为例，简要介绍一下德国科技中介机构的发展和运营情况。

德国的科技中介机构种类多，服务范围大，主要包括评估和监管科技项目、信息咨询、职业培训、技术转移等。比较著名的科技中介机构有德国联邦工业合作研究会、SIGNO技术平台、"史太白"技术转移中心（Steinbeis）等。

德国联邦工业合作研究会成立于1954年，为企业共同研究项目和政府资助项目提供资金支持，主要对德国中小企业进行资金支持。目前加入工业合作研究会的行业协会已有100多个，代表了约5万家中小企业。工业合作研究会的主要任务是遵从工业界和技术上的考虑，把一批公共资金用于工业界的合作研究。之所以由工业合作研究会而非政府部门来做这件事，是出于工业利益优先这个原则的考虑。应用研究项目虽然面向中小企业，但由于其研究的集体性质，研究课题往往关注某一行业，致力于这个行业技术水平的提高，而不是个别企业的利益。目前已有超过5000家中小企业受惠于工业合作研究会的工作。

德国创新中心始建于1983年，是由企业孵化器、科技园区、技术中心等组成的庞大网络，目前已在全德各地拥有300多家分支网络。德国创新中心主要提供以下服务：全方位扶持初创企业，助力技术创新研发和推广应用，组织产学技术转移等。在过去的20余年里，德国有超过2万家的企业从创新中心获得成功。

德国的技术成果转移转化中心非常多，其中一部分由个人成立，实施企业化运作模式；一部分为各大学下属技术转移中心或技术咨询中心；另一部分是四大科研组织（马普学会、弗朗霍弗协会、海姆霍茨科研中心联合会和莱布尼茨研究中心联合会）建立的技术转移公司。政府也通过各种行动参与甚至主导技术交易平台建设，在此简要介绍由德国联邦政府主持建设的SIGNO技术平台和由巴符州政府参与建设的"史太白"技术转移中心。SIGNO技术交易平台成立于2008年，由经济部负责制定支持政策、运作规则并进行监督，平台日常运营则通过招标的方式最终由德国尤利希研究中心（Forschungszentrum Jülich）负责。平台每年能够获得1500万欧元的联邦政府资助。核心功能是连接创新项目、投资方和政府，建立高效便捷的沟通渠道，一方面联系并资助来自个人、企业、高校或科研机构的创新项目研发，另一方面发布创新项目，帮助对接投资方。"史太白"技术转移中心（1868年成立，1971年重建）为纯私营机构，由公益性质的史太白经济促进基金会（简称StW）和负责技术转移的史太白技术转移有限公司（简称StC）两大核心部门组成。目前该中心已成为一个国际化的技术转移网络，在50多个国家设立子中心，建设一个政产学研四方密切沟通的平台，为当地提供技术转移服务。同时，为进一步促进创新研发活动，它还向技术创新者提供各类服务。

我国科技中介服务机构近年来发展迅速，取得了一定成就，但在技术、信息、市场以及自身运作模式上，同欧美国家相比仍存在很大差距，无法满足我国科技事业快速发展的需要。一是科技中介服务机构中，私营性质的较少，官办性质的较多。官办科技中介服务机构由政府管理并提供拨款，市场化程度较低，未能建立现代企业制度，同时利用政府权力垄断行业资源，形成与私营科技中介服务机构的不公平竞争，造成资源配置不合理。二是科技中介服务机构的专业人才极度缺乏。科技中介服务机构是知识密集型行业，合格的从业人员应同时具备科技、经济、管理、法律、知识产权等方面的专业知识，有涉外业务的，还要了解国际规则，能够用外语进行业务沟通。在我国绝大部分科技中介服务机构中，员工大多学历较低，没有职称，且工作经验较少，距离高素质复合型人才的差距较大。三是科技中介服务相关的法律法规不健全，行业协会作用未充分发挥。目前，我国尚未出台规范科技中介运营的专门性法律，缺乏行业准入标准和资质认证，使得我国科技中介服务机构良莠不齐，服务不规范，收费不合理。我国科技中介行业协会因行政独立性较差以及协会组织结构、员工素质等方面的问题，未能充分发挥促进各创新主体之间交流与合作的作用。

总的而言，在科技城市发展过程中，企业、高校及科研机构、政府、金融机构以及中介机构等五大科技创新主体要素彼此影响，互相赋能，共同推动城市科技创新的进程。其中，政府、企业、大学及科研机构三者之间的联系相对更加紧密，并呈现出彼此渗透融合的发展趋势。

美国纽约州立大学社会学家亨利·埃茨科威兹和阿姆斯特丹科技学院的罗伊特·雷德斯多夫教授提出的"官、产、学三螺旋理论"（Triple Helix of university-industry-government relations）认为：大学、企业和政府是推动城市和区域发展的三大核心驱动要素，三者交互作用，形成螺旋上升的画面。该理论强调的不是主体，而是三者的合作关系，以及它们的共同利益是给社会创造价值。

在三个创新主体之间，无论对哪个创新主体而言，另外两个创新主体已不是绝对意义上的外部要素，而是部分转变为其内生成长因素。三个主体之间彼此延伸、彼此交融、彼此合作，形成了科技城市创新系统的三螺旋模型。此模型由制度创新链、技术创新链和知识创新链三个链条构成，其主体分别是政府、企业、大学与科研机构。三种创新类型紧密衔接，形成良好的合作与互动。（见图4-5）

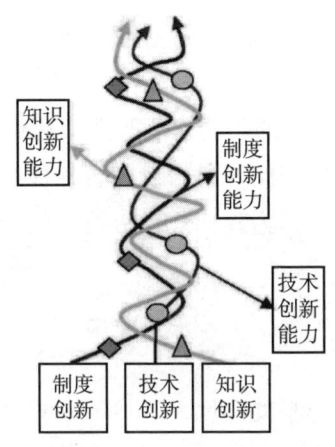

图4-5 科技城市创新系统的三螺旋创新模型

城市创新综合水平由城市的技术创新水平、制度创新水平和知识创新水平三者共同决定。[①] 技术创新水平的提升是城市创新的主线，制度创新和知识创新为技术创新发展提供创新制度和科技支撑。技术创新、制度创新与知识创新三条曲线上的斜率分别代表所在处的技术创新能力、制度创新能力和知识创新能力。这里的技术创新能力是指对产业技术水平的改变和提升能力，是由相关技术创新主体的创新力度决定的。技术创新、制度创新和知识创新由城市创新系统中的企业、政府和大学（科研机构）发起，并通过其他相关主体的作用进行传播，以超循环规律演进。技术创新是城市创新的引导源，决定着制度创新与知识创新的方向。随着技术创新、制度创新和知识创新的不断推进，三者交替提升，推动城市创新水平螺旋上升，共同实现城市整体创新能力的动态提升。

处于企业、政府和大学（科研机构）三螺旋交汇点的是各类提供专业化

---

① 杨冬梅. 创新型城市的理论与实证研究［D］. 天津：天津大学，2006：88-89.

服务的中介和金融服务机构，它们是联系城市管产学研的桥梁和纽带。通过这些拥有特殊功能的中介和金融机构提供的多样化服务，三螺旋的创新主体才能顺利实现交互作用，推动知识和技术在科技城市的传播和应用。

二、科技创新环境要素

具体来讲，科技城市的环境系统从内容上可以分成四部分。

（一）科技基础设施[①]

应用于创新及其相关活动的硬环境，即科技基础设施，包括电力、土地、医疗、通信平台、信息高速公路、科研设施、各种类型的技术开发中心和教育培训所需的基础设施等。其为新知识、新技术的产生和外溢提供了基本的物质保障。

（二）制度环境

科技创新活动所必需的制度环境，包括国家对创新系统建立和完善所设计的政策和规则，如知识产权保护、法律法规等正式制度，还包括基于地域特征所具有的非正式制度，如社会准则、价值观、风俗习惯等非正式制度。此外，必须要有规范化和适宜的制度，以平衡各方利益，从而降低交流障碍。同时，政府可以通过对集体行为的规范和合作报酬机制的设定平衡企业间的利益，达到企业间在合作中的互惠互利。制度环境作为标准化结构和游戏规则的制定者，使合作、知识溢出和转移更方便。

（三）市场环境

市场环境是整个科技城市创新系统的需求要素，该要素也包括两个因素：要素市场和产品市场。它对整个城市经济体系的有效运行起到关键的作用。

（四）城市宏观经济基础

城市的宏观经济表现决定了城市科技创新系统的发展阶段和发展进程，对城市科技创新系统的发展和演化具有重要的作用。

---

① 孙红兵．城市创新系统的动力、能力和绩效研究［D］．昆明：昆明理工大学，2011：42．

科技城市的核心内涵是以城市内部科技创新要素为支撑，推动形成城市持续创新能力，实现建立在城市经济增长和经济增长方式转变的基础之上的城市可持续发展。值得注意的是，城市创新能力对社会经济的影响是一个长期的过程，城市社会经济发展水平是过去长期创新和社会经济发展的结果，并不是当期创新直接的绩效。一个城市的社会经济发展水平越高，所能提供的创新资源就会越多，它的创新能力就会越高，支撑城市创新的能力就越强，创新能力的提高反过来又会促进城市经济社会的发展，这是一个良性循环的反馈过程。

第二节　IOD 的主要特征

作为一种新型城市形态，科技城市具备强烈的时代特征。科技城市通常拥有一流的大学或科研机构，具有丰富的科技资源、强大的创新能力与显著的产业优势。科技进步的影响力对科技城市的社会经济发展具有决定性的引领作用，科技发展和科技成果产业化对科技城市周边的广大区域也会产生辐射影响。随着新一轮技术革命在全球各地的扩张，特别是大量高新技术企业的兴起和产业集聚，新时期的科技城市成为以高新技术产业为主，同时拥有生活、服务等城市配套功能的全新城市。世界上有代表性的科技城市包括韩国的大田、美国的得克萨斯州首府奥斯汀、加拿大的渥太华等。

科技城市是城市发展理念和模式在科技爆发式发展时期的一种创新，具备明显的时代特征。经过对科技城市典型代表的案例研究，结合科技城市的核心内涵，我们总结得出了科技城市的六大核心特征：创新性、系统性、内生性、开放性、集聚性和可持续性。[①]

一、创新性

科技城市通常是一个国家或地区甚至全球的新知识、新产品和新技术的产生中心，是科技创新机构集聚、创新活动发生频繁的区域，同时，其创新

---

① 杨冬梅. 创新型城市的理论与实证研究［D］. 天津：天津大学，2006：64-66.

文化发达、创新氛围浓郁，因而创新性是其最根本的特征。①

这种创新性首先表现为一种城市发展观念的创新和发展模式的创新。对于城市内部而言，这种创新性主要表现在以科技创新、体制创新、管理创新和文化创新的综合创新，其中科技创新包含知识创新和技术创新，是科技城市创新的核心表现形式，体制创新、管理创新和文化创新是科技城市创新的基础和保障条件。②

科技创新主要包括：基础理论创新、新知识探索；新技术开发和应用；新科技产品研发和产业化；专利等知识产权增加；高新技术研发能力提升等。

体制创新最主要的是对科技创新利益保障机制的创新，包括知识产权保护机制创新、创新机构的经济利益保障机制创新、风险投资运作机制创新和科技中介服务机制创新等，并在科技创新管理架构、激励机制、市场化运作等方面持续优化创新。

管理创新的意义在于有效整合科技创新和体制创新，以此大幅提高创新资源的配置效率，降低创新活动的高风险性。随着科技城市创新资源的持续生产和聚集，高科技产业和知识经济的比重持续增加，科创企业和科创集群将大量出现，城市的科技创新能力和创新效率将跳跃式提升，科技城市的创新性特征将愈发显现。

二、系统性

科技城市作为一个城市，其规模无疑是非常庞大的，其中关系错综复杂，影响因素众多，是一个多层次、多功能、多目标的立体动态系统。科技城市的社会经济系统是由众多子系统构成的，包括城市创新、城市管理、城市环境、城市交通、城市生产、城市消费等方面的子系统，各子系统之间彼此影响，互相协调，保持着科技城市的稳定有序运行。

对于科技城市而言，一方面，科技城市是一个由各种科技创新资源在空间上集聚、在时间上协调运转而建立的城市系统；另一方面，科技城市并非由一系列行政机构之类的硬性机构构成，而是由众多的创新行为主体及其互动构成的软组织，这些机构和组织之间除了存在产业链上的直接关联之外，

---

① 张仁开，刘效红. 上海建设国际创新中心战略研究 [J]. 科学发展，2012（11）：80.
② 杨冬梅. 创新型城市的理论与实证研究 [D]. 天津：天津大学，2006：64-66.

还往往会存在一些潜在的人脉和关系网络①，成为关联城市各子系统之间以及城市内外部的重要纽带。创新子系统产生的创新效应持续作用于其他子系统，表现出协调创新的城市经济特性，让科技城市自主形成了系统的自适应、自组织的功能和效果。

三、内生性

科技城市的内生性特征主要在城市发展模式和城市运行系统这两个方面表现得比较明显。

科技城市的发展模式，主要是依托于自身的资源和能力而形成的"内生式发展模式"，由城市内部的发展动力来推动科技城市发展，这些内生要素包括"人力资本、社会资本、文化资本、智力资本、环境资本、自然资本和城市资本"②。其中，人力资本、文化资本和智力资本是最关键的内生要素，在这些关键内生要素的推动下，科技城市建立起以自身科创资源为基础、以科技创新为强大驱动力的城市经济发展模式。

科技城市的运行系统，协调城市创新子系统与其他子系统有序协同发展，这种自组织能力是形成科技城市在科技创新领域高效发展的内在动力。科技城市中，科技创新活动的自组织能力具有内生性，换言之，按照科技城市的发展计划和创新主体的利益需要，在政府相关政策的引导下，科技城市内部会适时自我调整，形成最有助于城市科技创新的结构功能，助力科技城市向协同创新的生态体系发展。

四、开放性

科技城市具有国际化和开放性的特征，其科技创新的主体除了本地的企业、高校与研究机构外，还拥有大量慕名而来的国际公司和国际研发机构。

在全球化以及市场开发竞争的背景下，科技城市必须与国际同步，吸取国际优质科创资源和力量，以保持同步甚至领先的创新动力。科技城市的竞争力主要是看城市发展的内在动力，以及对外部资源的吸引和集聚能力。著

---

① 张仁开，刘效红. 上海建设国际创新中心战略研究［J］. 科学发展，2012（11）：80.
② John Friedmann，2004.

名城市专家连玉明认为:"城市要在资源要素高效、规范、快速、有序的流动中实现价值,在循环往复中不断扩大规模和持续增长,从而提升城市竞争力。"科技城市的流量经济,就是以科技城市自身的平台效应和资源条件,将外部的人力、物力、知识、资本等资源要素吸引聚集过来,将之重组、整合,融入科技城市创新体系之中,进一步促进科技创新能力和产业升级发展,并将持续增强的科技创新氛围和竞争能力发散到周边区域,带动周边区域共同发展。全球化和信息化的快速发展,加强了国家、区域、城市之间的密切联系,提高了链接的速度和效率,扩大和提升了创新要素的自由流动范围和流通速度。因此,要想充分利用全球创新资源,实现城市的持续创新和发展,科技城市就必须坚持全球化和开放性,让技术、人才、知识、资本以及先进管理经验等要素快速流动起来,进一步完善政产学研金等创新主体以及用户市场的运行组合方式,最终实现系统性的科技城市创新效应。

五、集聚性

随着科技城市的发展,其影响力和吸引力不断增加,会有越来越多的高校、政府或企业研发机构以及科技人才、研发配套设备及服务等科创资源向区内集聚。

科技城市中有保有大量经济要素,密度高,体量大,且相互之间建立了多层次的强弱联系,关联程度相当紧密,为科技创新活动提供了优良基础和高效平台。在信息经济时代,科创企业的科技创新能力和市场应变速度成为其核心竞争力,而促进产业集聚的原因也不再仅是为了共享基础设施、降低成本等静态的集约经济效益,而是更有利于企业间技术、知识的传播和协同创新。因此,高科技产业和科创企业的集聚是科技城市的重要特征。多领域的科技产业集群,尤其是知识密集型产业,按产业规律在区内聚集,同步带动了各行业的科技创新人才的集聚,而专业创新人才之间的交流和思想碰撞又会进一步激发他们的创新热情,加速新创意和新科技的产生。如此一来,科技城市中的科创产业和科创人才之间形成了一种自强化机制,推动了科技城市的由科技创新为动力的城市经济良性发展。

六、可持续性

科技城市并非是速成的，而是有一个不断壮大的动态发展过程。在初期，科技创新主体只在一个小范围区域内集中，随着区域创新资源的不断增多，优势逐渐显现，会有更多研究机构、科研人才等创新资源向该区域集聚，使得这一区域的科技水平不断发展提升，从而有了科技城市的概念。

科技城市是一种新型的城市发展模式，具有可持续发展的特征。一是经济可持续，科技城市能创造稳定的就业岗位和财富产出；二是社会可持续，能够确保社会的和谐稳定；三是环境可持续，会建立起绿色环保、协调稳定的生态系统；四是生活可持续，会发展健康有活力的城市精神文明和文化事业；五是治理可持续，由政府和城市主体共同制定城市发展的决策。

科技城市的可持续性，既是它的核心特征，也是它的发展目标。科技城市的可持续发展需要科技作为支撑。科技进步有助于推动城市节能降耗，实现社会、环境、治理等可持续发展。可以说，科技创新是科技城市可持续发展的技术保障。以可持续性为特征的科技城市兼具"生态城市"特征，即：以可持续发展为目标，人与自然和谐共生的社会—经济—自然复合生态[①]。

第三节　IOD 功能定位

城市功能是指城市对区域内的经济、社会发展所能发挥的作用和承担的分工。一般来说，城市会同时具有多个功能，各功能的影响能力不相同，当其中一种功能占主导时，城市就会表现出该种功能的特点和发展方向。随着知识经济的兴起，领先城市的功能开始由传统的生产、制造和服务功能逐渐转向以知识、信息和技术为主的科技创新功能上来。城市科技创新功能成为驱动城市发展的主要动力，这时城市就具备了科技创新的特性。[②]

下面，我们从产业组织和区域经济的角度分析科技城市的功能定位。

---

① 耿宇，孙玉香．城市发展中存在的问题与发展趋势［J］．城市环境与城市生态，2005（1）．
② 胡晓辉，杜德斌．科技创新城市的功能内涵、评价体系及判定标准［J］．经济地理，2011，31（10）：1625-1626．

一、科技创新中心

科技城市首先是区域性的科技创新资源聚集区和科技创新中心。与产业活动和商业活动一样,研发创新也有聚集成群的特征,因为只有科创研发资源集聚地才能高绩效地产出科技创新成果。例如,国际创新高地美国硅谷,从斯坦福大学科学园开启发展之路,在逐渐聚集了大批科研企业、研发机构和科技人才之后,形成了现在的创新型城市带。韩国的大田因大德科学城而逐步发展成为创新之城,汇聚了韩国4所高等学府、70多所科研机构、900多家高科技企业、10余万名科技人才,拥有国际领先的科研设施和创业创新氛围,被称为"韩国硅谷"。中国台湾的新竹也因拥有清大、交大、工研院等本土优质高校和科研机构,以及通过兴办科技园而聚集的大批海内外科技创新资源,从而发展成为坐拥300多家科技研发企业和机构的全球知名微电子和集成电路产业中心。

二、新兴产业中心

随着科技创新对科技城市的产业结构和增长方式的影响和改变,科技城市必将成为产业链的"高端"节点集聚地和区域性新兴产业中心。一个城市受到空间、资源和环境等承载力的限制,不可能发展全产业链的所有细分环节产业,所以,拥有科技创新优势的科技城市一定会优先选择产业链的"高端"环节,并将持续提升"高端"环节的科技水平,同时向周边区域提出配套"低端"产业链条及承接传统产业转移的需求。例如,硅谷城市带是美国以及全球的信息产业中心,印度的班加罗尔是对世界有重要影响力的软件产业中心,新竹则是中国台湾的区域性微电子产业中心。这些新兴产业中心的相同点是,新兴产业率先从这里形成并集聚,随后逐步向周边扩散。

三、品牌营销中心

作为科技创新中心和新兴产业中心,科技城市必然还是品牌资源密集区和科创企业的营销舞台。硅谷几乎汇聚了全部IT知名品牌:有的是土生土长的本地品牌,有的是外来品牌,有的是来此设置营销中心。例如,发源于美国西雅图的微软公司早在1981年就到硅谷设立研发基地和营销中心,华为也于20世纪

90年代进入硅谷。在印度班加罗尔，众多品牌软件企业不仅在此研发软件产品，也在此设立营销窗口，因为这里有大量来自全球各地的外包订单源源不断汇集而来，随订单同来的还有大量及时的市场信息。科技城市在汇聚外来的世界级品牌的同时，积极在本地打造出一批知名品牌，那么城市的品牌效益和经济效应都将大幅提升，有限的资源环境承载力将不再成为城市发展的困扰。

四、企业运营中心

科技城市也应是公司总部和企业运营中心的集聚区。例如，硅谷目前已被大量美国高科技企业确定为其全球运营中心，许多外国公司也在硅谷设立了北美运营中心；中国台湾的新竹科学园成为台湾绝大部分知名科技公司的总部基地；香港则一度被众多国际大型企业选定为其亚太或大中华地区运营中心。目前，我国北上广深等一线大城市也都在大力发展总部经济。科技城市之所以钟情总部经济，主要原因就在于技术研发、品牌营销与资源（包括资金、人事）配置是企业的核心功能，通常由总部直接管理运营。大量事实表明，一家跨国公司的全球总部通常也是其研发、营销和资源配置的全球总部，它的地区总部也常常是它在该区域的研发、营销和资源配置总部。

五、区域辐射中心

辐射功能是科技城市功能的综合，是指科技城市带动周边区域发展的能力。利用科技创新和产业集聚的领先优势，科技城市将持续创造出新技术、新产品、新理念、新制度，同时造就出大量科技创新、服务、管理等领域的专业人才和机构，而这些产出成果一方面会满足科技城市自身发展需求，另一方面有许多也会辐射到周边区域，甚至发散到世界各地。城市的辐射能力决定了城市知名度和地位。可以说，辐射功能是衡量科技城市总体能力的一个重要标志。

科技城市的上述五大基本功能，构成了科技城市的整体功能体系。每个功能都是整体功能的一部分，都需要与其他功能协同发挥作用，如果有一个功能产生问题，其他功能以及科技城市的整体功能体系都会受到影响。打个比方，如果科技城市的科技创新功能发展受限，就会限制新兴产业的发展，进而导致品牌营销中心功能、企业运营中心功能和区域辐射中心功能的发展动力不足。所以，应统筹兼顾、协调发展科技城市的五大城市功能，争取发挥科技城市的整体功能优势。

第四节　IOD 的发展类型

科技城市的实现必须以改变传统的城市发展模式为前提，以新视角、新理念寻找城市经济发展的新增长点。

通过对全球多个科技城市发展状况的分析，我们发现，每个科技城市的发展轨迹往往存在一些相似的地方，但也有不尽相同的部分，因此很难用统一的标准来界定其具体发展模式。一个城市常常是有符合多个发展模式的特点，同时又有其独特的创新发展特色。

第一，科技城市的形成是在已有一定城市基础之上的拓展。一个城市的未来发展方向及成就，通常是由城市基础情况及其区域地位决定的。良好的城市基础建设是众多科技城市得以跨越式发展的前提条件。

第二，科技城市基本都是在政府的有意推动下建设的，政府的意志很重要。美国硅谷和波士顿 128 号公路算是半个例外，它们最初是因临近著名高校而自发开展创新活动，但随后就获得了大量政府订单，得以迅速壮大。因此，政府部门的引导和支持是科技城市取得成功的重要因素。

第三，科技企业是当今众多科技城市内部的创新主体，政府注重向企业提供支持政策。高校成为科技创新的源头，承担着孵化器的功能，向城市输送科创人才。

第四，科技城市都在大力培育有特色的创新文化，培养鼓励创新、容忍失败的创新创业意识，促进多种文化的交流融合，鼓励合作，开放竞争。创新文化是科技城市的可持续创新能力的主要决定因素。

一、按主导主体划分

目前，科技城市的发展主要受到多种力量的影响，如政府、市场、高校和科研机构等。根据各种力量对科技城市影响力的大小，科技城市的发展模式可分为四种类型：政府主导型、市场主导型、混合型，以及高校和科研机构主导型。

（一）政府主导型发展模式[①]

政府为建设科技城市，制定并发布城市发展战略，出台促进科技城市发展的政策法规，主持建设城市创新所需的技术标准、数据库、信息网络、大型科研设施和图书馆等创新基础设施，吸引国际、国内的科创资源向城市集中，鼓励五大创新主体之间积极关联互动，形成紧密的协同创新关系，并促使创新行为向普遍化、规模化和系统化方向发展，注重培育城市内部的创新文化和创新精神，凝聚全社会力量参与科技城市的建设工作。政府主导型的发展模式是自上而下的推进路径，通常是发展中国家选择该模式。

（二）市场主导型发展模式

市场主导型的科技城市发展模式，是通过市场机制来配置科技创新资源，并以此为基础，间接吸引科技创新要素和产业发展要素进入城市，塑造适合的科技创新环境。不同的科技创新主体根据自身利益需求和市场环境变化，不断寻求科技创新，在城市中自发形成互相协同的产业集群以及有利于科技创新的软环境。市场导向型的发展模式主要是自下而上的推进路径，发达国家更喜欢此模式。

市场主导型发展模式中，企业家承担着发现商机、整合资源、承担风险、创造价值的功能，发挥着主要作用。在这些功能中最重要的是发现商机和整合资源，也即发现创新思想并将创新思想付诸实施的过程。通过引入一种新的要素、一种新的生产方法或者新的组织形式追逐实现创新剩余，并由市场机制使创新行为或创新活动放大。由企业家推及至企业家群体，从而使创新行为扩展，在市场机制的主导下构建起以企业为核心的科技城市创新系统，实现创新行为的自发性和自组织性。

（三）混合型发展模式

混合型发展模式，顾名思义，就是在科技城市建设过程中，政府与市场两种力量共同发挥作用。实践证明，科技城市的建设不仅需要借助市场机制来合理配置科技创新要素的集聚，还需要借助政府来完善城市的公共设施建

[①] ［美］M. 卡斯特尔，［英］P. 霍尔. 世界的高技术园区——21世纪产业综合体的形成［M］. 李鹏飞，范琼英，译. 北京：北京理工大学出版社，1998.

设。从目前来看，代表市场经济的西方发达国家对城市规划越来越重视，希望以此引导城市的发展方向；同时，政府管控较强的发展中国家则对市场导向因素越发重视，希望能克服政府主导带来的弊端。因此，未来的科技城市建设将越来越多地向混合型发展模式方向推进。

（四）高校和科研机构主导型发展模式

高校和科研机构主导型发展模式，是以城市本身拥有大量高校和科研机构为前提，由高校和科研机构提供大量的科技基础研究、知识传播和技术创新来推动城市的科技创新发展。一方面，高校和科研机构本身通过基础研究，在知识创新的基础上进行技术创新，并通过科技人员创办企业，实现技术创新的运用以及技术创新向产业创新的转换，并以此推动知识和技术的进一步创新；另一方面，高校和科研机构通过向有关企业转让技术创新成果，从而实现科研成果的产业化转化。这个过程中，也同时推动了机制、管理和服务等多方面的创新，让科技城市创新系统不断得到完善。

二、按创新主导要素划分

从创新要素方面看，根据制度、知识、技术、产业等创新要素在推动科技城市建设过程中的主导地位，可以将科技城市的发展模式分为知识创新型、技术创新型、产业创新型以及制度创新型四种。

（一）知识创新型模式

知识创新型模式是以科学知识创新，特别是以基础知识创新为主要内容和环节的科技城市发展模式。这种发展模式以高校和科研院所创新为核心，以纯粹的科学研究为导向，围绕基础理论的创新，通过有效链接各类创新主体，构成创新系统的组织架构和空间布局，从而有效地推动科学知识的创新。

（二）技术创新型模式

技术创新型模式是以技术的创新和应用为主要特征的科技城市发展模式。这种发展模式以企业和技术开发转化中心以及孵化机构为主要创新主体，以科学知识的应用以及实用技术的开发和创新为导向和主要环节，围绕技术的创新和应用，有效链接各类创新主体，建设以技术创新应用为导向的创新系统和以技术创新为特征的城市创新文化。

（三）产业创新型模式

产业创新型模式是以规模化的产品开发和规模化生产为特征的科技城市发展模式。这种创新发展模式通过集成化和模块化的技术应用创新和生产组织结构的创新实现产品开发和生产的规模化，通过集成化和模块化生产实现生产方式和组织结构的创新，降低生产成本和交易成本，提高资源使用效率，推动产业结构的优化升级。

（四）制度创新型模式

制度创新型模式是通过一系列新的更有效的制度安排，为科技城市发展提供制度方面、法律方面和政策方面的保障，并注重通过制度解决系统失效和市场失效的创新发展模式。这类模式通过制度创新，促使技术、人才等要素向城市集聚，并以此为突破口建立制度导向的创新系统和创新文化。

近年来，经济合作与发展组织（OECD）国家在创新政策方面采取了一些新的措施，并对今后的创新能力建设和工作重点进行了详细部署。这些新措施集中体现了近几年全球创新政策治理的新理念和新重点，体现在许多 OECD 国家近几年制定的国家创新体系框架中。

1. 创新政策的新动向

纵观 2010 年至今 OECD 国家的科技创新体系，其政策的重点集中在以下几个方面：①寻找新的经济增长和竞争力的源泉；②制定新的产业政策，发展具有战略意义的新技术；③应对全球化挑战；④提高研发投入；⑤集中制定以需求为导向的创新政策；⑥增强社会凝聚力；⑦加大对基础研究的公共支持力度；⑧重视人力资源培养；⑨加大对企业研究的支持力度。

值得注意的是，OECD 国家对公众、商业的研发投入力度大于发展中国家。从整个 OECD 区域来看，政府研发投入占 GDP 的比重从 2005 年的 0.78%增长到 2009 年的 0.82%，目前还在持续增长；同时 OECD 国家对需求为导向的研发投入更加突出，值得发展中国家深度地思考和学习。

2. 创新政策的协调

（1）创新政策的新方向

政策的协调发展是近几年创新政策治理的重点。通过对诸多国家的调查访谈表明，创新战略和视角是直接影响政策治理的最大因素，它决定了创新政策的发展方向。专门的政策创新机构是第二大影响因素，它是制定创新政策的咨询机构和先导机构。有效的政策评估和专业的政策委员会分列第三和第四大影响因素，它们直接解决政策协调发展中存在的问题。第五大影响因素是信息交流渠道的畅通。加拿大、法国、瑞士等国设立了专门交流渠道，建立起各部门间的信任与合作，加快了创新政策的协调运作。机构间的内部合作项目也对创新政策的协调治理起到了积极作用。

（2）创新政策评估的新趋势

随着创新政策制定和治理的转变，创新政策的评估也在不断地完善。特别是近年来，在全球经济不景气、政府普遍出现财政危机却还把研发投入作为重要战略的背景下，创新政策评估越来越得到了重视。近五年来，创新政策评估出现了一些明显变化。

第一，整合评估框架。提升评估文化建设，明确评估的重要性；加强评估的法制化建设，实现法定评估；与中央政府签订绩效协议或合同，明确评估的方向；提高政策评估的预算分配，保障评估的顺利实施。

第二，代理的机构化和组织的协调化。建立新型的、更专业的评估机构；建立更优化、更合理的评估流程；加强评估机构之间的协调与合作。

第三，评估能力建设。设立一套完整的创新政策评估和作用途径；制定评估的标准、指导方针和方法体系；发展和巩固 STI 和关键行动方案的重要指标；建立 STI 政策数据指标体系；建立评估专家团队。

第五节　IOD 的实施路径

一、创新能力建设

（一）支持商业研发和创新

面临经济和债务危机的发达国家普遍吸引社会投资的做法是制定天使投资政策，实施优惠的税收政策。为了加大力度支持商业研发和创新，在政府资金持续投入有限的情况下，积极引导公众和私人资本投入商业研发和创新，主要吸引机构投资者、主权财富基金和公司风险投资。

（二）对研发和创新施行税收优惠

提高税收优惠政策的有效性、使用的便利性是目前西方发达国家刺激创新的政策趋势。早在2008年的法国及2009年的澳大利亚就开始用简单的、更为慷慨的税收优惠政策代替了烦冗的其他刺激政策。美国近几年也开始用税收优惠政策来刺激研发活动。

在36个OECD国家中有26个国家，以及其他一些非OECD国家实施研发投资的税收刺激政策。普遍的做法是在研发合同中给予直接的政府补助、补贴。在加拿大、韩国等，这种方法成为政府扶持商业研发的主要手段。日本等国还利用税收政策帮助公司应急处理资金危机。不过税收优惠政策的持续刺激作用受到了一些国家的质疑，墨西哥和新西兰在2009年直接废除了研发税收优惠，开始探索其他更为直接的支持方式。

（三）发展服务创新和非技术创新

许多发达国家制定了特殊的政策刺激服务创新，大体包括：①在一般的创新政策中植入服务创新的内容，如研发税收抵免或补贴。②采用以需求为导向的创新政策和工具，如政府采购。③在应对社会挑战的创新和研发活动中植入服务创新的内容，如服务老龄人口、促进城市可持续发展等。④整合政策中的创新服务，更好地加快产业和公众的研发合作，促进政策商业化。

（四）刺激需求驱动的创新活动

以需求和使用者为驱动的创新政策是创新政策体系的重要内容。政府和公共部门采购能够刺激采购创新。韩国的新技术采购计划要求公共部门在采购货物和服务时，优先考虑中小企业，以刺激中小企业的技术发展。荷兰实施"顾客计划"，通过投标的形式来刺激研发机构为满足客户需要而进行创新。

（五）推动公共研究发展

公共研究指由公众资金支持的，或是由公共机构所承担的研究。公共研究在国家创新体系里承担着重要的角色，确保了新知识和技术的产生。近年来，西方发达国家意识到公共研究在教育、医疗、老龄化方面的重要性，开始提高对公共研究的支持力度。一是提高公共研究的研发投入占GDP的比重。二是在公共研究研发投入的分配上引入竞争机制，刺激各领域的创新。三是加快公共研究部门改革，一方面使其更加的独立以适应当代多变的、复杂的创新模式需要，另一方面改变公共研究部门冗杂的现状，通过兼并与改制，增强公共研究部门的系统功能。

（六）加快公共部门创新

发达国家普遍重视加快公共部门的管理和服务创新。政府通过各种方法激励公共部门的创新，在公共服务领域制定明确的战略和行动计划，包括大到建立全政府体系的创新战略（把公共部门作为创新者），小到创建单个组织的创新支持方案。具体的举措有：

1. 采用信息技术

利用 ICT 技术提供更多在线服务，提高服务供给能力。

2. 与群众和社会机构建立伙伴关系

把单个群众和社会组织作为输送公共服务需求、降低交流成本过程中的参与者和伙伴，有效提高使用者的满意度。

3. 与私人部门建立伙伴关系

与私人部门的合作交流不仅能够降低服务传送过程中的成本，而且政府从中可以学习创新服务的方法，如提高危机管理能力，提升设计和采购公共服务效率等。另外，良好的合作关系能够为政府提供更多的资源，澳大利亚、法国、德国等都依靠公私部门的伙伴关系为建设、维护基础设施项目提供资本支持。

4. 提升服务的可获得性

一是通过改变公共服务的提供地点，增加民众享受服务的便利性。二是建立多元服务中心，为有不同需求、采用不同途径获取服务的群众提供更多的选择。例如，加拿大成立了包括 43 个部门和机构在内的数字网络服务中心。

二、加强交互创新

交互创新能够加强知识流动和转移，激发更多的创新成果。世界发达国家采取了一系列具体措施，保障交互创新的实现，如强化信息基础设施建设，开放研究成果，保护专利，加强内部交流合作等。

（一）信息技术建设和信息技术政策

发展信息技术能够有效地刺激创新的产生。过去几年，云计算已经成为最重要的提供创新服务的平台。它降低了中小企业的信息技术壁垒，激发了它们的成长与创新。近年来，OECD 国家的广泛使用云技术，拓宽信息技术政策，具体包括：扩增宽带、完善政府在线服务、加强信息系统和网络安全、加快向商业部门的技术扩散等。

（二）集群政策和灵活的专业化战略

许多 OECD 国家希望通过集群的竞争优势帮助集群内的企业经过创新和专业化提升产业链能级。灵活的专业化战略帮助企业增强已有的科技优势和专业化能力，提倡形成具有互补性的专业化分工格局。目前 OECD 国家实现集群和灵活专业化战略的方法有：一是加快基础设施建设，提供以知识为基础的投资，加快集群内的知识流动；二是促进区域间的集群合作。柏林和勃兰登堡开展了联合集群战略，集中公共力量加快区域内的 5 个集群资源流动和共享。这种区域间的集群战略能够有效促进"创新发现"，通过集群内部合作为集群内企业提供更多的市场机会，加快创新技术的产生。

（三）开放科研成果

研究成果的开放能够有效地促进数据共享，降低研究成本。大多数 OECD 国家已经开始制定规章制度、投入技术和人力来鼓励数据共享与合作。具体的做法有：一是加快数字化建设。大多数 OECD 国家都在建设信息技术基础设施，用来搜集、储存、归档、使用公共数据及由国家支持的研究成果。二是制定政策，加快研究数据公开。例如，要求研究成果必须用数字化的形式归档，以便于共享。三是鼓励跨界合作，如加快产业部门和政府部门的合作、研究机构与企业的合作等，促进不同部门间的研发资源共享。

（四）促进公共研究的商业化

近年来，许多国家加大力量拓宽公共研究的商业化渠道，如建立公共与私人部门的合作关系，联合研究所、大学和企业共同申请专业等，刺激研究成果的转化主要的做法有：一是国家专利部门降低了成长期企业和中小企业专利申请的验级障碍，加快中小企业的研发成果转化。二是为企业申请专利提供资金支持、指导和技术培训。三是拓宽政府在技术转移管理方面的职能，提高知识产品管理能力，通过培训提高技术转移管理人员素质，更好地为技术成果转化提供服务。四是降低国际技术商业化壁垒，逐步清除国家间技术标准和专利制度不同的障碍，促进技术成果的国际化。

（五）优化专利政策

美国2011年通过了《美国发明法案》，彻底改革了从1952年建立的专利体系，它遵循了发明人先申请原则，取代了以往的先发明原则。设立审后异议制度，允许公众对专利的有效性提出质疑。2011年到2012年间，欧盟提出单一专利制度，覆盖所有的签约国，施行统一的专利制度。专利政策的优化，有利于更好地保护发明人权益，激发创新的热情；同时专利制度的统一，为技术成果的国际化应用打下基础。

（六）加快知识产权营销

增强专利市场化对创新的影响。一是重新制定税收规则，支持专利市场化降低专利购买的成本。二是发挥政府和公共组织专利市场化方面的主导作用，包括成立专门的促进专利市场化机构、建设专利数据网络、加快专利交流等。三是汇聚专利资源。韩国政府发动"发现智慧"行动，设立了防御资金，用于购买可能危害国内企业的专利技术。日本设立半公共性质的基金帮助公共研究机构成果的商业化。

（七）建立国际科学技术创新联系

其一，制定通用的科技合作政策。为了提升在科学技术方面的国际合作，政府通常采用双边的同一个水平较差区域进行协定。但是近几年，OECD国家内部非OECD经济体的合作越来越多。科技的国际合作已经成为外交的重要内容。例如，日本开展了发展中国家应对全球变化的国际联合研究项目。一些国家的政府开展了多边合作机制包括基于国际农业合作的咨询团、国际自动化协会、国际能源协会等。

其二，开展应对全球化挑战的国际公共研究合作。近年来，为了应对全球化挑战，一些国家开始让国外的研究机构共同参与本国的研究项目。同时推动高等教育的国际化。加拿大、法国、德国、爱尔兰已经制定国际教育战略，推动本国大学到国外建设学院。

其三，加快国际商业研究和地区政策合作。通过国际贸易和国际投资推动中小企业的国际科技联系。一是设立专门机构。比利时、哥伦比亚等国设立专业公共机构为中小企业国际创新活动提供咨询和技术援助。二是采用多种方法吸引国际研发和创新集聚。例如，澳大利亚、比利时等国采用税收激励方式，日本、土耳其制定研发机构开办成本补贴机制，爱尔兰、瑞士致力于提高外国研发机构投资的商务环境，比利时、日本、匈牙利、巴西等国为外国投资者提供一站式服务。

其四，推动高技术人才的国际流动。OECD 国家和非 OECD 国家都非常重视高技术人才的国际移动，采用多种手段支持人才环流。一是设立奖学金和财政支持政策，促进人才国内外流动，中国、加拿大、澳大利亚、韩国、新西兰等都制定了类似的政策。二是简化签证手续，澳大利亚、比利时、加拿大、荷兰等国采用了这种政策。三是修改移民法案，立法承认国外专家资格给予外国专家、研究者国民待遇。

三、重视人力资源

（一）加强创新教育

各国最近都在拓宽政策领域，加强除科学、技术、工程、数学之外的创新教育。①设立特别的企业经营课程，并把"企业经营技能"作为能够跨学科发展的能力。②积极开展创业教育。在挪威和新西兰，甚至开始考虑在中学教育中引入商业或经济学课程。③把创新学习实践活动引入传统学科，激发所有的学生发现非传统的方法和技巧，增强他们对创新的贡献能力。④大力支持博士和博士后教育吸引创新智力资源。许多国家已经开始支持外国学生在本国的博士教育。

（二）制定推动创新的人力资源政策

首先，迎合科学和技术领域年轻人的兴趣，感知未来不足，制订高技术人才的更新知识计划。其次，给予科技人才更多的职业发展机会，提倡终生教育。为应对经济危机带来的失业问题，政府加强了对已有的和潜在的劳工的职业能力培训。在过去的 4 年里，澳大利亚投入 900 万美元加强就业者的语言、识字和计算能力。再次，给予高技术人才国内外流动的便利性，提高高技术人才的流动性。最后，降低进入壁垒，提供更具吸引力的条件，吸引更多的外来高技术劳动力。

（三）培养创新精神

培养创新精神的意识近年来越来越浓烈。西班牙为提升科学和创新氛围，启动了国家行动。许多国家采取了一系列创新精神发展措施，包括：①创新宣传形式，积极吸引年轻人的参与，如波兰的科学野餐、欧洲的大型户外晚会等；②针对特定人群制定特别的政策措施，如妇女群体、高智商的年轻人以及一些特定的科学团体，如生命科学、生物学、太空学等；③在大学和研究机构营造创业氛围，包括为年轻的研究者开办强制性创业课程，鼓励学生接受基本的创业训练等；④通过媒体宣传知识产权，在高等院校开展知识产权教育，向中学生和小学生介绍知识产权知识，提升公众的知识产权意识。

05

第五章
IOD：创新空间系统

第一节 IOD：致力于构建城市创新空间系统

创新空间是知识经济或创新产业在空间上的集群。创新空间系统是一种特殊的系统，是空间、经济、社会、文化的实体，是硬件物质要素、软件机制要素、文化要素集聚的综合体。创新空间系统是由创新物理空间、创新机制、创新文化和创新人才共同组成的一个互动系统。创新物理空间是集中反映创新机制和创新文化的空间载体和硬件物质；创新机制包括创新资源整合模式和组织形式等；创新文化包括创新精神、创新观念、创新工作方式和生活方式等；创新人才是创新空间内创新活动的执行者。

一、城市创新空间系统的概念

创新就是建立一种新的生产函数，即企业对生产要素和生产条件重新组合并引入生产体系。① 从创新价值链的视角将创新过程分为研发创新、经济转化两个阶段，其中大学和科研机构是研发创新阶段的主体，企业是技术转化阶段的主体。在城市层面，创新资源主要在城市的核心区、专业化功能区集聚，呈现层级性与网络化特征，政府、科研机构、企业等主体在其中各自发挥作用。（见图5-1）

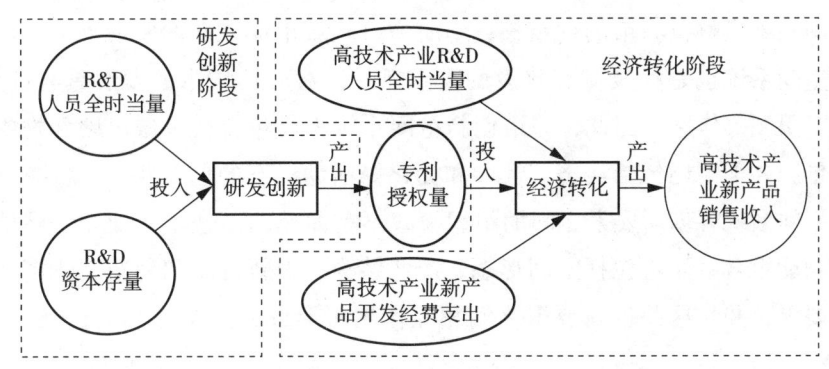

图 5-1 基于创新价值链的创新过程投入产出流程

---

① 曾鹏. 当代城市创新空间理论与发展模式研究 [D]. 天津：天津大学, 2007-07-01.

城市创新空间是科技城市聚集创新活动的场所，是以研发、创意、设计、孵化、交流等知识经济为主导，以大数据、物联网、人工智能等高精尖创新产业为核心的场所。城市创新空间里集聚了科技城市创新所需的知识、人才、技术、资金、政策等各种创新资源，一些高端研发机构、大学创新中心、重点实验室、科技龙头企业、创新创业企业、企业孵化器等创新主体机构在这里驻扎，从事技术研发、产品研发、创意设计、商业创新等工作，并且定期或不定期举办各项高端论坛、前沿技术交流会、创意新品首发会、商业合作洽谈会等活动。（见图5-2）

城市创新空间里集聚了科技城市创新所需的知识、人才、技术、资金、政策等各种创新资源

图5-2 城市创新空间形态

城市创新空间系统是一种特殊的系统，是空间、经济、社会、文化的实体，是各种硬件物质要素、软件机制要素、文化要素集聚的综合体。城市创新空间系统是科技城市的创新核，不断为科技城市注入新的发展动力；城市创新空间系统也是科技城市建设的重要抓手，对科技城市的发展具有试点、示范、引领等作用。因此，城市创新空间系统不仅包含科技城市硬件物质形态的创新要素，还包括经济、社会和文化等活动形态的创新要素。科技城市创新空间系统各创新要素之间的组织模式不是简单的高技术产业相关硬件设施的功能组合，而是包括空间形态、产业结构、创新机制和创新文化精神等创新要素，并且这些创新要素之间相互作用所形成的一个完整的创新体系。（见图5-3）

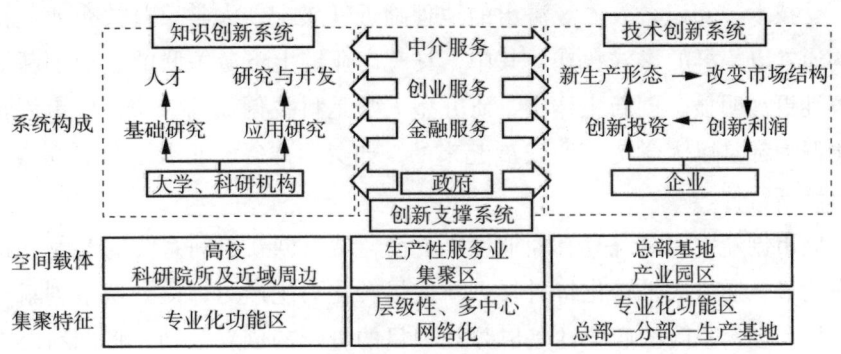

图 5-3　城市创新空间系统的创新过程

二、不同城市创新空间系统的共性

城市创新空间是开展创新活动的重要基地,其规模大小不尽相同,既可以独立存在,也可以附属于园区,种类多样、分布广泛、布局灵活。城市创新空间系统是加快科技城市升级的核心引擎,具有物质、经济、文化等多种属性,不同城市创新空间系统具有多样性、集聚性、商业性、融合性、开放包容性五大共性。

城市创新空间系统具有多样性。一是创新主体的多样性,随着技术和市场的不断开放发展,知识与创意成为最重要的创新资源,目前以创客为主体的城市创新空间逐渐形成,创新主体由过去的精英阶层转向大众群体。二是创新载体的多样性,城市创新活动发生在城市的任何地方,城市创新空间的规模大小也不尽相同,如城市核心区的科技巨头总部、科技上市公司等,科技园区里的科技企业、企业研发部门、创业孵化器等,以及大学、科研机构的各类开放实验室、研发中心、科创服务中心等。三是空间功能多样化,研究国内外案例后不难发现,城市创新空间功能综合化已经成为重要趋势,现代城市创新空间多以产业、居住、娱乐、休闲等功能社区的形式呈现。

城市创新空间系统具有集聚性。创新人才、资金、技术等创新资源是进行创新活动的基础,创新资源在城市区域间是非均衡配置的,创新资源主要集聚在城市核心区、科技园区、大学城等区域。虽然,随着交通、网络等科技的快速发展,创新资源的流动性大大提高。但是,大学、科技企业、科研机构等分布仍然具有集聚性,在城市内某些区域形成相对集中创新集群。同时，受技术、知识、人才等溢出的地理临近性支配，大学、科技企业、科研机构通常以集群的形式存在。其中，具有产业链上下游关联的企业创新活动集群性更加明显。创新主体中，研究型大学是科技创新的源头，城市创新产业集群大都是以大学为核心发展起来的，如美国硅谷、北卡三角研究园、中国台湾新竹等。①

城市创新空间系统具有商业性。目前，城市创新空间系统的商业性特征愈发明显，通过成果转化将科技创新成果转化为生产力，提升城市创新竞争力。城市创新空间的商业性是以盈利为目的进行的创新活动，将创新能力转化为资本和产业。例如，知识产权交易能够将技术转让给需求方，提高科技成果使用率，推动经济发展。目前，创新理念由过去的以技术供给为导向转变为以市场需求为导向，创新资金的来源也在国家政府投入的基础上，增加了民企、外资等社会资本的投入与支持。市场驱动创新的内容、方向、方式等，政府提供政策、组织、协调等创新服务等。②

城市创新空间系统具有融合性。创新空间的重要特征是创新、生产与生活的融合。目前，从城市创新空间发展的实践来看，不再是单一的科学技术创新研究区域，而是在市场需求作用下与外部经济体逐渐融合。城市创新空间的功能更加融合，除了满足创新活动需求的功能外，还具有休闲、交往和学习等日常生活服务功能。城市创新空间里集聚了研发机构、企业孵化器、企业集群、创业企业等，物理空间上要求更加的紧凑、交通通达、网络全覆盖，同时还要有居住、办公、零售等功能的混合性特点。例如，美国硅谷就是以科创功能为主，基础设施便利，产业、居住、娱乐、休闲等配套功能完善的城市创新空间。③

城市创新空间系统具有开放包容性。文化是科技创新的原始动力，具有创新力的城市一般具备开放、包容、信任的文化特质。一方面，多元开放的文化，具有对异己包容的特点，能够吸引全球不同文化背景的人才与精英。另一方面，对失败包容的文化，能够尊重和激发人的创造力，促进企业创新成果产生。从城市创新空间的发展经验来看，如美国的硅谷、纽约及以色列

---

① 高丽娟. 论创新空间的特征及分类 [J]. 决策与信息（下旬刊），2016（10）.
② 杜向风. 城市创新空间的特征及运行机制分析——以苏州高新区科技城为例 [J]. 河南城建学院学报，2013（01）.
③ 杨潇，丁睿. 创新空间要素与特征的城市设计响应——以成都科学城起步区城市设计为例 [J]. 上海城市规划，2016（06）.

的特拉维夫等，都具有鼓励新思维、包容失败、崇尚冒险的创新创业文化氛围。①

三、城市创新空间系统的分类

城市创新空间系统的类型众多，按照不同的分类标准可以划分成不同的类型。城市创新空间系统整合了科技企业、教育机构、创业者、学校、医疗等一系列资源要素，上述资源要素由交通体系、新能源、数字科技、咖啡厅等作为连接和支撑。城市创新空间系统有多种创新方向，如生命科学（纳米技术、成像技术、医疗机器人技术等）、文化创意（工业设计、建筑设计、新媒体等）；城市创新空间系统有多种存在形式，包括研究园、科学园、技术园、科学城、高技术密集区等。

从创新价值链的角度，城市创新空间系统可以划分为研发创新类型和经济转化类型两大基本类型。研发创新类型，主要是开展基础研究为主的科学城，如德国海德堡基因研究中心、日本筑波科学城、俄罗斯新西伯利亚科学城等。经济转化类型，主要是发展高技术及其产业为主的科技园，如英国剑桥科技园、美国斯坦福大学研究园、美国硅谷、美国128号公路、中国台湾新竹科学工业园等。②（见表5-1）

表5-1 基于创新价值链角度的城市创新空间系统分类

	城市创新空间		工业集聚空间
类型	科学城、技术城	科技园、研究园	高技术加工区
起源	田园城市设想	工业园	出口加工区
功能	产学研结合、扎根于技术研究和城市建设	高技术产品开发、加强大学与工业的合作	加工高新技术产品
起因	技术立国的思想	科研成果产品化	生产国际化、标准化

从城市空间布局的角度，城市创新空间系统可以划分为支柱核心类型、城区再造类型、科技园区类型三大基本类型。支柱核心类型（又称"锚"类型）主要位于城市中心区或次中心区，如费城大学城、坎布里奇市肯德尔广

---

① 杜德斌，何舜辉. 全球科技创新中心的内涵、功能与组织结构［J］. 中国科技论坛，2016（02）.
② 高丽娟. 论创新空间的特征及分类［J］. 决策与信息（下旬刊），2016（10）.

场、圣路易斯市中心、匹兹堡大奥克兰社区、亚特兰大中心区等；城区再造类型（又称"重塑城市区域"类型）位于历史悠久的老城区或旧工业区，如旧金山 Mission 海湾区域、波士顿南岸区域、布鲁克林海军码头造船厂、西雅图南湖联合区域等；科技园区类型（又称"城市化科学园区"类型）位于城市近郊区或远郊区域，如北卡罗来纳州创新三角区域、斯坦福大学研究园及硅谷、威斯康星麦迪逊大学研发园区、弗吉尼亚大学研发园区、亚利桑那大学科技园等。（见图 5-4）

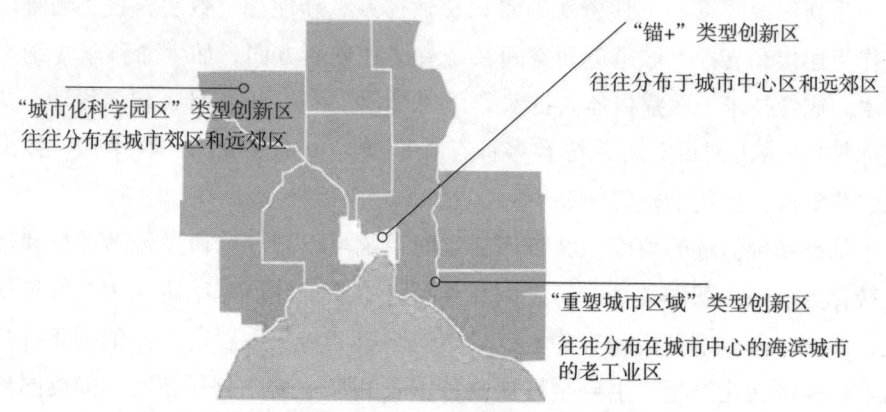

图 5-4　基于城市空间布局角度的城市创新空间系统分类（城市空间布局）

支柱核心类型（Anchor Plus，又称"锚+"类型）主要位于城市中心区或次中心区。该类型的发展模式是大型化、多功能（Mixed-use）化，它围绕城市中主要的"锚机构"，在支柱型创新机构周边形成混合功能开发区，集聚了创新资源相关企业、延伸企业、商业化创新衍生企业、创业者等。[①] 马萨诸塞州剑桥市的肯德尔广场（Kendall Square）的爆发式成长，主要依赖于附近的麻省理工学院和麻省总医院等"锚机构"；费城大学城主要依赖于宾夕法尼亚大学、德雷塞尔大学和大学城科学中心等机构；圣路易斯市中心主要依赖于华盛顿大学、圣路易斯大学和巴恩斯犹太医院等机构；匹兹堡的奥克兰市中心依靠卡内基·梅隆大学和匹兹堡大学医学中心；亚特兰大市次中心依靠乔治亚理工大学；底特律市次中心依靠快速贷款公司、亨利·福特卫生系统、韦恩州立大学等。

城区再造类型（Re-Imagined Urban Areas，又称"重塑城市区域"类型）

---

① 布鲁金斯学会（Brooking sInstitution）．创新区的崛起：美国创新的新地理［Z］，2014．

一般临近历史悠久的老城区或旧工业区。该类型的发展模式凭借其悠久的历史建筑遗存、便捷的交通体系、毗邻高租金的城市中心等优势，能够吸引和集聚一批先进的创新研究机构和科技创新型企业。老城区或旧工业区内的工业区或仓储区往往正处于转型升级的新阶段，以科技创新为主导的发展模式为这里的转型提供了一条新路径。西班牙巴塞罗那的智慧低碳示范城市是全欧洲最大的工业城市重建项目，把19世纪期间属西班牙工业化重镇的波布雷诺区完全融入巴塞罗那知识经济型创新技术革命。该项目的改造包括320万平方米的新商务楼、4000个住宅单位、11.4万平方米绿地，催生了媒体、电子信息、医疗技术研发和能源开发等多个产业发展。该项目将老工业区改造成为富有活力和环境优美的城市创新空间，聚焦了大量科技公司、研发机构、培训基地和科技交流中心等，同时大量的居民社区、学校、医院等生活设施和绿色公园遍布其间。

科技园区类型（Urbanized Science Park，又称"城市化科学园区"类型）一般位于城市近郊区或城市远郊区域。该类型的发展模式往往与城市中心相互隔离，通过提高空间密度注入新的商业形态（如零售、餐馆、酒店等新功能），为企业创新提供更加广阔的空间。北卡罗来纳州创新三角区经过数年的研究认识到，孤立依赖汽车的环境（是指由于远离市中心，故需要依靠汽车来到达园区）已不再是刺激创新和吸引年轻人才的最佳条件。2012年，北卡罗来纳州创新三角区发布未来50年战略规划方案，促进远郊科技园区的城市化发展，集中布局建筑与基础设施，新增充满活力的中心区，以及1400多户居住建筑和零售中心，建设连接洛利杜罕都会区和相关大学的轻轨线，从而避免以往依赖轿车的隔离性环境。

四、城市创新空间系统的构成

城市创新空间系统汇聚了领先的创新锚机构（如大学、科研院所、龙头企业）、创业企业（如孵化企业、创业型企业、成长型企业）、各类中介服务机构（如技术交易、专利、法律、咨询机构），推动科技、产业、文化、管理及服务等全方位创新活动产生。不同类型的城市创新空间系统的构成要素各不相同，但基本上可以划分为经济要素、物理空间要素、网络要素三大类，这三大要素相互作用共同构成了城市创新空间系统。（见图5-5）

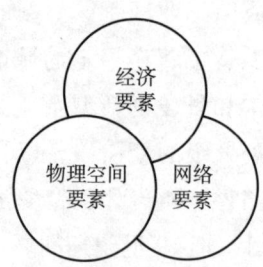

图5-5 城市创新空间系统三大类构成要素

经济要素（Economic Assets）主要是指营造创新环境的企业与机构，包括创新驱动者、创新培育者、创新配套服务支撑者。创新驱动者：是以市场化为目标，开发前沿技术、产品、服务的研发机构或企业，包括科研工作者、大学教授、科学家、创业企业、小微企业、专业研发机构、大企业研发机构等。创新培育者：主要是为创新个体或企业提供支持其创意发展的机构或企业，包括政府相关部门、孵化器、加速器、技术交易平台、就业培训机构等。创新配套服务支撑者：为城市创新空间内的居民与就业者提供重要的服务，包括医疗、教育、商店、酒店、咖啡馆等。

物理空间要素（Physical Assets）主要分为公共型、个人型、连接型的创新物理空间。公共型创新物理空间，主要是公园、广场、街道等具有活力的开放创新空间，能够对公众开放的创新物理空间资源，该空间内要配备高速无线网、互联网、计算机、数字设备等。公共型创新物理空间可以灵活地转化为创新技术的实验场所，如利用街道进行新型街灯测试、废弃物收集、交通管理等数字技术。① 个人型创新物理空间，主要是创新工作室、小型实验室、研发中心、商务楼宇等，个人拥有的进行创新活动的建筑与空间。连接型创新物理空间，旨在消除不同创新物理空间之间的阻隔和壁垒，增进不同创新物理空间之间的联系与连通，如步行街、绿色自行车道、公共社交空间等。

网络要素（Networking Assets）根据个体之间的联系频繁程度及关联程度分为"强连接"与"弱连接"。"强连接"是强化相似领域的相互联系，如专业科技人员的培训活动、产业会议与月度例会、创新集群专业会议等。"弱连接"是建立新兴或跨领域间的联系，如技术创业课程班、创新中心、马拉松

---

① 上海科技发展研究中心. 打造"创新城区"，推动城市创新［J］. 科技发展研究，2015（05）.

等，以及为增强不同创新群体间交流而精心设计公共空间。①

表5-2 城市创新空间系统核心构成要素

名称	系统结构	内涵	内容
创新主体	生命体	创新活动的行为主体	核心是人，即创新研发人员，组织形式是企业、大学、科研机构等
创新资源	能量源	创新活动的支撑基础	信息、知识、资金，以及金融、中介、科技服务等
创新机制	生态链	保证创新活动组织开展	激励、竞争、评价、监督机制、协同创新等
创新环境	生态环境	维系和促进创新的保障	创新政策、文化氛围、法律法规、信息网络等软件环境；实体空间、科研设施等硬件环境，以及城市产业、生态、科技教育、国际交往等外部环境

五、城市创新空间系统的作用

随着知识经济兴起，城市功能开始由传统的生产、制造和服务功能逐渐转向以知识、信息和技术为主的科技创新功能上。城市创新空间系统的核心功能是科技创新，科技创新又指向产业、社会、文化等各个领域，因此城市创新空间系统主要有四大作用，分别是科技创新作用、产业促进作用、社会优化作用、文化引领作用。

科技创新作用包含了科学研究和技术开发两个层面。科学研究是技术创新的源头，城市创新空间是城市科学研究的主阵地，拥有先进的研究平台、稳定的科研资金、大量高端人才、良好的学术氛围等。城市创新空间往往代表着科学研究的国际前沿，吸引世界各地优秀科技研发人才，能够向社会不断地输出科技研究成果。技术创新是产业转型升级的关键，城市创新空间是技术创新要素集聚高地，拥有良好创新创业文化氛围，集聚巨头科技企业、研发机构、创新科技企业、创新创业企业等。城市创新空间的科技企业活跃度高，创业人才、创新管理人才、专业技术人才、风险投资者等也十分的活跃，新技术、新产品、新产业不断产生和发展。

---

① 李健. 创新驱动背景下的城市地理新空间——兼论国内外创新城区的发展 [R]. 上海：上海同济城市规划设计研究院，2015-11.

产业促进作用包括对传统产业的结构调整、新兴产业的培育、夕阳产业的淘汰等几个方面。对传统产业的改造，主要体现为向价值链两端的延伸，即打造自主品牌和提升自主研发能力，有步骤地向价值链高端过渡。关键是要注重特色产业链的构筑，以此为主导塑造产业集群，增强国际市场的竞争力。对高新技术产业的提升，重视关键技术的创新研发，同时要建立有效引进国外高新技术的机制，多层次建设高新技术企业孵化网络体系。要加快发展科技中介和咨询业，构建高新技术产业服务支撑体系。对创意产业的培育，加强对创意产业的研究宣传，培育新型的产业观念和创新意识；重点扶持适合本地的特色产业，形成品牌效应；打造创意产业园区，发挥示范带头作用；注重创意人才的引进和培养。对现代服务业的重视，创新财税政策体系，营造有利于现代服务业发展的环境；创新产业发展政策，支持高附加值行业发展；创新人才引进政策，为现代服务业发展奠定基础；重视知识产权的保护，营造良好产业运行的法治环境；重视信息技术的应用，推进信息服务体系建设。

社会优化作用是支持知识型社会、学习型社会的形成发展。城市创新空间系统承担的社会功能包括学习功能、社区服务功能、社会保障功能等，为大学、研究机构、居民等创造一个适合科研、交流、休闲、居住的社会环境。学习功能方面，城市创新空间要做到学习资源全面开放，教育设施共享，为城市居民创造便捷、高效、轻松的学习环境，并通过学习型社区的建设，推动城市"大教育"的发展。社区服务功能方面，城市居民在年龄、职业、收入、家庭、生活等方面具有独特性，城市创新空间要增加个体之间、个体和群体之间、个体与社区之间的互动机会。社会保障功能方面，城市创新空间的社会保障要在城市社会保障制度的总目标之下进行，给予城市创新空间根据自身需要补充保障项目的权力，构建政府、企业、公益组织共同参与的合作机制。

文化引领作用是指城市创新空间对城市文化有着引领和示范的作用。一方面，城市创新空间需要建立竞争的文化，竞争让城市更有活力和更加积极，竞争文化氛围的打造需要发挥政府、企业、大学等各方力量。另一方面，城市创新空间需要建立宽容的文化，创新需要在宽松自由的氛围中进行，宽容文化让城市居民更加愿意探索创新和怀疑批判，有利于形成城市多元化的创新思维和价值观。

第二节 子系统一：人才集聚区

城市创新空间系统将重新定义人力资源的作用，将其作为科技城市建设的起点，认为居民参与程度和水平决定了科技城市发展的成绩。城市发展中的诸多问题与城市居民息息相关，并迫切需要得到改善，包括年轻人、老人、创业者、艺术家、学者、中小企业、跨国公司、政策制定者、个人和社会组织等都是参与者。其中提升城市生活标准是首要问题，它可以推动科技城市创新发展，同时又被创新发展所实现。科技城市的建设必须推动城市生活的各个方面，让思想、文化、技术和组织等都保持创新性和创意性。因此，科技城市更关注高质量生活的创造，将经济投资与可持续发展、社会协助等密切关联，从而引导城市更加健康地发展。反之，高质量的城市生活也是推动经济和社会发展的有效工具。

一、创新主体与创新人才

创新主体是科技城市创新空间系统建立的关键。在创新体系中，主要有三大创新主体，大学及科研院所、科技创新型企业、政府部门，贯穿其中的是人才、技术、信息和资金等要素。大学及科研机构、科技创新型企业、政府部门是科技城市的创新主体，是科技创新的主导者。大学及科研机构是创新发展的源头，每年有大量的研究成果和专利技术产生，并且为科技城市发展提供源源不断的优质人才。大学及科研机构的主要功能是知识输出、人才培养和创新实践，以及科学研究和创新创业。科技创新型企业是创新发展的动力，大部分的研发投入与科技成果产出发生在企业，企业对整个城市的科技创新活动具有带动和组织作用。创新型企业的高度集聚，为城市注入创新活力。政府是创新发展的管理者，发挥着维护创新环境和塑造创新氛围的作用，能在很大程度上决定城市未来的发展方向，主导着产业与大学之间的合作，并提供相应的政策支持与协调引导。

创新人才是科技城市创新活动的唯一执行者，是科技城市创新主体的核心。人才贯穿于创新活动的全过程，参与新知识、新技术、新产品创造的每个环节。各类创新人才在城市创新空间系统中发挥不同的作用，包括科学家、工程师、企业家、投资人、管理人等。我们从创新链的角度将科技城市创新人才分为创新研发型人才、创新应用型人才、创新服务型人才。

创新研发型人才又称"创新驱动者",创新驱动者主要是专注于开发前沿技术、产品和服务的高素质创新人才。创新研发型人才主要在大学、科研机构、科技企业研发部门等单位,包括科学家、工程师、教授、学者、科研人员等,主要从事高附加值、高创造性、高度专业化的工作。一是高附加值、以研究为导向的行业,如应用科学(从生命和材料科学到能源技术、纳米技术)和新兴的"应用程序经济"(App Economy);二是具有高度创造性的产业领域,如工业设计、平面艺术、传媒、建筑,以及融合文化创意和设计服务的相关产业;三是高度专业化、定制化、小批量的生产制造业,如高端现代手工艺品、高端设计师作品、高端礼服定制等。

创新应用型人才又称"创业者",创业者是另一种重要的经济资产。美国哈佛大学经济学教授、世界知名经济学家爱德华·格莱泽的研究令人信服地肯定了创业者在推动城市经济发展、就业增长中发挥了重要作用。创业者将创新技术商业化,利用可落地的商业模式,将创新技术应用到生产生活当中。其中,具有企业家精神的创业者是创新人才的核心,他们带领创新人才共同承担创新风险、组织创新资源、管理创新过程、决策创新战略。

创新服务型人才又称"创新耕耘者",创新耕耘者是指那些支撑创新发展的政府部门机构或公司,主要包括孵化器、加速器、概念验证中心(Proof-of-Concept Centers)、技术转移办公室、共享工作空间(与相关计划一起支持企业发展),以及当地的高中、职业培训机构和社区学院等。同时,律师、专利代理人、风险投资公司等商务服务和金融服务提供者,医院、商场、餐馆、咖啡馆、酒店、书店等为科技城市居民和工作人员提供生活配套服务的管理人员,也都是属于创新耕耘者。

二、创新型企业人才构成

创新型企业的创新能力与人才结构相关。企业人才一般都会是一种金字塔结构,可根据人力资源金字塔对创新型企业进行分类。价值过程前端的创新更具引擎价值,企业创新能力发展的基本路线应该是从价值过程的末端向前端迁移。从价值过程和价值系统的维度,创新型企业人才分为科学发现型、技术型、产品设计型和效率型四种基本类型,其中技术型和产品设计型是对产品型创新地再细分。

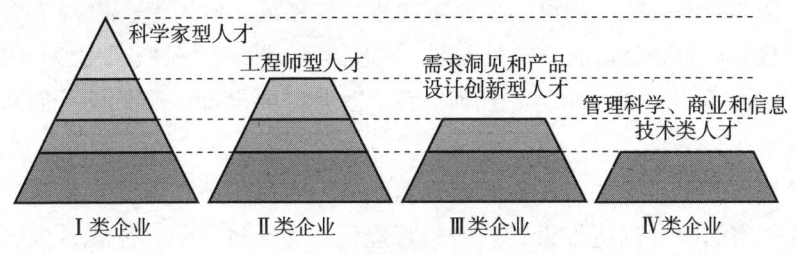

图 5-6　创新型企业人才构成

科学发现型创新人才又称"科学家型人才",主要从事对未知事物或规律的研究,主要包括事实的发现和理论的提出,如电子、X 射线、放射性和各种基本粒子的发现等;如经典物理学理论、相对论、量子力学、进化论、原子结构和原子核理论、香农定理的提出等。科学发现是人类在对对象的"认知"上的突破。科学研究是科学家型人才的事情,是目前为止人类从事的最高智力和最高难度的事情,不是任何人都可以做的,科学研究永远只属于少数人。在商业世界,只有极少数真正优秀的企业有科学研究的能力。在科学研究上,有效利用社会资源(包括科学家资源)是企业最应该采用的方式,科学研究更需要开放式模式。

技术型创新人才又称"工程师型人才"。从科学研究到技术创新的过程需要有一定的连续性,技术是科学与实践结合的方法,是一种人为的创造与设计,以工艺技术为代表和主要形式。技术有很多种,包括电子信息技术、生物技术、制药技术、材料技术、自动化技术、能源与节能技术、环境保护技术、农业技术,以及算法和代码技术等。技术创新与"认知"发展往往是交织的,优秀的工程师至少要是半个科学家。技术可能会先于产品而出现,但终究要通过产品实现其价值,因此产品导向或产品拉动的技术创新方式是效率最高的。目前,产品制造的工艺与技术体系越来越走向复杂和精细化,如芯片制造工艺和技术、燃气轮机的系统设计等。

产品设计型创新人才主要从事产品设计创新,产品设计创新是产品竞争力的一个重要来源。产品是关于需求的技术解决方案;产品设计就是"解决方案"本身。产品设计可能是基于现有的技术,也可能需要通过技术的进一步创新去实现。产品设计创新与技术创新的集成,就是完整的产品创新。在有些产业领域,如服装、金融服务业等,产品设计甚至比技术创新更有价值。产品设计是对产品功能、结构、形式、规格、审美等的开发,以及对价格、社会心理、便利性、场景、运输、体验等需求的回应，是科学与个人创造的结合。例如，即时贴、创可贴、速溶咖啡、信用证、信用卡、福特 T 型车的设计、葛兰素史克公司的干粉吸入剂、真空采血器、牛仔裤、T 恤衫、微信、Kindle、Facebook、iPhone 等，任何一种产品都需要设计，产品设计创新可以说无处不在。

效率型创新人才主要从事通过管理创新、商业创新、信息化创新，来提升工作效率的一种创造性设计。一是管理创新即通过组织、流程、机制和管理方法创新，提高企业系统或功能体系的效率。京瓷的"阿米巴"模式、华为的"员工持股计划"、3M 公司的"创新产品小组"模式、韩都衣舍的平台化组织模式等，都是典型的具有效率意义的管理创新。二是商业创新即通过业务模式创新、商业模式创新、运营模式创新，提高企业的经营效率。如电子银行、互联网银行，EPC 业务模式、Zara 的"快模式"、迪士尼的品牌授权模式、戴尔的直销模式等，都极大地提高了企业的经营效率。三是信息化创新即创新企业系统中信息性成分的组织与管理模式，合理利用信息技术和互联网的工具作用和管道作用，来提高系统效率。

三、创新人才共性需求

创新人才依靠专业技术知识，进行创造性思维活动，包括"固有才能、技能、知识、经验、智力、判断、态度、品质、动机，以及学习的能力"。创新人才是稀缺性资源，创新人才的培养需要一个过程，且存在不确定性。创新人才从事知识生产和利用，需要专业知识、能力、素养等品质。企业、大学、科研机构需要大量的创新人才，从事技术研发、学术研究、创新应用、项目管理等工作，创新人才数量相对需求往往不足。创新人才处于人才资源金字塔的顶端，他们往往是技术领头人和行业翘楚，并且在企业或研究机构担任着重要的职务，从事着前沿技术开发或高端管理工作，对科技、行业、经济都将产生广泛而深远的影响力。

创新人才注重个性化、体验化、高层次，对创新创业所需要的全要素服务、开放自由的环境氛围等有着特殊需求。科技城市创新人才以科研人员、企业家、创客、创业者为主体。这类人群的特征主要体现在高学历和高能力、个人价值实现和存在感、向往自由和开放、热衷探索和交流、注重体验和品质等方面。同时，科技城市中的居民普遍受过良好教育，具有差异化的利益取向和文化根基，这些人通过特定的专业活动形成城市意识形态，提升文化素养，推动技术创新及其他。科技城市中的居民包括艺术家、科学家、学者、企业家、商人等，都具有较高的社会地位和收入。他们居住在科技城市的动力并非在于高薪水，而是高质量的现代城市生活。（见表5-3）

表5-3 创新人才需求的主要特征

创新需求要素	主要特征
生活环境	友好绿色、健康舒适的城市生态环境；多彩活力的城市生活氛围
公共空间	便捷完善、高品质的公共空间和服务设施；慢行优先、人性化尺度的宜步社区；高效可达的公共交通网络
居民服务	全生命周期、全人群关怀的多元化服务；智慧智能、便捷周到的社区服务
开放空间	灵活自由的公共交流空间；互联互通的网络空间；激发灵感的良好生态环境；浓厚的创新文化氛围
创新服务	个性化全要素的工作空间；多元优质的资源共享空间；全链条、专业化的创新孵化服务；开放包容、鼓励创新的政策环境

科技城市创新人才对良好的创新环境和高品质的生活方面的需求是一致的，但是在具体的要求和细节上又有所不同。不同类型的创新人才对于居住、生活、休闲、学习和交流的空间需求有所不同，如科技研发人才更加注重知识共享场所和公园开放空间，创新创业人才更加注重咖啡休闲场所和商务交流空间。（见表5-4）

表5-4 不同类型创新人才对空间需求

创新人才	科研人员	企业人士	国际人才	城市居民
主要需求	科技研发	创业经商	知识交流	健康生活
居住空间	青年公寓、专家公寓、商品住宅	高档社区、商务公寓	国际社区	商品住房
生活空间	幼托园、小学、中学	幼托园、小学、中学、家政服务	国际学校、家政服务	幼托园、小学、中学
休闲空间	健身场所、展览中心、音乐厅、影剧院、综合购物中心	康体养生会所、设计体验工坊、展览中心、音乐厅、剧院、高档餐厅	健身场馆、音乐厅、剧院、西式餐厅	体育馆
学习空间	科技图书馆、继续教育机构	管理培训机构	外文书吧	图书馆
交流空间	会议交流中心、咖啡馆、书吧、绿色敞开空间	企业家俱乐部、商务会馆、创业沙龙、咖啡馆、茶楼、酒吧	咖啡馆、酒吧、绿色敞开空间、社交俱乐部	公园

四、创新人才集聚区打造

科技城市创新人才集聚区的载体建设要从"创新企业平台"和"创新人才家园"两方面着手。从企业与人才需求出发，构建多样化、复合化的"企业空间载体"与"居住空间产品"。通过建设高端社区、创新社区中混合办公区、办公区中混合人才公寓等模式，打造"宜业宜居"的居住和工作环境。（见图5-7）

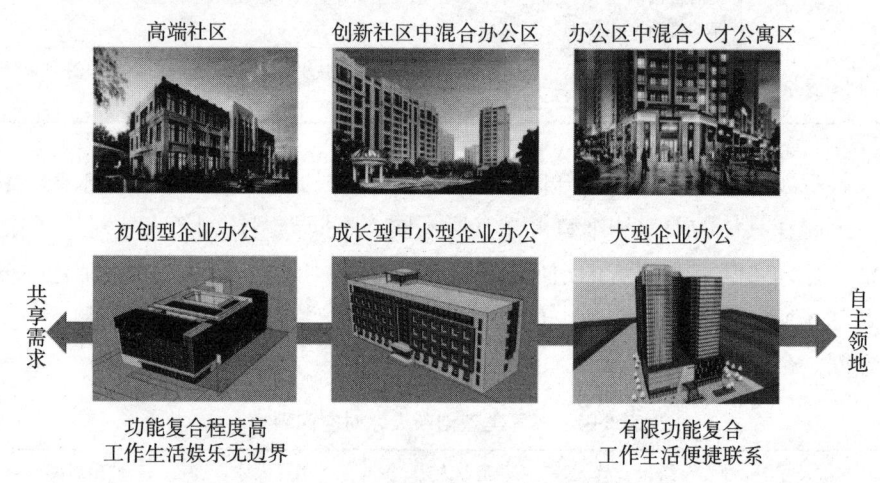

图5-7　科技城市创新人才集聚区载体建设

建设"创新企业平台"方面，科技城市应明确为企业搭建适宜的企业创新环境与便捷、高效的服务平台，体现为配备空间舒适、外观前卫的楼宇办公空间，辅以良好的景观绿化，营造可供共享交流的庭院，打造科技服务、孵化服务等相关产业服务平台。

建设"创新人才家园"方面，通过打造舒适、高性价比的居住社区，营造良好的社区环境；通过配备设施先进、师资力量雄厚的中小学基础教育资源，服务创新人才与城市居民子女就学需求；通过配备医师技术领先、设备先进的医疗资源，服务创新人才与城市居民就医需求；通过打造前卫、高端、丰富、特色突出的休闲目的地，服务创新人才与城市居民休闲、娱乐需求。

科技城市创新人才集聚区的建设要强调创新服务设施体系建设。为了提供便捷、高效的配套设施，科技城市应着力构建"5+15min品质生活服务圈"和"5+15min品质产业服务圈"提供高品质的生活服务与产业服务。同时，在虚拟网络空间上构建无限创新平台，链接全球创新资源。（见表5-5）

表5-5 科技城市创新人才集聚区创新服务设施建设

设施类型	小型规模设施	中型规模设施	大型规模设施
创新设施	1. 新型孵化器（车库咖啡、创新工场等） 2. 创业社区/村落（YOU+公寓等） 3. 办公设施（开敞的交流空间、公共会议室、商务接待厅等）	1. 展示体验设施（设计体验工坊等） 2. 商务洽谈设施（商务会议中心、酒店等） 3. 科技资源服务设施（开放实验室、3D打印及加工车间等）	1. 展示体验设施（展示体验中心等） 2. 科技资源服务设施（数据通信中心、互联网开源硬件平台、检验检测平台等） 3. 科技配套服务设施（创业投资、科技银行等科技金融服务机构，创业培训等培训交流服务机构，策划、广告、设计、法律、会计等其他专业服务机构）
社交设施	1. 小型开敞空间（公园绿地、创意空间等） 2. 文化休闲设施（小型图书馆、电影院、咖啡厅、酒吧等）	1. 中型开敞空间（公园绿地、休闲广场、创意空间等） 2. 文化休闲设施（休闲会所、娱乐中心、俱乐部等）	1. 大型开敞空间（公园绿地、休闲广场、创意空间等） 2. 文化休闲设施（图书馆、综合休闲娱乐中心等）
基础设施	1. 办公场所（写字楼、新型办公空间等） 2. 居住场所（单身公寓、YOU+社区等） 3. 商业设施（便利店等） 4. 体育设施（健身中心等）	1. 商业设施（超市、购物中心等） 2. 医疗设施（卫生服务站、药店等） 3. 中型文体设施（体育馆、足球场、运动场等）	1. 商业设施（大型购物中心等） 2. 医疗服务设施（医院等） 3. 大型文体设施（大型综合运动场馆等）

构建"5+15min品质生活服务圈"，保障在科技城市范围各个社区单元内部5分钟可达生活便利设施，城市范围内15分钟可达公共服务中心。结合居住区规划与建设，按约250米×250米的规模划分社区单元。在社区单元中心位置，规划建设生活服务便利设施，包括小型超市、物业管理、幼儿园、小型健身场所、社区卫生服务点、小型开敞空间等。在城市核心区

设置公共服务中心，布局大型开敞空间、广场、商业中心、体育场等公共服务设施。

构建"5+15min 品质产业服务圈"，针对创新企业员工配置 5 分钟至 15 分钟步行可达的产业服务设施。在科技城市范围各个创新单元内部 5 分钟可达基本创新服务设施，15 分钟可达产业综合服务中心。科技城市基本创新服务设施主要包括以下几个方面：一是创新服务设施，包括创业社区、办公设施、新型孵化器、开放实验室、小型加工车间、小型会议中心、小型商务接待中心等；二是公共服务设施，超市、小型购物中心、卫生服务站、小型运动场馆、小型金融服务设施等；三是公共交往空间，中小型开敞空间、咖啡厅、酒吧、商业街等小型商业服务设施。科技城市产业综合服务中心设施主要包括以下几个方面：一是创新服务设施，展示体验中心、科技资源服务设施、科技金融服务设施、培训交流服务设施等；二是公共服务设施，展示文化休闲娱乐中心、特色商业设施等；三是公共交往空间，展示大型开敞空间、休闲广场、创意公园等。

打造"无限创新服务平台"，利用互联网构建无限创新平台，链接全球创新资源。互联网弱化了空间距离对产业及服务功能关联的限制，在互联网平台的支持下，不同专业化的生产和服务在空间上呈现分散化布局特征。通过构建全域共享的基础信息平台，建立全覆盖的数据中心与协同工作平台，树立线上线下融合的科技城市样本。

科技城市创新人才集聚区以复合社区单元为功能组团。科技城市居民、创新创业人才、游客等构成了科技城市的多元化人群。科技城市多元化人群带来了对生活居住、旅游休闲和创新创业环境等空间的全新要求，而互联网带来的大量信息也将促进人们面对面地交流，人们对公共交往空间的需求量变大。科技城市需要构建具有活力的复合社区单元，构建开放共享的公共空间体系。为了关注人群体验感受，还要控制亲切宜人的空间尺度。（见图 5-8）

第五章 IOD：创新空间系统

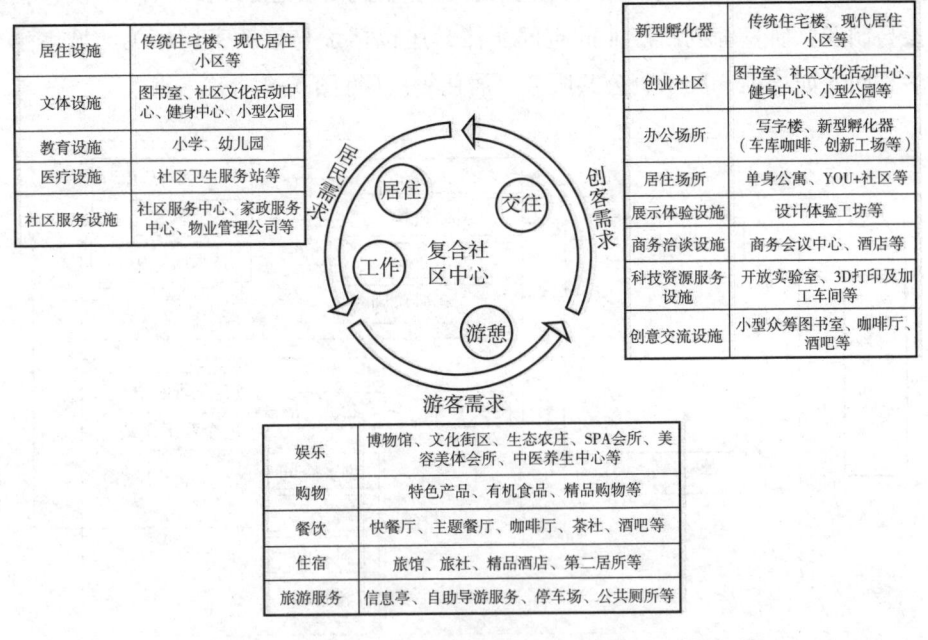

图 5-8 科技城市创新人才集聚区复合社区单元功能组团

第三节 子系统二：创新物理空间

创新物理空间是聚集创新产业活动的空间场所。创新的物理空间与传统的科研建筑相比较，更加突出交流、融合、互动等特点。创新物理空间自身不仅具备一定的功能，相互之间还能激发出新的功能。创新物理空间的基本细胞是智慧单元，具有创新、学习、研发、交流、展示等综合性功能。创新物理空间为创新人才提供了多样化的工作空间，适合不同创新团队的工作模式。空间形态上，为了满足创新人才和创新团队之间的交流互动的需求，空间上更多地体现开放与信任的氛围，让人们有更多的交流与学习的空间。

一、创新物理空间基本类型

科技城市的创新物理空间按照创新主体分为两大类：一是知识型创新空间，包括大学、科研机构、企业研发部门等；二是产业型创新空间，包括企业技术转化中心、科技园区、孵化器、创客空间等。创新物理空间不仅包括参与制造、研发等创新产业的空间实体,还包括了与创新密切相关的城市生活空间,如培训、展示、公共服务、居住等。(见图5-9)

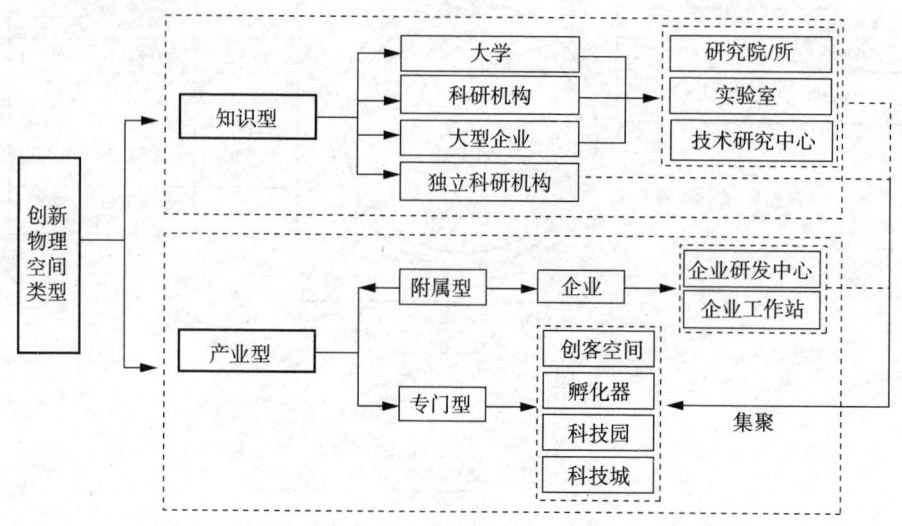

图5-9 基于创新主体角度的创新物理空间基本类型

科技城市的创新物理空间从规模的角度分为三类:科技公园、科技小镇和科技新城。科技公园(面积0.5~1平方公里),是指布局一线或强二线城市的核心区,以国际创新和科技服务为主导,通过打造集高端研发、科技服务、总部办公、会议论坛、娱乐休闲、品质居住等复合功能为一体的区域科创中心,构建服务双创升级的总部经济生态。科技小镇(面积3~5平方公里),是指布局一线或强二线城市的副中心,以高科技新兴产业为主导,通过打造集城市会客厅、国际创新综合体、科技应用示范区、高科技产业园区、城市品质配套等功能为一体的小镇,构建全球协同的创新型产业生态。科技新城(面积5平方公里以上),是指布局一线或强二线城市的近郊,以智能制造、高端医疗器械、健康服务、健康旅游为主导,通过龙头企业与创新企业"双轮驱动",立足地方产业优势,打造特色鲜明的创新型产业集群生态。(见图5-10)

第五章 IOD：创新空间系统

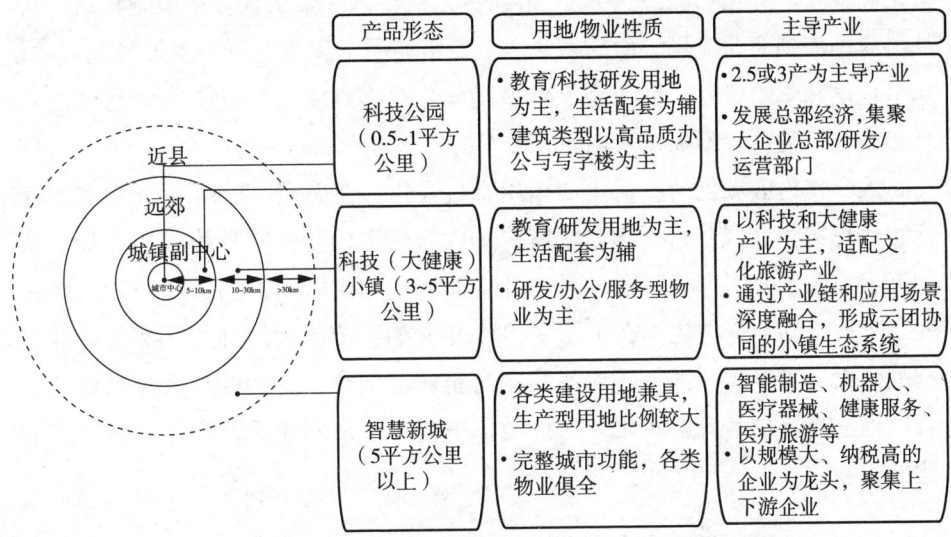

图 5-10 基于规模角度的创新物理空间基本类型

二、创新物理空间功能分区

从国内外主要创新活动产生和成长的空间载体，可以看到创新活动主要集中在大学及其周边、各类高新技术园区，还有些初创企业刚开始主要选择居住社区（如苹果公司就是诞生在车库）。因此，创新主要从校区、园区和社区三种空间开始，并且成为创新的主要物理载体。目前创新物理空间打破了原有的空间分类方式，校区、园区和社区的功能内涵也在发生着变化。从创新阶段来看，校区是创新发生的起点，社区是培育创新的场所，园区是创新成长与扩散的空间。同时创造出除了自身功能外还兼具其他功能的混合空间，形成了校区空间的创业化、园区生产空间的创新化，以及社区居住空间的创客化等不同于传统特征的新类型空间。

（一）校区：转变为创业型校区

大学功能的显著变化是逐渐从教学型大学转变为研究型大学，现在随着各国对创新的重视，部分大学强调创业的重要性。目前大学都着重强调教学与科研之间的关系，大学的作用越加多元和开放，进一步强调大学的知识资本化和技术产业化功能。① 但是，经济的发展要求大学从教育拓展到科研，再从科研拓展到商业应用。研究型大学主要培养硕士和博士研究生等研究人才，从事理论和学术研究。创业型大学鼓励学生更多地参与到社会实践与经济发展当中去，为社会不断输入创新人才资源。

大学作为区域创新发动机的作用日益强化。在美国，1980年《专利和商标法修正案》和《贝耶—多尔法案》的发布使美国技术转移模式更正规，从制度上完善了知识产权问题；同时超过200所美国大学设置技术转移办公室，便于学校将知识资本化。在中国，1988年开始实施的火炬计划，实施科教兴国战略大力发展高新区，强调实验室与企业的结合、高新区与大专院校的结合以促进高新技术成果转化，也推动了中国高校走向知识资本化和技术产业化的进程。

（二）园区：转变为创新型园区

我国的各类开发区主要是一种生产型园区，集聚着各类生产型企业，现在高科技园区开始注重产业转型，特别强调研发对产业园区的推动作用。1984年，国家批准设立大连、秦皇岛等经济开发区，标志中国开发区诞生。早期的开发园区主要是作为一种政策区，享受各类税收优惠，把一些特定类型的企业集中在一起形成产业集群。国家提出要以创新驱动经济发展，园区作为经济发展的前沿阵地也正在经历着转型升级发展，由过去的生产型园区逐渐转向创新型园区。生产型园区主要聚集生产型企业，进行生产、制造、加工等环节。创新型园区主要聚集高科技企业，通过企业的研发创新、产学研合作等实现发展。

（三）社区：转变为创客型社区

随着"大众创业、万众创业"的不断兴起，越来越多的创新创业人员把车库、住宅等社区空间作为创新创业的空间。创新创业企业员工数量少，一般规模在10人以下，为了节省办公成本选择在住宅区办公。虽然目前我国法律上并不鼓励在住宅内办公，但是现在这种模式在北京、上海等大城市已经非常常见了。事实上，社区为创新创业人员提供了一种低成本的创新空间。

---

① 郑德高，袁海琴. 校区、园区、社区：三区融合的城市创新空间研究［J］. 国际城市规划，2017，32（04）.

根据城市规划的要求，居住、商业、办公、工业等功能分区要适当隔离，但是随着城市规模的不断扩大，城市交通拥挤程度越来越高，产城融合和混合发展的模式开始受到重视。与此同时，创新创业企业在住宅、商业、厂房办公的这种模式，对城市规划的土地性质分类提出了新的挑战。

特别是在大学周边，将居住空间转变为创新创业空间的现象较多，是众多小微企业和初创企业的首选。除了居住空间向创新空间的转变，咖啡厅也逐渐向创客空间转变。咖啡厅成为创新创业人员聚集和交流的场所。例如，中关村的车库咖啡，只需要消费一杯咖啡就可以在这里办公，并且与投资机构对接，这里发展成了一种新的创新孵化空间。更大规模的就是集镇转创客小镇。保留或延续小镇风貌，结合创新、创业要素，形成创客集聚的低成本创新小镇。例如，在杭州，结合本地草根创业的特点，规划建设了一系列的创新创业小镇，其中的梦想小镇由互联网创业小镇和天使小镇构成，目前已经建设湾西加速器、极客创业营等10余个孵化平台和网络、商业、居住、生活等配套设施，为创业者提供低成本的创业环境。

（四）三区融合推动城市创新

从城市发展的历程看，校区、园区、社区经历了"分离—聚集—融合"的过程。城市规划强调功能分区，"三区"在空间上的分布相对较散，没有直接的联系。随着大学生创业潮的兴起，"三区"之间的联系越来越紧密，空间上也趋于集聚的发展趋势。因此，"三区"能够更方便、更紧密地相互合作，更好地推动城市创新发展，"三区融合"成为一种新的创新空间模式。"三区"在创新过程中相互作用，各项资源要素紧密结合，不仅是空间上的集聚，更是通过制度的紧密联系，形成合力并发挥各自优势，通过"三区融合"推动经济和社会的全面发展。（见图5-11）

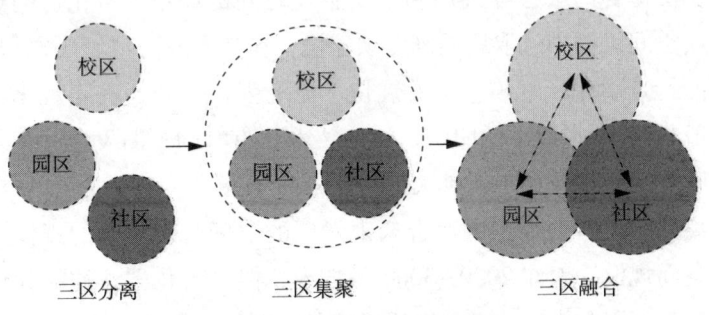

图5-11 "三区融合"空间的演变

三、创新物理空间功能载体

创新物理空间的主要作用是吸引大型的科技企业，同时为中小型科技创新企业提供发展和服务的空间。因此，城市创新物理空间应包含"孵化器"（或创业园）、研发与产业区、管理与服务支撑设施等内容，另外根据不同的规模还包含城居住空间和配套生活服务设施等。

（一）创新综合体

创新综合体在当代城市发展中已经成为一种趋势，当代"城市创新空间"就功能形态而言首先是一个多功能的综合体，而非单功能的科研建筑组群。城市创新空间的综合体就是通过设置研发、孵化、生产、配套、休闲等功能，来激发个体之间的相互作用与发展的能动性。例如，中关村科学城的设计就充分考虑了创新综合体各要素间的相互激发作用。中关村科学城作为主要的交流中心、培训区、孵化器以及国内外公司总部的所在地，体现了"科技园"的理念：在一个中心的花园空间中实现科学思想、科学表达和科学交流的发展与完善；特别是结合已有的中科院图书馆，使创新综合体中的各要素能够相互激发，协同工作。

（二）创新孵化器

孵化器为创业者提供优质的发展环境，帮助创业企业快速成长，形成规模化发展。孵化器是城市创新空间的重要构成部分，为创业企业提供指导性的管理建议和综合服务，特别是科技型创业企业是孵化器孵化的重点企业。孵化器提供的服务内容包括，为创业企业提供灵活的办公场所，并且促进科研、金融、法律咨询服务等机构和创业企业之间的联系。孵化器的形态一般在城市创新空间组群中选取用地来专项建设，在空间成为"园中之园"。孵化器中企业的特点就是，规模小、发展快、流动强，一开始进入孵化器中的创业企业一般只有10人以下的团队，随着技术和市场的不断发展，企业规模迅速扩大。随着企业规模的迅速扩大，孵化器将不能满足企业发展的空间需要，企业就会离开孵化器去寻找更适合未来发展的空间。孵化器的规模一般并不是很大，空间规模一般在2000~3000平方米，但是孵化器往往能为创业企业提供完善的创新服务内容，吸引高质量的科技型创业企业入驻发展。

（三）研发及产业载体

研发类建筑，特别是高技术研发与新产品研发实验室所占用的空间规模并不大，但是对配套服务设施的要求还是比较高的。例如，计算机中心、信息中心、会议中心等要求建筑必须要紧凑。同时，城市创新空间内部研发空间所占的空间比重应该高于其他空间。一般情况下，研发类建筑都位于园区中相对安静和稳定的区域，有着良好的生态环境和景观设置，有利于脑力工作者发挥其创新才能。针对大学周边的园区，研发建筑要尽量靠近学校，以促进学校和研发单位之间的互动发展。

生产类建筑，大部分以标准厂房为主，部分生产类建筑需要达到特殊的环境要求。在城市创新空间里，生产类建筑一般较少，主要是一些小规模的样品生产和中试车间，并且要求完全没有污染。城市创新空间可以考虑不设生产类建筑。

（四）产业配套服务载体

商业类建筑对土地的要求很灵活，要求能够方便地连接科研和生产，同时还需要形成一定的市场规模。例如，建立区域具有一定影响力的科技交易中心、商业信息中心、产品展示中心等。商业建筑比较适合布局在各种科研、生产组群与城市道路交叉的区域，这样一方面可以方便地联系科研和生产，另一方面也能更好地展示商业信息，起到品牌宣传的作用。

管理与服务类建筑是城市创新空间的主体，包括创新空间的管理机构和服务支撑机构，如政府相关管理部门（管委会相关职能部门）、大型的公共服务平台与公共服务机构（信息平台、交易平台、产业平台）、专业服务机构（银行、金融、保险、中介、咨询、法律、会计）等。管理与服务类建筑在布局上要尽量选择城市创新空间的中心位置，这样有利于开展企业管理工作。管理与服务类建筑还可以与商业类建筑相结合，共同建设良好的创新环境和商业配套，成为城市创新空间的形象工程。

（五）生活配套服务载体

城市创新空间里的工作人员具有以下几个特点，年轻化、高收入、脑力劳动为主、交流需求大。所以，城市创新空间在设置生活配套服务载体的时候，需要更多地考虑这些年轻人的需求，如更多的体育、休闲、娱乐设施。

生活配套设施也可以依靠城市功能，如城市创新空间距离城市的相关配套比较近，可以设置少量的能够满足居民和工作人员的配套服务设施载体。但是一般情况下，城市创新空间的生活配套服务设施都比较完善。

城市创新空间配套设施中交流空间是最为重要的，也是城市最具创新活力的空间，交流空间可以包括公园、咖啡厅、酒吧、餐馆等。在硅谷发展的早期阶段，咖啡厅、酒吧、餐馆充当了公共交流空间，大量的年轻人愿意在咖啡厅、酒吧、餐馆里交流想法，相当部分的科技成果在这些地方转化为商业计划书。咖啡厅和酒吧在硅谷的发展中起到了极大的推动作用，对新知识、新技术、新产品的推广与扩散起到了积极的作用。所以，城市创新空间的生活配套服务载体在规划和设计的阶段，要更多地考虑交流的空间，让创新创业人员能够随时方便地交流。

四、创新物理空间布局模式

根据城市创新空间规模的不同，本文分别对小规模、中等规模和大规模的城市创新空间的基本布局进行了总结。① 小规模城市创新空间以研发功能用地为主，只有小部分用地用于生活与生产配套。中等规模城市创新空间，以研发功能用地为主，但其生产和生活配套设施用地的比例高于小规模城市创新空间。大规模城市创新空间，应具有共享的创新综合服务核心与平台，满足不同主体及全周期需求的多元化创新空间单元，鼓励设置更加开敞的交流空间，以及多元便捷的服务设施。

（一）小规模城市创新空间

小规模城市创新空间功能构成模式，以研发功能用地为主，只有小部分用地用于生活与生产配套。在业态构成方面，研发功能以孵化功能为主；生产配套服务设施由一个综合服务设施来完成；生活配套服务设施则多为小型餐厅、咖啡厅、商业零售等满足人们基本需求的业态类型为主。（见图5-12）

---

① 尹稚. 科技创新功能空间规划规律研究［M］. 北京：清华大学出版社，2018.

第五章 IOD：创新空间系统

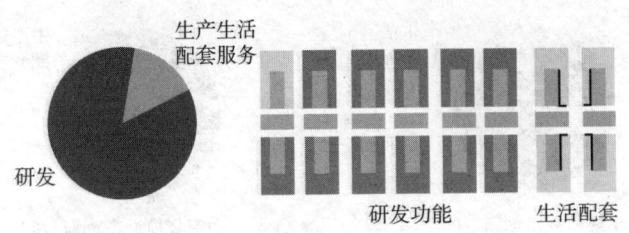

图5-12 功能比例与分布示意

功能布局：研发功能为主体部分，每个建筑组团应着重考虑与园区核心公共开敞空间的联系，而生活性配套设施与交往空间结合布置，方便创新人员的使用。

开敞空间模式：小规模城市创新空间开敞空间主要包括公共开敞空间和建筑自身围合的开敞空间。在空间尺度上，长度约300m（即人步行3～4min），宽度25～30m（即人最适宜穿越的尺度），最为适宜，建筑之间的交往空间一般具有内向性，朝向中心开敞空间。同时，结合开敞空间布置活动场地与相关配套服务设施，以提高空间利用的有效性。

交通组织模式：小规模城市创新空间宜采用人车分流、注重步行的交通组织方式，停车场的设置应以地下停车为主，尽量减少地面停车。地面停车场沿外围道路布置，从而减少对内部步行环境的干扰。

（二）中等规模城市创新空间

中等规模城市创新空间功能构成模式，以研发功能用地为主，但其生产和生活配套设施用地的比例高于小规模城市创新空间。中等规模城市创新空间的功能更加多元，业态更加多样。研发功能用地的业态多样，如统规统建的园中园、总部基地、孵化器、由企业自建的独立出让地块、与居住功能相结合的SOHO办公等，各种业态用地的比例由市场决定。生产配套服务设施包括风险投资、金融创投中心、技术转移中心、外包服务中心、信息中心、交流学习中心、会展、商务酒店等相对独立的机构。生活配套服务设施应在小规模城市创新空间的基础上增加满足创新人群居住需求的住宅和公寓，健身房、影院等休闲设施，以及中型商业零售及餐饮等服务设施。（见图5-13）

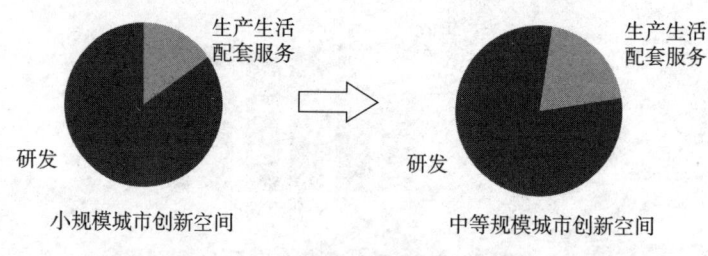

图 5-13 中等规模城市创新空间的生产和生活配套设施占比

功能布局：研发功能仍然为主体部分，研发办公组团围绕核心绿地均质化布局。生产配套设施分为园区级和组团级两个级别。园区级的生产配套设施应结合核心绿地集中布置，布置于园区入口处的生产配套设施应具有标志性；组团级的生产配套设施一般会合园中园布置。生活配套设施也分为园区级和组团级两个级别。园区级的生活配套设施结合中央绿地布置于园区入口处，居住用地应集中布置，邻近商业娱乐休闲设施布置于园外围；组团级的生活配套设施与生产配套设施相结合，集中布置。

开敞空间模式：中等规模城市创新空间的开敞空间模式分为园区级和组团级两个级别。与小规模城市创新空间比较，中等规模城市创新空间的开敞空间所占用地的比例偏小。园区级的开敞空间兼具生态景观与游憩功能，组团级的开敞空间具有交往功能。此外，开敞空间需要通过增加与周边用地的接触面积，以提高其均好性；通过增加游憩设施、运动场地等，增强与周边区域的连通性和开放性，以提高其有效性。

交通组织模式：在道路系统方面，中等规模城市创新空间的道路系统建议与城市周边道路系统充分衔接。园区内部机动车道路可以设置出入口，与周边地区相连接，但线型不宜过于笔直。道路断面中机动车道路所占用地的比例相对较低。在静态交通系统方面，中等规模城市创新空间应设置园区级地面停车场。地块内部建议以地下停车为主，靠近绿地或地块步行出入口一侧不应布置过多地面停车。在慢行系统方面，中等规模城市创新空间宜构建园区慢行交通系统，加强建筑与核心绿地、配套服务设施之间的联系。

（三）大规模城市创新空间

大规模城市创新空间应具有共享的创新综合服务核心与平台，满足不同主体及全周期需求的多元化创新空间单元、鼓励设置更加开敞的交流空间，以及多元便捷的服务设施。大规模城市创新空间以科技资源、科技创新孵化、科技金融、科技交流和科技政务等服务功能为核心，构建共享的创新综合服务平台。科技城核心区一般有科技资源服务平台、科技创业孵化服务平台、科技金融服务平台三大服务平台，共同构成科技城的创新综合服务核心。（见图5-14）

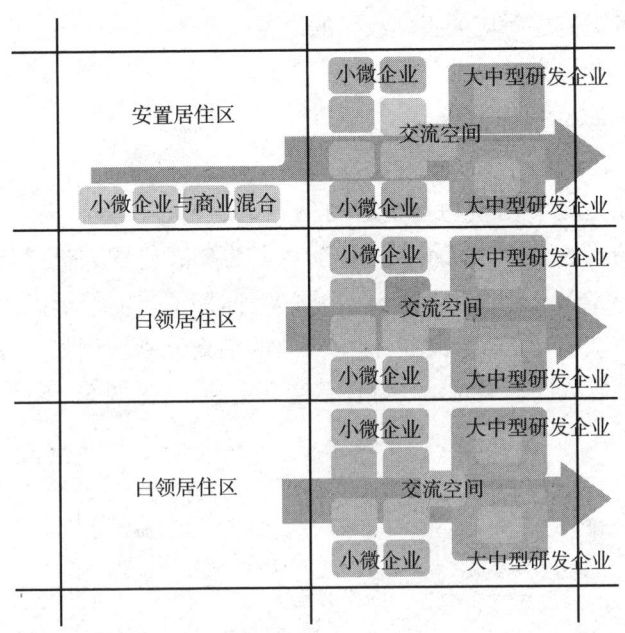

图5-14 科技城市创新空间单元模式（大中小型）

功能布局：在大规模城市创新空间中，大、中、小、微型创新企业组合布局应满足不同规模和发展阶段的创新企业空间需求，满足不同主体及全周期需求的多元化创新空间单元。大规模城市创新空间应围绕专业化创新链条构建产业集群创新平台，形成满足不同类型创新企业需求的专业化空间单元。

鼓励交流的开敞空间：大尺度园区应倡导功能复合的街区组团布局，促进办公、商业、休闲、居住等土地的高度混合使用。首先，注重营造舒适的公共交流空间、连续的开敞空间体系、优越的生态景观环境，强调共享性和可达性，促进创新创业人群交流。

绿色连接走廊：注重合理布局和绿色两大城市元素，科学规划"路网、水网、绿网"三张网。以"先生态，后生活，再生产"的逆向构思，推动入驻项目"从创意，经创业，到创造"正向发展，从而引导创业从分割隔离的写字楼走向极速分享的大社区。以美国硅谷地区为例，在美国硅谷地区的空间布局中主要体现了产、学、城紧密融合的空间特色，创新功能融合在各类用地之中，通过交际走廊和开敞空间串接不同功能区。

多元便捷的服务功能与设施：大规模城市创新空间需要结合创新型人群需求来配置个性化、低成本、开放式，促进公共交流、激活创新活力的多元配套设施。各类需求对应的不同级别的设施要求。

五、创新物理空间创新单元

创新单元是城市创新物理空间的最小组成单位，将是集合创新、研发、学习等多种功能的智慧空间单元。创新单元为创新研发人员提供更加灵活多变的空间平台，以及更加注重交流合作的空间模式，建筑形态也将有别于传统的办公建筑空间，更多地融入自由开放的创新元素。例如，在创新单元中打造图书馆、游戏区、展览馆、媒体接待等空间。（见图5-15）

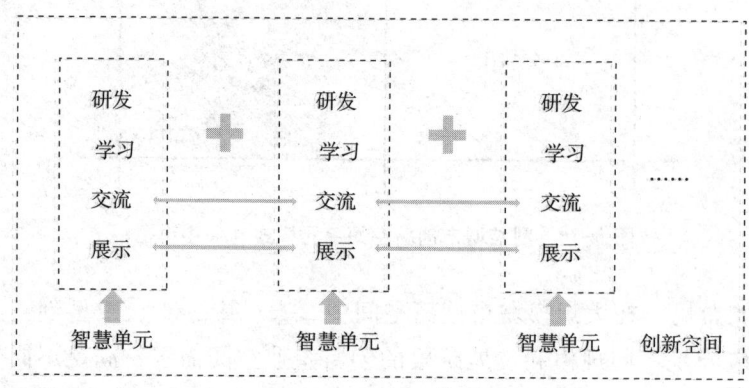

图5-15　创新物理空间组成示意

创新单元不仅有传统办公空间，还将城市功能植入进去，让创新空间更加丰富多元。一是学习空间，学习是创新研发中非常重要的功能组成，学习型的空间环境有利于创新研发人员不断创新，创造出更多前沿领域的创意产品，包括远程会议中心、信息数据库等。二是展示空间，创新的过程中需要一个专门的空间用来展示阶段性成果和作品，方便与业内人士交流，已完成的创新研发成果展览，可以作为样品供人使用和体验。三是媒体中心，包括图书馆、展览馆、工作间、咖啡厅等功能形式，实现人们之间的学习、互动、交流，激发人们的创造性。四是"无效空间"，没有功能设置，人们可以自由利用的空间，通常能够发展成为最富活力的区域。创新单元内不同功能模块之间进行组合形成了不同风格的创新单元。（见图5-16）

	空间形式	交通组织	空间关系	图示
线型组合	功能空间依循线型排布	主通道	简单	
并联式组合	线型组合空间的纵向并联	网状交通	丰富	
串联式组合	线型组合空间与主廊道的正交串联	主通道+次通道	明确、清晰	
核心枢纽式组合	核心空间为主导的空间构成	以大型中庭为核心	向心、围合	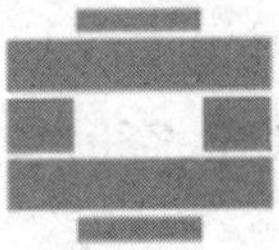
多重围合式组合	以线型空间的转折交接，形成多组围合或半围合空间	交通流线长且复杂	多中心	

图5-16 创新工作空间功能单元组合模式比较

线型功能单元组合属于最常见的创新空间组合方式。通过一条主要的交通线路贯穿所有的功能单元，办公、学习、展示、交流等功能空间布局在交通线路的两侧，并通过错落的布局手法来丰富创新空间的视觉效果。这种方式比较简单清晰，各种功能单元之间分工明确，便于使用。

并联式功能单元组合是较为复杂的一种组合模式，将线型组合在纵向上建立联系，形成一种网络状的组合形式。并联式功能单元组合适用于功能较多和使用者较多的创新空间，这种组合的空间效果会更加的丰富，更有利于营造出具有创新活力的空间。

串联式功能单元组合的构成相对简洁，由一条交通主线作为主干道，将各种功能单元串联起来。各种功能单元之间相互独立又有一定的交集，适用于功能相关专一的单元之间，如研发中心、交流中心、会展中心等等。这种组合方式使得各功能单元之间互不打扰，通过交通主线形成半开放式的创新空间，同时交通主线两侧也会设置一些具备公共交流空间的功能单元。

核心枢纽式功能单元组合有一个中庭或者院落，成为整个创新空间的核心区域。核心区域作为活动中心，是所有建筑视觉的焦点，并且具备开敞、通透、自由的创新氛围。围绕着核心区域，周围布设研发、会议、学习等功能单元，各种功能相互叠加，形成更加丰富的功能型空间组合。

多重围合式功能单元组合将形成多个中心区域，各功能单元分布在多个中心区域的周边，形成组团模式。这种组合形式有利于打造风格不同的建筑景观，针对不同功能设计出适合更加和谐的自然交流环境。例如，研发组团适合开阔的视野和绿色生态的工作环境，交流组团适合具备一定开放性和私密性的交流空间。

六、创新物理空间创新建筑

创新研发建筑是创新活动进行的建筑载体，是城市创新空间的功能载体。随着信息技术和建筑技术的不断发展，创新研发建筑也呈现出与以往不同的发展特点。创新研发建筑更加突出交互和融合的特性，通过建筑自发功能激发新功能。创新研发建筑不管是从功能上还是从空间形态上，都跟传统生产建筑有很大的差异性。在创新研发建筑中，研发学习功能占主要位置，并且更加注重交流空间的开放与信任氛围。（见图5-17、表5-6）

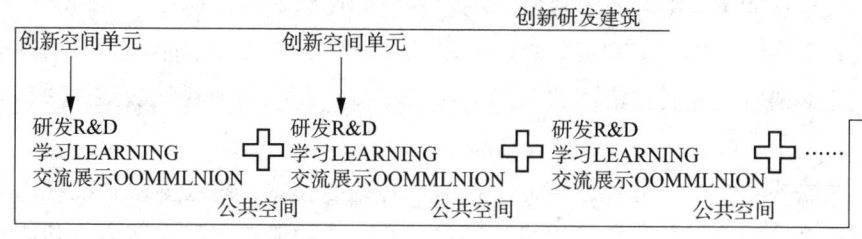

图5-17 创新研发建筑的结构示意

表 5-6 创新研发建筑与传统生产建筑对比

	传统生产建筑	创新研发建筑
主导功能	生产制造	研究、开发（R&D）
空间特质	理性与严肃	开放与信任
交流空间	独立、封闭的附属功能	重要组成、融入研发工作空间
文化构成	生产型文化	知识型文化
信息技术应用	局部	整体

创新研发工作空间是创新研发建筑内部的重要组成部分。创新研发工作空间必须要营造出一种温暖安全的氛围，这样才能够让研究人员在完全放松的状态下去完成工作，有利于产生一些新的灵感与想法，提升研究人员的工作效率与工作质量。创新研发工作空间根据工作方式不同可以分为独立式工作空间、开放式工作空间、实验室式工作空间、团队合作式工作空间等。（见表 5-7）

表 5-7 创新研发工作空间的四种类型

	独立式工作空间	开放式工作空间	实验室式工作空间	团队合作式工作空间
工作方式	工作划分为小的部分，由个人单独完成	不同的专业协作完成项目	办公室工作和实验室工作的逐渐融合，新型的创新方式	高度的智力活动，既需要独立思考，也需要合作交流
空间的占有和共享	空间分散的、不定时的和个性化的使用	空间的共享程度高	办公空间与实验过程紧密联系	时间和安排都不固定，共同占有空间程度高，也有个人专用空间
空间形式	高度自主性的空间	敞开式的平面布局	一种新的空间形式，两种功能形态融合	交流空间与工作空间相融合，激发空间自组织性
设备使用	网络终端、为个人服务的设施	工作环境及设备共享	结合一些实验设备来组织工作空间	局域网式终端、大型设备共享

独立式工作空间主要适用于创新研发人员需要独立思考完成的工作方式，创新研发人员需要一个相对封闭的空间，深入思考和实验自己新的想法。在独立式工作空间中，交流的功能偏向于弱化，更加突出为个人服务的功能设

施，如个人办公空间、休息空间、活动空间等。独立式工作空间要满足使用者零散、不定时的和个性化的使用特点。

开放式工作空间适用于创新研发人员之间相互合作的工作方式，创新研发人员需要在一个更加开阔的空间里进行无阻隔的交流。在开放式工作空间里，每个人之间的联系十分便捷，创新人员之间可以相互合作完成很多工作。开放式工作空间将配备更多的共享设施设备，如敞开式办公空间、咖啡间、会议室、交流区、健身房等。

实验室式工作空间适用于理论研究和实验研究相结合的创新研发方式，创新研发人员需要在同一个空间里完成理论和实验操作。在实验室式工作空间将配备更多的专业性基础实验设备，实验设备往往与计算机直接连接，方便创新研究人员提取实验数据。

团队合作式工作空间是以团队为工作单位的创新空间，创新研发团队在一个内部开放的空间中进行顺畅的交流合作。团队合作式工作空间不同于普通的办公空间，更多的类似于圆桌会议、俱乐部、沙龙等共享空间形式，需要一个能够激发团队成员创造力和自由表达的空间氛围。

智能建筑的发展与新一代信息技术、绿色建筑、人工智能、智能家居等技术的发展密切相关。国家《智能建筑设计标准》（GB/T 50314—2006）对智能建筑定义为"以建筑物为平台，兼备信息设施系统、信息化应用系统、建筑设备管理系统、公共安全系统等，集结构、系统、服务、管理及其优化组合为一体，向人们提供安全、高效、便捷、节能、环保、健康的建筑环境"。其中，智能家居"是采用现代计算机、信息通信和系统集成技术建立的家庭信息化平台，它通过家庭网络将与家居设备和系统互联并统一管理，以提供一个舒适、便利、安全、节能和环保的家居生活环境"。智能建筑所发挥的功能要与创新空间的使用要求相吻合，使创新平台发挥更大的效能。智能建筑要发展成为能够参与生产和生活的具有"生命"特性的实体。智能建筑在建筑、人、技术之间建立起一种全新的联系，扩展了建筑的功能，扩展了人的效能，扩展了新技术的应用场景。（见图5-18）

第五章 IOD：创新空间系统

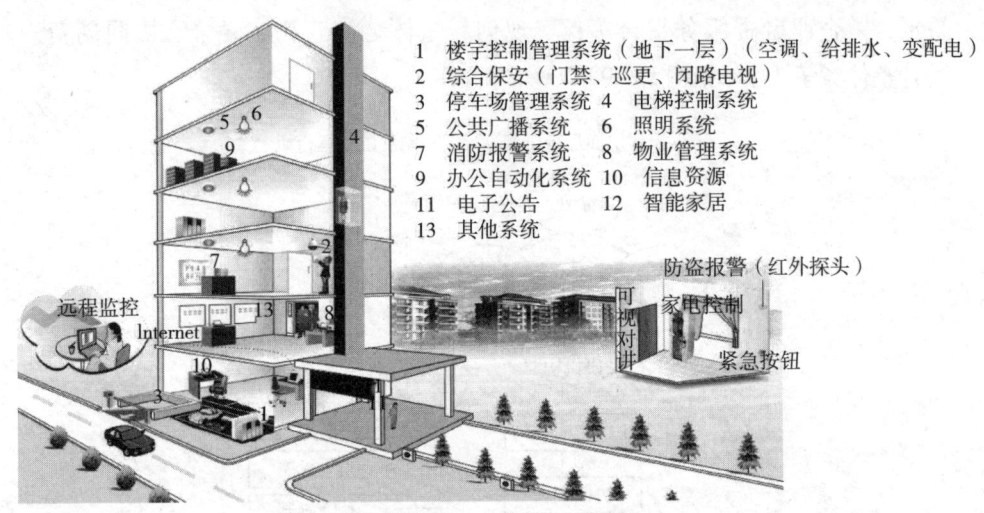

图 5-18　智能建筑系统示意

第四节　子系统三：创新机制体系

创新机制体系在科技城市创新空间系统中是"软要素"，支撑着创新空间系统的日常工作运转。创新空间中各项资源的调配需要一套系统化的创新机制体系，以促进创新物质资源、人才资源、信息资源等的利用达到最优。创新机制是创新要素间互构、融合、协同创新的具体运行方式，城市创新空间系统的创新机制包括创新政策和创新平台。创新政策主要由地方政府牵头制定，用于鼓励和促进城市创新发展。创新平台主要由政府或产业运营机构牵头制定，为科技企业发展提供配套服务和发展支撑，是规划建设城市创新空间的重要方面。

一、城市创新空间系统创新机制

城市创新空间系统的运行机制是创新要素间互构、融合、协同创新的具体运行方式。科技城市创新机制主要划分为两个层次，即制度层面运行机制和操作层面运行机制。制度层面：政府成为主要操作者，通过一系列政策法规和管理制度来实现创新要素的高效运作，如融合机制、监督机制、激励机制和竞争机制等。操作层面：构建创新平台，如信息交流平台、知识产权交易平台、企业融资服务平台等，实现创新主体之间互构、融合、协同创新，提升整体竞争力。(见图5-19)

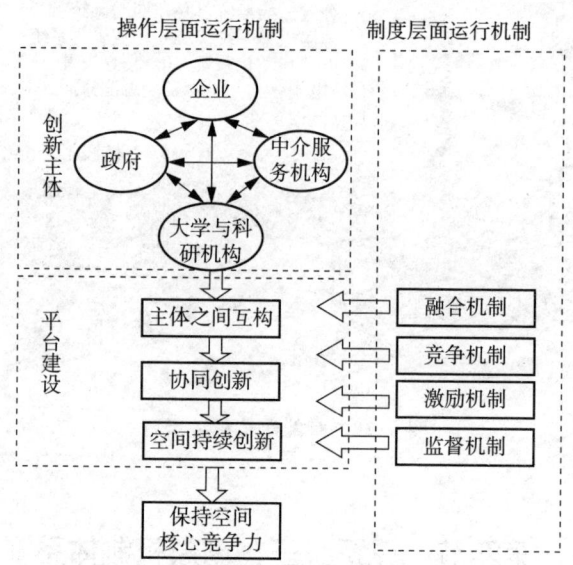

图5-19　城市创新空间系统的运行机制

制定科技城市创新空间系统发展政策与保障措施，有利于推动城市创新资源要素的集聚。充分利用现有创新政策工具，挖掘已有政策潜力，加大政策落实力度，形成支持创新空间发展的政策体系。一是采取有针对性的政策措施，结合各地区经济发展、科技资源条件等实际情况，因地制宜推进创新空间的建设和发展。二是鼓励各类创新主体积极探索支持创新空间发展的新政策、新机制和新模式，不断完善创新创业服务体系，提高创新创业服务能力。三是实行奖励和补助政策，发挥财政资金的杠杆作用，采用市场机制引导社会资金和金融资本进入技术创新领域。

构建科技城市创新空间系统创新平台，有利于推动不同创新主体之间的协同创新。协同创新是指"创新资源和要素有效汇聚，通过突破创新主体间的壁垒，充分释放彼此间人才、资本、信息、技术等创新要素活力而实现深度合作"。协同创新关键是要依托创新平台，充分发挥大学、企业、个人等创新主体的能动性，让政府、金融、法律、中介等发挥辅助作用，实现创新主体间的深度合作和资源整合。

二、城市创新空间系统创新平台

科技创新平台以提升城市创新能力为目标，对于实现经济高质量发展具有重要意义。科技创新平台有科学研究平台、创业孵化平台、产业技术平台、公共科技服务平台等。科研平台对提高整体的科研水平，促进学科之间的交叉融合发展都有着重要作用，同时还能够促进高层次创新人才的培养。创业孵化平台为创业企业提供办公场地和设备，还将为创业企业提供企业管理咨询和融资方面的服务。通常创业企业由大学、非营利性组织、风险投资家创建，特别是新兴的网络商务方面。产业技术平台的主要功能是整合科研院所、科技中介服务机构、高等学校以及企业等技术资源，为拥有共性技术需求的企业提供公共服务，包括技术研发服务、产业技术交流、技术成果转化、技术推广服务、技术人才培训等。公共科技服务平台为相关科技业务提供资源对接，保证各类科技管理业务的相互衔接和业务协同，实现业务信息、科研项目数据的互联互通。其中，科学研究平台是基于共享、公用机制的科学研究技术支撑体系，是创新体系建设必不可少的公共支撑体系之一。

不同的创新平台有不同的发展策略。一是科研创新平台，着重提升平台硬件设备水平，以先进的研发设备吸引科技人才进驻，探索科学技术的前沿发展，为后端的应用研究、产业技术开发等提供新路径。这类平台有重点实验室、工程技术中心等。二是产业技术创新平台，着力提升资金、人才、储备技术等要素配置，针对产业共性和关键技术实现创新突破。这类平台有制造业创新中心、产业技术研究院等，主要是以市场需求为导向开展技术研发。三是创业孵化平台，包括创新驿站、科技大市场、众创空间等。其主要是共享仪器设备，促进创新创业等；着力围绕科技成果的孵化转化，提升科技服务水平；围绕产学研发展平台创新。平台创新发展的关键是推动产学研协同，从而打通整个创新链条。一是实行理事会运作，聘请专家搭建理事会，理事会制定平台的研发方向与研发计划等。二是组织模式创新，由平台运营公司实现产学研的市场化运作。

强化政府引导发展。并且在内部形成良好的运作机制。一是发挥政府引导性，推动平台与产业紧密对接。对参与平台建设的企业、科研院所等进行科学评估和严格把关，通过组织活动引导平台上的企业、科研院所等对接。在项目对接成功之后，要及时组织科学技术成果应用的示范推广，实现对区域内企业的升级改造和拉动发展。二是加强平台的资源统筹，推动平台共享服务发展。以科技创新平台为资源归口，开展"科技信息、人才、资金、项目"的资源系统整合，提高平台的使用效率。推动公共服务"互联网+"进程，提供云科技服务，将创新平台不断地向社会开放，实现信息共享。三是加强平台考核。对科技服务、技术推广、人才培养、技术开发等多个方面进行考核，提升平台的运作质量。

三、城市创新空间系统创新政策

第一，创新政策新动向。创新政策重点集中在以下几个方面：一是寻找新的经济增长和竞争力的源泉；二是制定新的产业政策，发展具有战略意义的新技术；三是应对全球化挑战；四是提高研发投入；五是集中制定以需求为导向的创新政策；六是增强社会凝聚力；七是加大对基础研究的公共支持力度；八是重视人力资源培养；九是加大对企业研究的支持力度。

第二，创新政策的协调。在我国更高权威的领导力是推动创新政策协调作用的重要力量，而专职的公务员、专家对创新政策协调的影响力较弱。加拿大、法国、瑞士等国设立了专门交流渠道，建立起各部门间的信任与合作，加快了创新政策的协调运作。机构间的内部合作项目也对创新政策的协调治理起到了积极作用。

第三，创新政策评估。设立一套完整的创新政策评估和作用途径；制定评估的标准、指导方针和方法体系；发展和巩固 STI 和关键行动方案的重要指标；建立 STI 政策数据指标体系；建立评估专家团队。

第五节 子系统四：创新文化生态

创新文化生态与创新机制一样是城市创新空间系统的软件系统。科技创新主要是通过"人"的智慧，创造新思维的过程，其最终的成果具有较大的不确定性和风险。因此，科技创新非常需要包容开放的文化环境，充分释放出"人"的能动性，通过不断的"试错"来创造新的发展机会。在这种包容开放的创新文化氛围中，科技创新型人才和企业才能有更大的发展潜力与成长空间。

一、城市创新空间系统包容文化

科技城市发展不能再仅用与经济、金融和商务发展相关的指标进行考核，社会创新文化氛围比商务经济氛围更加重要。创新文化生态的建设，将有助于创新能力的提升，从而更好地推动经济发展，丰富文化和艺术，这相应的又能够提升科技城市对创新人才的吸引力。创新文化的要素是宽容，如果地方宽容度很高，就会吸引具有不同技术、思想的人才集聚，推动文化的多样性以及社会经济合作，这种创新资本的集中可以有效推动创新、技术、知识等的演化发展。包容性增长指的是将创新城区作为平台，促进临近社区共享教育、就业的机遇，并为城市中的低收入群体提供其他的机会。

二、城市创新空间系统分享文化

分享文化对科技城市创新发展具有重要意义。第一，分享文化带来分享经济快速发展，分享文化让社会分工更加精细，能够有效地扩大就业面，让更多的人参与经济的建设发展。分享文化能够激发个人的创新创业活力，让大家更为自由地选择不同的工作模式。第二，分享文化促使"个人+平台"的创新模式不断发展，创新方式也由过去单一的科研机构和研发中心，转变为以个人为主体的创新，并且个人可以借助平台来链接各种创新资源实现创新的想法。第三，分享文化提升了对创新资源的有效利用率，能最大化地提升创新效率。特别是，通过分享文化可以避免技术重复开发的问题，缩短关键技术的攻克时间，让更多的创新想法得以实现。

三、城市创新空间系统冒险文化

科技城市需要在冒险文化氛围中才能得到最好的发展。冒险文化象征着勇于尝试新鲜事物，包括新的技术、新的产品、新的理念等。第一，冒险文化有利于加速新技术的商业化运作，通过活跃的风险投资和市场运作，将创新技术投入于生产生活当中。第二，冒险文化能够提升创新效率，一方面是打破过去传统的垂直性的创新体系，另一方面是引入风险投资并且允许项目失败。这样能够吸引更多 20~30 岁年轻的愿意冒险的创新人才投入到创新领域，使创新人才越来越趋向于年轻化。第三，冒险文化可以改变过去制度化的研发规则，让创新创业企业和创新人才更加自由地发挥自身的长处，从战略性的高度和长远的角度来促进创新的突破与发展。

四、城市创新空间系统企业家精神

采用不同的方法来鼓励企业家的创新精神，培养企业家创新精神。例如，芬兰实施商业奖学金计划、德国开办企业家大学等，来培养企业家创新精神。企业家的创新，能够促进年轻的、具有高成长性和创新性的"瞪羚"企业的产生。扶持"瞪羚"企业也是鼓励企业家创新精神政策的重要内容。政府一般通过提供企业启动保证金、研发支持、业务培训、提供专业化指导，以及加快产品商业化等方式扶持"瞪羚"企业。也有个别国家制定了些特殊的政策，如西班牙的"女企业家扶持专项"等。

06

第六章
IOD：科技赋能城市发展

从历史规律来看，城市是技术进步与社会生产力发展到一定历史阶段的产物，是人类文明进步的结晶。自古以来，科技创新都在以一种不可逆转、不可抗拒的力量掀起一场场科技革命和产业变革，推动着城市的持续迭代，引领着人类文明向前发展。农耕时代，劳动工具和农耕技术的进步带来了剩余经济，驱动了四大河流域的社会村落向早期城市转变；中世纪和唐宋元时代，手工业从农业中分离出来并成为独立生产部门，商品交换和商业繁荣驱动了专业商贸城市的形成；文艺复兴与明清时期，外向型贸易兴起，逐步催生了大都市出现。步入近现代以来，科技创新在城市发展中的基础性、决定性、全局性地位和作用越来越突出，以蒸汽机为代表的第一次工业革命促成了近代工业城市的不断兴起，以内燃机和电气化为代表的第二次工业革命加速了工业城市的蓬勃涌现，以电子信息等为代表的第三次工业革命引领了创新型城市的迅速崛起。近年来，以产业互联网、物联网、大数据、云计算、人工智能、5G、智能芯片、绿色装配式建筑、新能源等为核心的第四次工业革命和产业变革正蓬勃兴起，科技创新赋能城市迭代升级的时代已然来临！放眼未来，一个城市及区域是否具有强大的竞争力不仅仅取决于交通区位、经济总量、规模面积和人口红利，更取决于它与科技创新相互融合的能力。

2015年12月，习近平主席在时隔37年再次召开的中央城市工作会议上重点强调："城市工作是一个系统工程，要统筹规划、建设、管理三大环节，优化创新创业生态链，让创新成为城市发展的主动力。"这次会议从中央层面为下一步城市发展搭建起新的顶层设计，对城市规划、城市建设、城市治理等重大问题作了明确回应，确立了科技创新在城市转型与持续发展中的主动力地位，为未来很长一段时间内的城市工作指明了方向、绘就了蓝图、提供了遵循，意义十分重大。"十三五"时期是中国全面建成小康社会的关键期，是全面深化改革的攻坚期，经济、政治、文化、社会等涉及城市发展的各个领域都呈现出一系列新常态。积极适应新时代、把握新常态，抢抓全球科技与城市融合发展机遇，以科技创新全方位赋能城市迭代，破解传统模式遗留的诸多难题，系统化地推进以人为核心的新型城镇化，全面提高城镇化质量，成为引领我国下一步城市工作的航向标!

科技创新之所以能成为城市发展的主动力,主要是因为创新主体发生了根本性的转变,城市已经成为各类创新人群的主要聚集地。回顾过去,我们的科技创新更多是一种以重大科研项目为导向的大院式创新,众多体制内的科研工作者是创新主体,他们带着家属们生活在一个大院里,自成一个"小社会",那里不仅能做科研,还有居住、商业、医院、学校、文化等这些配套设施。在那个年代,这种集中力量进行科研攻关的模式,创造了无数的中国奇迹(比如"两弹一星"、载人航天工程、月球探测等),为我们今天的科技创新奠定了坚实基础。但是当下,科技创新模式发生了根本性的转变,这一变化的核心动因就是"80后""90后"成了主力军,他们开始不断向都市回归和集聚。近年来,国家重大工程的科研团队平均年龄:中国空间站核心舱35岁、"天宫一号"约30岁、北斗导航29岁、彩虹无人机24.5岁。2017年主要科技公司的员工平均年龄:阿里巴巴32岁、华为30岁、百度29岁、腾讯仅为28岁。"80后""90后"的城市属性更加个性鲜明,他们是中国第一代"互联网原住民",大多是在城市里出生或长大,对城市有着天然的深厚感情,热爱城市的繁华、时尚、多元与亮丽。科技回归都市本质上是科技创新主体向城市的回归与聚集,从这个意义上讲,未来科技创新赋能城市迭代的侧重点将转变为如何全面地服务好这一群体的多元化诉求,让他们充分释放激情、才华、想象力和能力,合力打造城市创新的原动力和主引擎。

时至今日,城市及区域发展已经走过由小到大、由简单到复杂、由低级到高级、由量变到质变的螺旋上升的演进历程,发展成为一个子系统繁多、结构极其复杂、维度极为多元、要素高度关联的开放的复杂巨系统[①]。伴随着物联网、大数据、云计算、人工智能、区块链、空间地理信息集成等新一代信息技术在城市迭代发展的各个领域的迅速推广、深度融合与全面应用,未来的城市及区域发展面临的不确定性愈发多样化、复杂化[②],如何有效地感知、适应与应对不确定性成为未来城市规划、建设及管理的核心挑战。为了应对这一挑战,科技创新赋能城市迭变就不再是简单的技术应用范畴,而是从规划、建设、治理到交通等各个环节的全面渗透、深度融合。

---

① 周干峙. 城市及其区域——一个典型的开放的复杂巨系统 [J]. 城市规划, 2002 (02): 7-8+18.

② 仇保兴. 基于复杂适应系统理论的韧性城市设计方法及原则 [J]. 城市发展研究, 2018 (28): 1-3.

第一节 科技赋能城市规划

美国、英国、德国、日本、韩国等国家的城市或城镇并没有严格意义上的行政级别划分，不论经济体量、城市面积、居住人口多少，均可以享有基本相同的行政权限，而且行政机构设置也基本一致。所以，城市或区域发展规划更多是引导性的，具有较强弹性。相比较而言，我国的城市（或城镇）更多是一个行政区划的概念，有着不同的行政级别（包括直辖市、副省级城市、计划单列市、地级市、县级市及不设区的市等），不同等级的城市（或城镇）拥不同的行政权限，这直接决定了政策导向性的资源配置流向与总量，从而直接决定了城市（或城镇）的发展规模与总体水平。从规划层面看，我国传统城市规划往往是一种政府主导的"自上而下"模式，即在政府设定城市发展目标的基础之上，以固定的资料数据为基础（如地形图、遥感影像、各类统计年鉴、实地踏勘等），以政府、产业专家、规划专家、地方专家等的价值研判为核心，以时间为坐标参考，以增量空间创造为手段，对不同尺度或层级区域进行空间控制和全面布局，并通过持续的城市规划修编来应对各种变化，其弹性较弱，甚至可以说没有弹性。这一模式因其政府支配能力强、资源整合效率高、规模扩张速度快等突出优势而被我国大多数城镇化水平较低、产业结构相对单一、发展环境变化较少的城市或城镇所推崇。在这一规划模式的引领之下，改革开放以来，在人口众多、资源相对短缺、生态环境比较脆弱、城乡区域发展不平衡等约束下，我国仍迎来了人类历史上规模最大、速度最快的城镇化进程，城市发展取得了举世瞩目的成就。

在速度至上、规模至上的传统土地城镇化浪潮退去以后，我国不得不面对的现实是在传统城镇化与新型城镇化的阶段更替过程中，各种社会矛盾正在集中爆发。例如，我国城镇化仍旧存在土地城镇化快于人口城镇化、城乡区域发展不够协调、城市管理水平不高、体制机制不健全、城乡公共服务供需错配等诸多亟待破解的难题。一些发达国家经验表明，城镇化率在50%左右是社会矛盾集中爆发期，也是城镇化模式转型与创新的关键时期。例如，英国"宪章运动"（19世纪中期）、美国"进步运动"（20世纪初期）等都是在城镇化率50%左右时发生的，直接推动了各个国家或地区的城市规划模式转型与创新。2017年，我国城镇化率从1978年的17.9%达到58.5%，昔日

"乡村中国"迅速迈向"城镇中国",以人为核心的新型城镇模式正在加速取代以土地扩张为核心的传统城镇化模式。在城镇化进程中,人民日益增长的美好生活需要和不平衡不充分的发展之间的矛盾如何在规划层面进行创新有效的预防、响应与化解成为我国下一步城市工作的核心命题。

随着信息技术和城市发展交汇融合,城市大数据正在成为城市发展的基础性战略资源,并呈现爆发增长、海量集聚的发展态势,其作为新资源、新技术和新理念的混合体正在实现"质变"突破。面向未来,城市发展不再是简单的钢筋混凝土的堆砌物和"摊大饼式"的规模扩张,它更像一个不断学习、不断积累、不断成长的生命体,其内生动力来自各个群体的持续创新与实践探索。城市规划是政府从宏观各个层面统筹城市发展目标、合理布局城市空间、综合安排城市建设、指导城市治理的系统部署,未来必将从自上而下、少数主导、相对集中的模式逐步迈向自下而上、公众参与、富有弹性的模式。大数据在城市规划中的基础决定性作用越来越凸显,未来物理世界和数字世界将平行共存,万物在实体之外都有数字孪生体如影随形。总而言之,科技赋能城市规划本质上是将城市看作一个物理城市与数字城市交互映射、融合共生的系统工程,以城市大数据为核心驱动力,综合运用物联网、互联网、云计算、人工智能、区块链、空间地理信息集成等各种新技术,持续创新规划思想、理念和模式,从而建立起富有弹性、动态反馈、及时响应的智能规划体系。

一、城市智能规划的创新探索

面对城市规划的新挑战,不同城市、区域或国家都进行了有益的创新探索。例如,中国雄安新区首创的"数字孪生城市"规划、日本的 E-Japan/U-Japan/I-Japan/超智能社会发展规划、英国伦敦和美国纽约的韧性城市规划、欧盟的智慧城市规划等。

(一)中国雄安新区——"数字孪生城市"规划探索

2017 年 4 月 1 日,中共中央、国务院作出历史性的战略决策,设立河北雄安新区。作为"千年大计、国家大事"的雄安新区建设,不仅是党的十八大以来以习近平同志为核心的党中央全面实施京津冀协同发展战略做出的重大决策与系统部署,也是我国继深圳经济特区和上海浦东新区之后又一具有全国意义的新区。雄安新区是具有特殊意义的新区,其发展定位首先是成为北京非首都功能疏解的集中承载地,未来将和通州城市副中心形成北京升级发展的新两翼,并和张北地区形成河北转型发展的新两翼,拓展京津冀协同发展的新空间。在七大主要任务中,排在首位的是"建设绿色智慧新城,建成国际一流、绿色、现代、智慧城市"。

2017年7月18日,按照"政府主导、市场运作、企业管理"原则,国有独资的中国雄安集团有限公司正式成立,其发展定位为新型城市综合运营服务商,并相继成立六大核心业务板块(包括公共服务管理、基础建设、投资管理、城市发展投资、生态建设投资、数字城市科技)。(见图6-1)

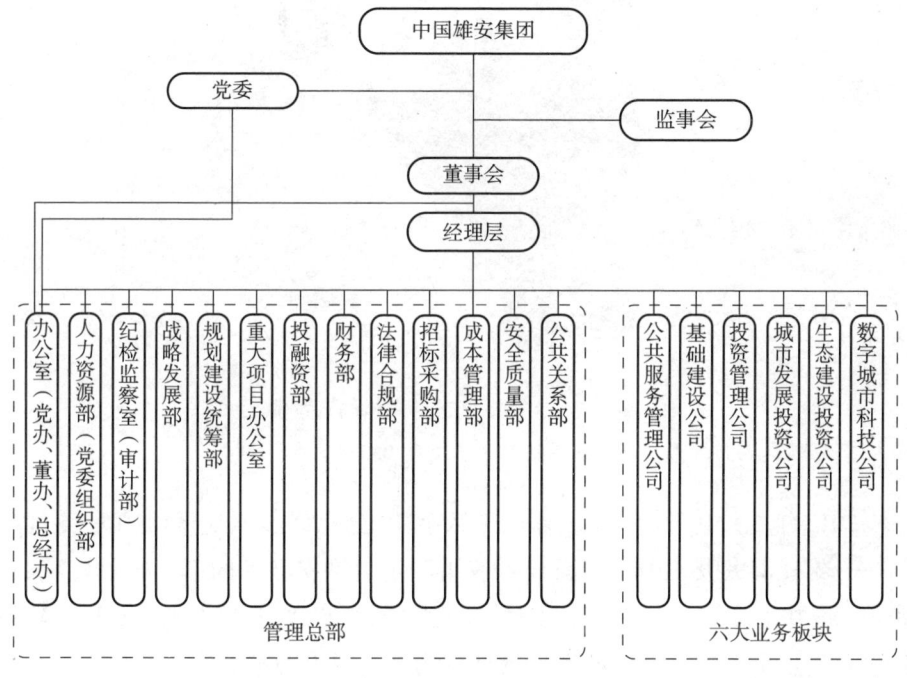

图6-1 中国雄安集团组织架构

资料来源:中国雄安集团官网。

2018年2月22日,中共中央政治局常务委员会召开会议,听取河北雄安新区规划编制情况的专题汇报,强调"要同步规划建设数字城市,努力打造智能新区"。同年4月20日,中共中央、国务院正式批复《河北雄安新区规划纲要》,其中重点强调要"围绕建设数字城市,重点发展下一代通信网络、物联网、大数据、云计算、人工智能、工业互联网、网络安全等信息技术产业""坚持数字城市与现实城市同步规划、同步建设,适度超前布局智能基础设施，推动全域智能化应用服务实时可控，建立健全大数据资产管理体系，打造具有深度学习能力、全球领先的数字城市"。(见图6-2)

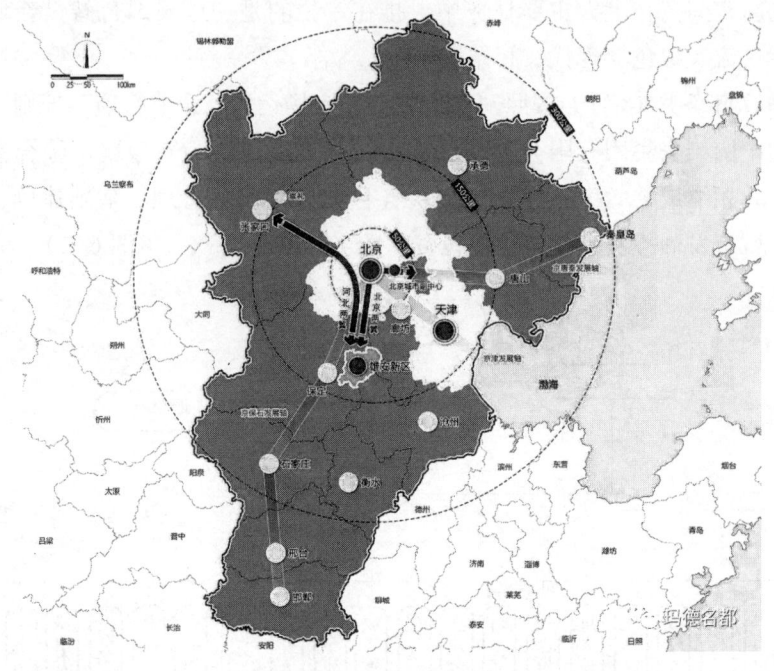

图6-2 京津冀区域空间格局示意图

资料来源：《河北雄安新区总体规划（2018—2035年）》

2018年6月初开始，雄安新区"数字孪生城市"规划理念的第一落地项目——雄安市民服务中心全面投入使用。作为雄安新区的第一个城建项目，市民服务中心占地面积24.24公顷，总建筑面积9.96万平方米，从规划建设伊始就确定了"数字孪生城市"的规划构想、以人为本的城市基因、技术引领的建设理念。在政务服务方面，按照"数字城市、智慧政务"理念规划建设的网上政务服务综合平台，实现更多审批在网上"跑"，更多数据在云上"共享"，创造"只进一扇门、最多跑一次"的雄安政务服务新标准。在人文关怀方面，按照"通用、共享、适老、融合"的原则，将城市、场地、建筑、室内、标识、公共器具设计进行智能化结合，并实现全人群一体化服务。在先进技术应用方面，服务中心不仅集成了海绵城市、被动式建筑、综合管廊、装配式建造等30多项先进建设理念，而且构建起包含新能源无人车、智慧骑行共享单车、电动摆渡车和智慧公交等综合运用的智慧交通体系。

雄安新区"数字孪生城市"规划理念在智慧城市建设领域的应用率先获得国际认可。2018年9月6日,国际权威标准制定机构——国际电气和电子工程师协会(IEEE)P2413(物联网体系框架标准工作组)维也纳会议上,由中国雄安集团数字城市科技公司联合华为技术有限公司编制并提交的"P2413.1智慧城市参考架构标准"(Standard for a Reference Architecture for Smart City)框架提案,经过同行评议和专家评审后获得一致通过。该标准对新一代智慧城市建设的总体目标、主体框架、核心内容、实施路径等进行了系统规划和总体设计,从基础理论、技术应用等多个层面,为智慧城市的顶层设计、业务架构设计和数据架构设计提供了范本,并形成了智慧城市物联网体系结构蓝图。这一标准不仅是雄安新区自设立以来首次引领制定国际标准,也为我国深度参与全球智慧城市与物联网标准建设迈出了坚实一步。

2018年12月,《中共河北省委 河北省人民政府关于〈河北雄安新区总体规划〉实施意见》正式审议通过并重点强调,要坚持"世界眼光、国际标准、中国特色、高点定位",努力建设高水平社会主义现代化城市,打造北京非首都功能集中承载地、贯彻落实新发展理念的创新发展示范区和推动高质量发展的全国样板;紧扣雄安新区战略定位,完善规划实施体系;推进实施重大工程,坚持基础设施建设先行、先地下后地上、物理城市与智能城市同步建设,建设绿色低碳之城,建设国际一流的创新型城市,创建数字智能之城,创造"雄安质量"。

雄安新区"数字孪生城市"的规划建设对于我国城市规划创新而言,可谓意义重大。这一规划过程将城市大数据的重要性提到城市发展的总体战略层面,通过数字化、智能化的城市基础设施建设、城市物联网统一开放平台构建,把涉及城市规划、建设和管理的各个环节的大数据进行全方位整合,综合利用云计算、人工智能、区块链、空间地理信息集成等新技术,全力打造"数字孪生城市"系统。未来依托这一系统,城市规划、建设、治理等方面的重大决策在付诸实施之前,都可以先在这一系统上进行虚拟化的模拟运行,根据模拟结果再决定是否付诸实施或者加以修正,从而使这一系统真正意义发挥辅助决策作用。同时,通过这一系统可以对城市全局进行实时分析、动态反馈和及时响应,使城市管理走向智能化,让雄安成为真正意义上的"聪明城市"。

(二)日本的 E-Japan/U-Japan/I-Japan/超智能社会发展规划

自1990年以后,日本逐步确立IT立国战略。2000年,日本政府率先在全球范围内提出了《IT基本法》，并以此为基础制定后续所有的IT专项政策，其后由IT战略本部（隶属日本首相官邸）正式提出E-Japan战略规划，希望能提升日本在信息技术与通信技术领域的基础建设。这一战略的主要目标是计划在2005年之前在日本构建覆盖3000万家庭宽带上网及1000万家庭超宽带（30~100Mbps）上网的IT环境。这一目标提早在2003年得以实现，为新IT战略制定奠定基础。

2003年，IT战略本部结合上一轮战略的执行情况与对未来的发展研判，正式提出"E-Japan战略Ⅱ"规划，这一规划对信息化的发展方向和建设重点均做出了较大调整，提出以信息技术应用为发展目标，重点推进信息技术在医疗、生活、教育、就业、食品、中小企业金融和行政7个领域的全面应用，同时提出在国际战略、研究开发、人才培养、新基础设施和安保这5大横向项目中，要进一步提升信息技术的高效利用程度。这一规划是"E-Japan战略"发展逻辑的新延续，作为推动新一代信息技术在社会各个领域广泛运用的战略规划，可被看作U-Japan战略的先声。

随着日本IT发展进入"强化ICT深度融合应用"新阶段，日本总务省在2004年5月正式向日本经济财政咨询会议提出"U-Japan战略"新构想：日本将在2010年之前建成一个人或物随时随地都能联网的环境。日本内阁在2004年6月正式通过U-Japan战略，并在总务省的"平成17年度ICT政策大纲（年度ICT发展策略）"中将这一战略正式纳入重点发展项目。

与上一轮规划相比，U-Japan战略的核心目标是在技术应用的基础之上实现质的飞跃。如果上一轮战略规划的目标主要是推动信息技术规模应用的话，那么U-Japan战略将会更加重视以社会问题为导向的重大投入。这一战略强调要以解决重大社会问题为新一轮信息技术创新与规模应用的第一导向，要从社会各个细分领域的多元应用需求出发，通盘考虑与统筹规划未来信息社会的新构架。例如，在宽带建设上，这一战略不仅关注宽带硬件设施建设，更加重视营造无缝衔接的上网环境、推动宽带技术在生活与工作中的深度应用。在U-Japan战略的实施过程中，"U"进一步被细化为三个层次：第一层为普及（Universal），即让所有人都能通过网络实现连接并共享网络资源、密切沟通；第二层为面向用户（User-oriented），即以人的需求为核心，以多元化应用提升使用者的便利性与人文关怀；第三层为独特性（Unique），即要持续创造新模式与新业态，精准服务大众个性化需求。在U-Japan战略规划的蓝图中，研究、应用、技术、服务、信息产业与全社会生产生活之间要建立紧密的联系而且实现互相支撑，这也反映出全球信息产业发展的一个新趋势，即制造业信息化、服务业信息化、数字内容产业以及与信息息息相关的社会问题（尤其是重大民生问题）解决等都将被全方位整合、深度融为一体。

在 U-Japan 战略实施的基础之上，日本结合问题总结、发展实际与未来研判，对战略进行了迭代更新。日本 IT 战略本部在 2009 年 6 月 30 日开始制定了"I-Japan 战略 2015"计划，并且于同年 7 月 6 日正式发布。在这一规划中，"I"的核心内涵指的是：到 2015 年在日本全社会基本实现数字技术的全面覆盖、浸透，同时要全方位服务日本创新社会建设。这一规划的核心内容是要重点推进电子政务、医疗健康和人才教育这三大领域的信息化、电子化进程，其目标是使日本国民能够随时随地获取便捷的电子政务服务并管理个人电子信息。具体而言，日本国民将能够随时随地通过因特网，十分便捷地获取各种信息，安全可靠地办理各种手续（如通过因特网获取个人电子化的医疗健康信息），并且对个人信息进行综合管理。

经过 E-Japan、U-Japan、I-Japan 等战略的持续推进与落地，日本在信息基础设施、信息技术应用等方面已经奠定了扎实的基础。面对新形势、新需求与新问题，日本政府再次前瞻性地提出了"超智能社会"规划。2016 年 1 月，日本内阁会议经过多方论证、广泛讨论和征求意见，正式审议并通过了日本《第五期科学技术基本规划（2016—2020）》，在全球范围内率先提出"超智能社会（5.0 社会）"的概念。这一规划由日本顶级的科技创新政策咨询机构——综合科学技术创新会议（CSTI）制定，是日本政府自颁布《科学技术基本法》（1995 年）、《第一期科学技术基本规划》（1996 年）等以来正式发布并实施的第 5 个国家级科技振兴综合规划。这一规划提出：日本将会在未来 10 年时间里，力争通过政、产、学、研、金和全体国民的携手努力，全面制定和实施科技创新政策，争取把日本建设成为"全球最适宜创新的国度"。为了实现这一目标，日本政府将在未来 5 年时间里加大研发投资的总体规模，力求年均研发支出总额占 GDP 比例保持在 4% 以上（其中，政府投资占 1%，约为 1.45 万亿元人民币；民间投资占 3%，约为 4.35 万亿元人民币）。

该规划进一步提出，日本将立足全球视野，以因特网和物联网为基础，以制造业信息化为核心，全面推广与应用信息通信新技术、新模式，持续创造新价值和新服务，全力打造全球领先的"超智能社会（5.0 社会）"。从基本内涵上讲，超智能社会本质上是一种实现全社会的人、物品、服务等的精准化连接的新模式。具体而言，就是要能以各种社会需求为目标导向，实现随时随地将最匹配的物品和服务提供给最需要的人。通过这一模式，所有的人都完全可以超越地域、性别、年龄或语言等各个方面差异，从而实时化、精准化地获取高质量的物品或高品质的服务。从人类社会的演进史来看，超智能社会是人类历史上继狩猎社会、农耕社会、工业社会、信息社会之后建立的一种新型社会，它以科技创新与科技应用为核心驱动力，真正在网络空间和物理世界实现了深度融合。为加速推动并早日实现"超智能社会"建设，日本政府将率先加快推进《科技创新综合战略2015》中确定的11个系统建设，主要包括智能生产系统、新型制造系统、地球环境信息平台、高速道路交通系统、高效基础设施的维护管理更新系统、能源价值链优化系统、防抗自然灾害的社会系统、工作流程管理系统、综合型材料开发系统、智能食物链系统以及地方治理系统。日本将通过重点加强政、产、学、研、金的深度合作，建立超智能社会服务平台，实现各个服务系统和业务系统之间的全面协同。

此外，日本政府将重点推动人工智能、物联网、大数据、网络安全等核心公共服务平台建设必不可少的共性技术研发，同时持续优化国际标准化和知识产权战略。此外，还将重点攻关传感器、机器人、纳米技术、新材料、生物科技、光量子等面向未来的核心优势技术，全面提升日本新技术水平与国际竞争力。

日本政府将人才看作第一核心资源，一直积极营造鼓励创新、宽容失败的人才成长环境，大力建设敢于挑战、不畏艰难、不怕失败的创新型人才梯队。他们不仅会给各个创新主体去尝试的机会，也会示范和推广成功经验与创新实践，鼓励全社会致敬科研工作者、创新人才。

（三）韧性城市

"韧性"（Resilience）一词最早来源于拉丁语"Resilio"，是工程领域的专用名词。这一理念在20世纪80年代才延伸应用到城市规划领域，进而衍生出"韧性城市"（Resilience City）和"城市韧性"（Urban Resilience）等新概念、新理念。"韧性城市"（Resilience City）主要指的是城市作为一个复杂自适应的开放系统，能够对内部、外部环境变化及对其产生的影响及时地做出反馈，通过优化、协调和重组等方式进行持续调整并抵抗不利条件，从而使系统很快恢复到相对平衡的运行状态。

2013年5月，洛克菲勒基金会正式启动"全球100韧性城市"项目，在全球选择那些遭受或面临突发事件、自然灾害及经济社会发展压力的100个城市作为项目试点，旨在通过制定和实施韧性规划及提供技术支持与资源，协助世界各地城市增强韧性，以应对21世纪愈来愈严重的自然、社会和经济挑战。该项目自推出以来，已有美国纽约、法国巴黎、英国伦敦、意大利罗马、澳大利亚墨尔本及中国义乌、德阳、海盐、黄石等城市成功入选，这些会员城市构成了"全球韧性城市关系网"。

全球多个国家目前正在加快制定专项发展规划，推动新框架、新技术和新模式的深度应用。例如，英国伦敦的《管理风险和增强韧性》以及美国纽约的《一个更强大、更有韧性的纽约》等。

（四）欧盟智慧城市规划

从2000年开始，欧洲开始全面推广智慧城市的规划建设。从2000年到2005年，欧洲实施了"电子欧洲"行动计划；2006—2010年，经过多年推广与应用，欧洲成功完成第3阶段的信息社会发展战略规划。受限于国家领土面积、人口规模、应用场景等诸多因素，欧洲大多数国家的智慧城市规划建设更多关注的是发挥信息通信技术在民生领域（如生态环境、交通、医疗等）的应用，试点城市也大多侧重某一领域的智能应用。目前试点成效较为突出的城市有：荷兰的阿姆斯特丹、瑞典的斯德哥尔摩、卢森堡的首都卢森堡和俄罗斯的斯科尔斯沃等。

经过多年努力与战略实施，欧盟结合发展实际与发展目标，于2010年5月制定并发布了新一轮的战略规划，即《欧洲2020年战略规划》。在这一战略规划中，重点提出要"实现智慧型增长"。其中，"欧洲数字化议程"被欧盟提升到促进未来经济增长的七大旗舰计划之一，其目的是要通过信息通信技术在经济各个领域、各个环节的推广普及与融合应用，提升经济运行效率、改变经济发展方式，从而取得稳定、持续和全面经济增长。

欧盟能源委员会在2011年6月发布的"欧盟新智慧城市与社区行动"报告重点强调：现在是智慧城市与智慧社区建设的最佳时机。无论城市部门还是工业部门，都在探索可持续的、综合的智慧城市与社区解决方案，从而为城市或社区居民高效地提供价格合理的清洁、安全能源。欧盟委员会在2012年7月正式启动"智慧城市和社区欧洲创新伙伴行动计划"，这一计划的核心是要通过对通信、信息、交通、能源等新技术的深入调研与系统集成，以特定城市试点示范为先导，推动新技术、新模式的规模应用，促进欧洲智慧城市的全面建设。在这一框架之下，欧盟不仅会全方位推动通信、信息、交通、能源等产业之间建立战略合作伙伴关系，还将推动这些产业与城市建设的深度融合，促进欧洲各城市加快构建未来城市体系。

二、城市智能规划的技术探索

（一）计算机辅助设计技术（CAD-Computer Aided Design）

计算机辅助设计技术（CAD）主要指的是城市规划设计人员通过计算机及相关的图形设备、软件等的协助，可以更高效、更精确地开展规划设计工作。这一技术的出现，对城市规划行业而言，可谓意义十分重大。它使以徒手绘图为核心的传统规划模式迅速迈向以计算机软件辅助制图为核心的现代城市规划模式。

最早的城市规划建模软件的主流是二维模型，诞生于1982年的AutoCAD（通用软件平台）在历经近37年的迭代更新与持续发展后，目前已成为市场上主流城市规划设计辅助工具，基本能够完成在二维空间层面上绘制各种复杂图形。20世纪90年代以后，三维建模工具（包括SketchUp、3DS MAX、Rhinoccros、Revit等）被发明出来并迅速成为城市规划设计的主要辅助工具之一，这一工具不仅可以协助城市规划人员较为有效且详细地完成几何图形和体量的测量，而且能够较为直观地把设计方案的空间形态模拟出来。根据模型所涵盖的几何信息内容复杂程度的高低进行划分，2001年以前的城市三维模型技术的发展主要聚焦于六大主要类型（见图6-3），主要包括二维数字地图和航拍图像技术、基于实景图片的实时渲染技术、建筑街区体块建模技术、包含材质贴图的街区建模技术、建筑细部和屋顶形态建模技术以及全体量化建模技术[1]，其演进与发展驱动城市规划建模技术逐步迈向复杂几何模型的实时渲染，从而推动可视化的三维模型的实现。CAD建模技术通过利用计算科学和计算机图形学来实现复杂城市空间形态的构建，从而通过虚拟模型操作来更加智能化地仿真城市复杂系统的动态发展。但是，这些CAD专业工具是有一定局限性的，主要是由于它们并没有真正意义上应用城市模型，而只是把其作为图形处理的工具而已，只是用于设计方案、空间形态的绘制、展示与推敲，这其中并没有实现处理、分析空间及属性数据的功能。

---

① 甘惟．国内外城市智能规划技术类型与特征研究［J］．国际城市规划，2018（03）：105-111．

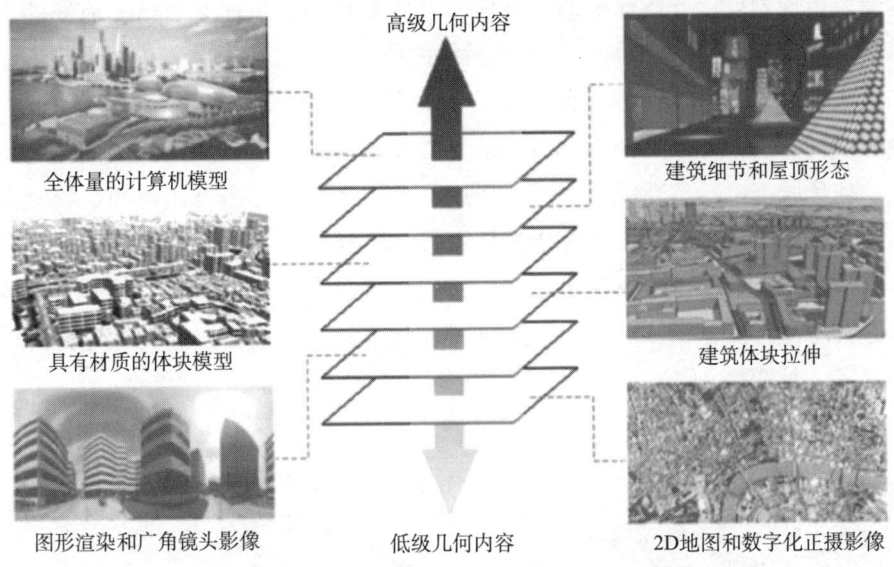

图 6-3 六种计算机辅助设计技术的信息级别

（二）城市定量评价技术（Urban Evaluation Model）

随着城市模型的持续更新与迭代发展，城市规划已完成从基于描述的定性分析向基于算法的定量评价的转变，已从城市形态的单一分析向经济、社会、政治、文化、形态、环境和功能等的综合分析转变。

城市定量评价技术通过静态分析模型的综合应用，可有效、科学地在数字化层验证城市功能与空间的可行性，进而在以建模为核心的 CAD 工具的基础之上，发展出以城市特定问题为导向的系统化、智能化的解决方案。例如，在研究城市生态时，可通过构建反映城市日照、风、能耗等的计算与仿真模型，对城市生态进行横向评价与比较，进而形成城市生态研究的综合解决方案，从而更好地指导研究与实践的结合。

城市分析与评价模型是一个复杂的系统工程。西方学者吉尔（Gil et al.）等认为："21 世纪以来出现的城市定量评价模型都不足以较为完善且系统地描述与评价城市规划方案，应通过融合多种城市空间分析模型来构建全新的规划评价框架与模型，将城市空间及与空间相关联的各种分析进行有机整合，从而实现城市规划方案的系统优化。"这一理念与方法在后续研究与实践之中得到了进一步的深化。来自米兰大学（The University of Milan）的学者莫雷罗（Morello）提出："应从人、可达性、环境、能源使用和城市形态 5 个方面来构建城市规划设计方案评价的指标体系与定量模型，从而判断这一方案能否符合城市可持续发展的目标。"他在后续的研究之中针对每项指标的计算方法和意义进行了诠释，并通过前后主要指标值的变化来评价各个方案的优劣。针对这一方法，普拉里（Puerari）结合真实项目进行了较为翔实的阐述与论证：他从城市更新、功能形态、舒适度、生态环境、交通可达性和系统复杂性等6个层次构建起分析评价指标体系并建立相应的模型，并通过多种计算机软件和数据处理工具，对各个指标进行了计算、对比和评价，进而得到各个方案的优劣程度，并对各个方案进行优化与融合，形成一个更加完善的综合方案（见图表6-4）。

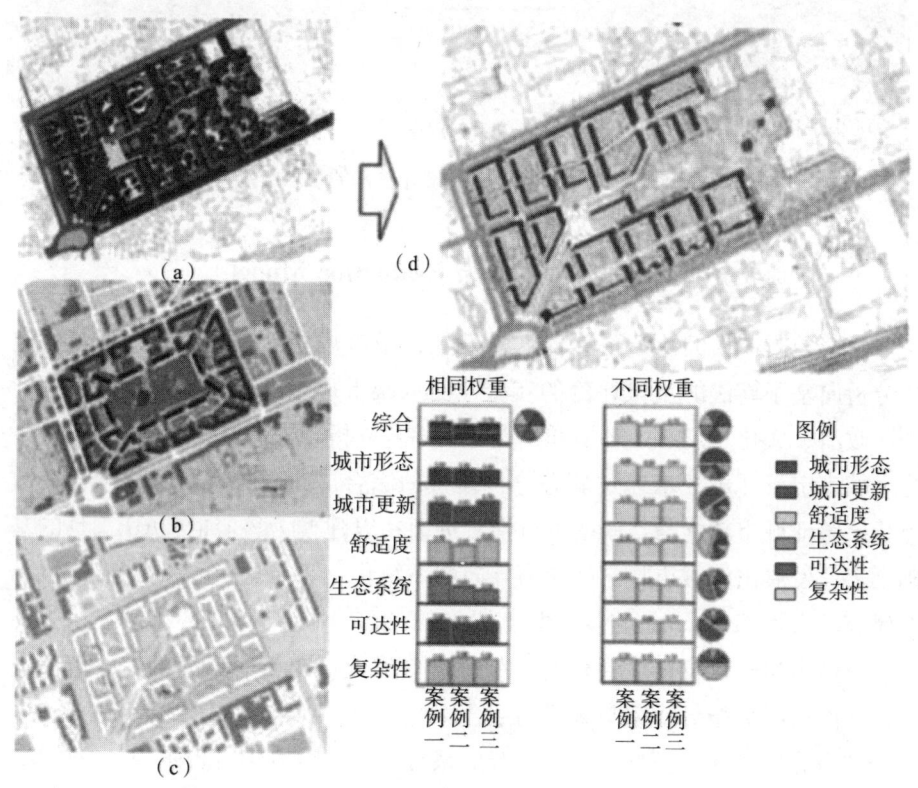

图6-4 多方案定量评价以及方案综合

（三）城市动态模拟技术（Urban Dynamic Simulation）

城市动态模拟技术主要是通过建立分析与模拟城市发展进程中的各子系统之间互动关系及与外部环境的关系的技术模型，模拟与推演城市动态发展进程。20世纪50年代，美国麻省理工学院（Massachusetts Institute of Technology）的知名学者弗雷思特（J. W. Forester）教授率先提出"系统动力模型（System Dynamics Model）"，并在区域经济与产业发展的政策研究上进行应用。具体而言，他通过建立系统动力学的指标体系与数学模型，通过相应的软件与数据分析手段，分析区域经济与产业发展复杂系统的各个子系统之间的相互因果关系，找到区域经济与产业发展演进的基本规律，从而基于这一规律对这一复杂系统的发展进行动态模拟与前瞻预测。60年代，弗雷斯特教授将这一理论与方法进一步延伸到城市发展的研究中去，并在1969年出版著作《城市动力学》（Urban Dynamics），这标志着在城市动态发展研究中首次引入系统动力学理论并建立相对完善的分析评价模型。随着反馈控制理论与计算机仿真技术的迅速发展，系统动力学理论、技术与模型在城市研究中的应用不断扩展并持续深化，城市动态模拟技术的理论与方法论基础也逐步得以建立。总体来看，基于系统动力学的城市动态模拟模型更加关注的是研究、模拟与预测周期规律较强、时间跨度较大的城市问题，这往往需要大规模的历史数据样本作为基础支撑。从这个角度上来看，那些缺少足够数据支撑且较为微观的城市问题往往不适合运用这一模型进行分析。

2007年，英国城市学家迈克尔·巴蒂（Michael Batty）正式出版专著《城市和复杂性》，他重点介绍了"基于元胞自动机的城市动态模拟技术模型"，这是城市规划走向智能化的重要理论探索与技术突破。这一模型的基本思路是通过元胞自动机来描述如何通过若干较为简单的系统动力学原理生成形态和肌理，进而影响城市空间的动态演进。经过近两年的深入研究与论证，迈克尔·巴蒂在2009年通过设定较为理想的发展条件来控制城市形态的演进，从而在"数字实验室"中动态地描述了一个城市的迭代发展，并通过持续的"反馈—调整"实现优胜劣汰，最终形成一个"理想的"城市规划设计方案。这一研究率先演示了城市动态生长的全过程，这也成为城市智能化成长模型的最早原型。

2010年以后，城市动态模拟技术得到了迅速发展。其中，比较有代表性的是ESRI公司推出的一种程序化建模技术（PMT - Procedural Modeling Technique）。通过这一技术，可以在明确反映城市迭代发展的关键指标参数的基础之上，自动生成城市规划设计方案，并可通过参数编辑的方式控制城市规划设计的形态结果，从而创造出无数的方案。把城市形态演进的基本规律与根本动力作为运算逻辑的程序化过程，是推动计算机模拟理论在城市规划设计领域深度应用的基础。城市学者斯塔维克和马里纳（Stavric & Marina）等人在一项具有试验性的城市研究中，对推演模型生成进行了系统的解释："即运用多代理人、元胞自动机、程序化建模以及其他城市规划数字技术来构建系统生成模型，从而自动产生不同的城市发展形态，进而对城市未来的空间形态进行动态模拟与前瞻预测。"这一研究在后续的实践中，以一个简化的居住区项目为案例，通过生长推演算法，动态模拟并最终生成了居住区的空间形态。在这一案例实验中，不仅考虑到各个规划约束条件的复杂性，更充分考虑了整个空间的动态平衡。最终的设计结果不仅在空间复杂系统层面上较好地平衡了高度、密度、建设强度等城市规划诉求，而且也在单体层面形成了基于生成逻辑的多元化建筑方案（见图6-5）。

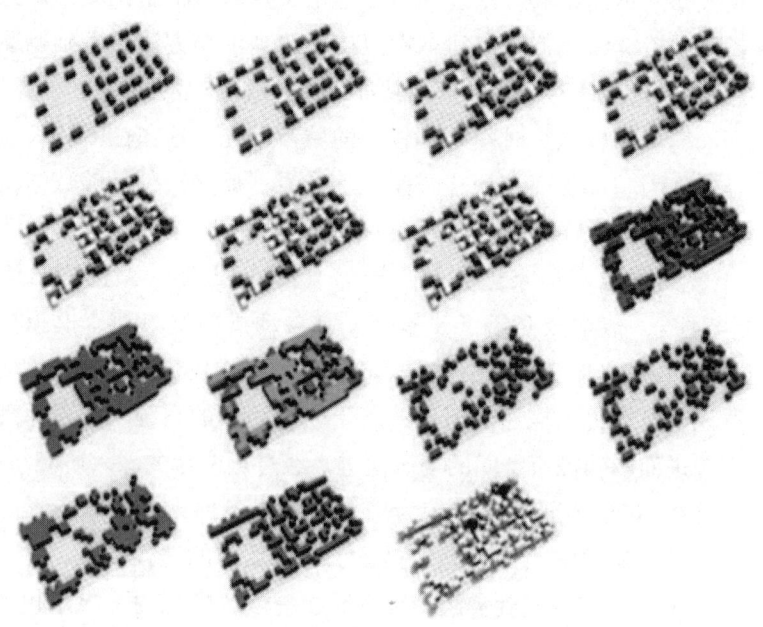

图6-5　居住区形态生长过程

　　我国在这一技术的研究方面大多仍处于理论探索和方法论证阶段。例如，国内有学者正在研究在城市规划设计领域应用参数化建模技术，以实现对城市大数据信息流的结构化处理，这种应用不仅能极大地改变城市规划设计思维，也能同时改变城市规划设计方案。但是由于城市是一个复杂的巨系统，参数化技术往往难以建立起能够反映城市各个要素关联的有效模型，所以目前尚未得到较为广泛的应用。从应用的成熟度来看，在我国城市群、大城市或特大城市规划中应用系统动力学模型较为广泛且成熟，这些应用往往偏重宏观层面的城市问题的分析与预测。例如，龙瀛等于2008年构建了北京城市空间发展模型（BUDEM-Beijing Urban Spatial Development Model），这一模型通过 Logistic 回归、元胞自动机等方法，对北京市城市发展空间的历史演进进行了动态分析，并对北京城市未来发展空间进行了情景分析与前瞻预测。他们在后续研究之中，对精细化城市模型的主流建模方法进行了系统梳理，包括基于主体建模、元胞自动机以及传统微观模拟等3种自下而上的微观模型，试图建立我国精细化城市模型的顶层架构与核心技术，以期对我国大城市及区域城市空间政策的制定和评估建立基础支撑。

（四）城市智能交互技术（Urban Responsive Model）

最新的城市智能规划技术主要是体现在"交互"层面。2007年，国内学者蒋云良等建立了一种基于交互的动态 GIS 景观评价模型，这一模型实时、动态地评估了景观规划和景观评价这两个过程，实际的案例也佐证了这一模型和方法具有较强的可行性。该研究还进一步提出将反馈模型应用于城市规划领域并举出相应实例。近年来，学者们开始认识到，传统的计算模型往往强调定量技术在城市规划设计领域的应用，更多是偏向于把计算机科学和技术领域的各种先进成果引入到城市规划设计领域。这一过程更多是把城市看成一个"技术存在"，而忽视了人的能动因素。基于这种认识，有学者开始在城市规划设计领域引入反馈模型，建立"人—机""干预—后果"的交互模型，以期分析城市空间形态演进与人类社会活动的关联性，这也成为城市智能交互技术的新主攻方向。2010年，同济大学张林军等提出一个相对理想的智能交互模型：路网结构。若发生变化，通过这一模型与系统，就可以自动更改地块面积，从而影响在设定的建设强度下每个地块的能耗计算。这一模型虽然已经表现出一定的智能交互的概念，但是他并没有在研究中直接提出"智能"或"交互"等术语。2016年以后，更多智能交互技术被引入到城市智能交互模型的构建之中，其本质是在城市智能交互模型中建立起参数输入与结果输出的联动，动态、及时地把城市信息的变化反映在城市智能交互模型算法的优化中，进而为城市智能交互模型从静态模型向动态模型转变开辟新方向。

目前，城市智能交互模型技术依旧处在初期探索阶段，更多是在城市三维建模软件基础之上进行的"二次开发"。Mode lur 是常用建模工具，SketchUp 的一个插件，是一个较为常用且比较典型的反馈建模工具。通过这一插件，能够以一种动态反馈的形式控制城市规划设计中的建设指标，规划师因此可在建模过程中随时了解建筑面积、建筑层高、建筑密度、建筑强度、容积率等主要指标，从而系统地把控建设水平。其他的城市智能交互工具的探索大多是以参数化设计为基础的。例如，风压参数的模拟应用插件 Vasari、日照参数的模拟应用插件 Diva、嵌入 Rhino 建模软件的 Grasshopper 插件等。曾有学者在试验中翔实地描述并展示了这些插件通过动态调整建模参数对城市设计方案进行风压模拟和日照模拟结果的同步计算，最终优化了生态评价指标。另一个代表性比较强的研究是："通过建立一种城市形态影响反馈模型，通过迅速迭代动态变化的系列参数高效生成城市空间形态，并对评价结果进行计算。"例如，国外学者曾建立过一种智能交互模型——以四组输入参数定义一个起始城市模型，主要包括：①地块面积及四至范围；②公园占比；③道路节点的目标距离以及插入角参数；④建筑高度和建筑后退导则。以这些规则和该模型为基础，系统自动生成城市模型并计算出 3 种城市评价指标，主要包括：①项目与公园之间的距离；②每个建筑单体立面的阳光暴露比例；③项目的各个地块的容积率大小。这三大指标的取值在模型中以不同色彩进行表现，以比较和评价不同生成方案的优劣程度，甚至城市规划设计师都不用去思考如何进行参数调整，系统完全可依据指标评价的预期值自动反推并优化输入参数的合理区间，来获取最优生成结果（见图 6-6）。

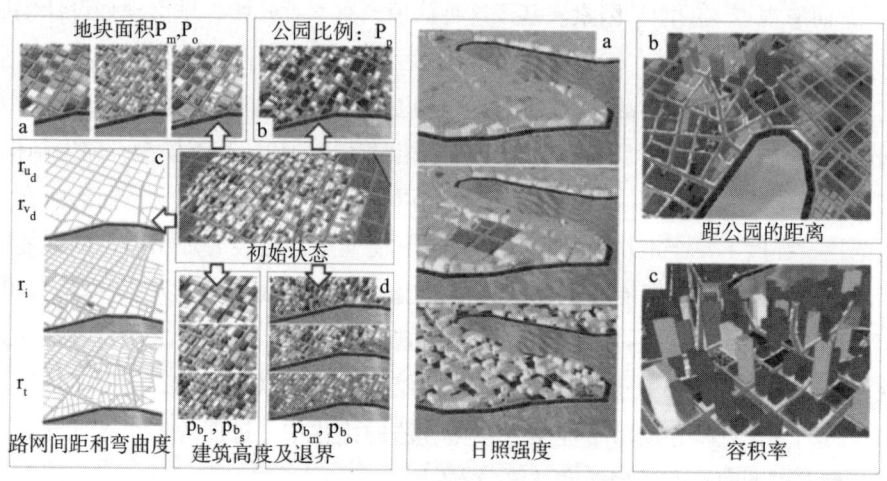

图 6-6　程序化建模中的参数和可视化指标

三、城市智能规划的未来趋势

（一）城市大数据成为城市规划的根本基础

从全球背景看，在经过多年的城镇规模化扩张后，欧美、日本、韩国、新加坡等发达国家的城镇化已基本完成，城市格局也已经基本稳定，其后续城镇化更多是"城上城"发展模式（即在原有城市发展基础上进行"推陈出新"），城市规划开始步入存量规划阶段。中国过去四十多年的城镇化更多是"弃旧图新"的模式，其表现为"城外城"的发展模式，也就是在原有城市之外不断开辟新的城市发展空间，我国过去各类动辄几十甚至上百平方公里规模的经济技术开发区、高新区等的不断涌现就是最好的例证。据不完全统计，我国拥有各类国家级经开区、高新区、综保区、边境经济合作区、出口加工区、旅游度假区等约500个；各类省级产业园区1600多个；较大规模的市级产业园1000个。2016年2月，中共中央、国务院正式发布的《关于进一步加强城市规划建设管理工作的若干意见》中指出："经依法批准的城市规划，是城市建设和管理的依据，必须严格执行。要严控各类开发区和城市新区的设立，凡不符合城镇体系规划、城市总体规划和土地利用总体规划进行建设的，一律按违法处理。"这意味着我国城市发展将告别追求规模的外延式扩张，转向规划引领的内涵式发展，城市建设和发展再也不会走无序扩张、盲目扩张的老路，更不会为了追求GDP而大造"鬼城"和"空城"。未来，在党中央、国务院提出来的"三条红线"（即城市开发边界的红线、永久基本农田保护的红线和生态保护的红线）的严格限定下，我国城市规划必将从增量规划阶段转向存量规划阶段，原有的理想导向与问题导向的规划思路显然无法适应日益复杂的城市系统的快速演变，城市大数据及与之密切关联的技术（如云计算、物联网等）的兴起与发展为推动城市存量规划的创新开辟了新路径和新方向。

通常，我们可以将城市大数据理解为以人为核心、以产业发展为基础、以城市建设为支撑且基于互联网、物联网等所产生的海量数据资源。与传统的以静态统计和抽样方法获得数据相比，依靠物联网、互联网等先进技术实时获取城市运行的海量数据，不仅能够从多个角度、多个层次、多个维度更为全面客观地描述城市现状和主要问题，而且能够更加深入动态地理解城市发展规律，为实时评估和引导城市存量空间与功能优化、促进城市的精明增长奠定了坚实的基础。此外，城市数据的产生与集聚之根本动力是源于城市各类主体的不同活动（如生产活动、消费活动、交通活动等），城市大数据的蓬勃兴起使得城市规划第一次真正意义上回归到以人为核心，使得我国正在大力倡导的城市发展"多规合一"不再只是局限于文本上的衔接与统一，而是走向城市物理世界与数字世界的相互孪生与动态协同，这必将带来我国城市规划体系的根本性变革。

（二）新一代智能技术成为城市规划创新的主要驱动力

2017年7月8日，国务院正式发布的《新一代人工智能发展规划》特别指出："要推进城市规划、建设、管理、运营全生命周期智能化。"由此，城市规划领域的智能化升级成为未来转型的主攻方向。21世纪以来，以"人工智能、大数据、云计算、移动互联网、物联网、区块链"等为代表的新一代智能技术日趋成熟并走向规模化应用，这为城市规划的工具理性提供了前所未有的强力技术支持[①]。与原有规划的技术手段相比，城市大数据及以之为基础的新一代智能技术的蓬勃发展，极大地弥补了传统规划难以通过城市原有数据洞析城市内部流动、理清要素关系而留下一系列技术理性的遗憾。基于城市大数据的强力支撑，新一代智能技术在城市规划领域的深度应用迅速发展，从而促进了城乡发展动态的大数据汇集感知、城乡发展状态的云计算分析诊断、城乡发展规律的人工智能学习、移动互联的公共参与规划和建设决策，成为我国城市规划未来转型与创新的核心驱动力。

2018年12月，住房和城乡建设部办公厅针对《"多规合一"业务协同平台技术标准》（以下简称"标准"）进行公开征求意见。标准进一步明确了城市信息模型CIM（City Information Model）的概念定义，即以"多规合一"业务协同平台为核心，支撑"多规合一"一张图、项目符合性审查以及建筑信息模型数据（BIM）的规划建设管理综合体。平台的主要建设内容包括平台应用体系、平台数据体系、基础环境与安全体系、平台管理体系。标准进一步强调大数据、物联网、机器学习、人工智能、虚拟现实等新一代智能技

---

① 吴志强，甘惟. 转型时期的城市智能规划技术实践［J］. 城市建筑，2018（03）：26-29.

术在平台建设中的融合应用。

在实践层面，我国推动新一代智能技术在城市规划领域（尤其是城市信息模型 CIM 建设上）的深度应用，已经走在世界前列。例如，中国工程院院士吴志强教授的规划设计团队在青岛西海岸新区中德未来城市的概念规划、城市设计、控规修编等实践之中，首次在城市规划设计领域运用 CIM 系统，进行智能化的城市规划、设计、建设与管理。

专栏

中德未来城位于山东青岛西海岸新区的中德生态园之中，投资总额为 270 亿元左右，规划用地面积约 6 平方公里，重点开发区域约 3 平方公里，目标是将打造成具有中德生态园特色的城市 2.0 版。项目规划由同济大学吴志强院士领衔，联合了清华大学、德国 S4 等 18 家国内外顶尖规划专业技术单位，开展中德未来城的概念规划、城市设计、控规修编等规划工作。这一规划编制在全国率先城市规划、设计、建设和治理方面应用 CIM 系统。

城市规划 CIM 技术系统是在过去城市信息模型（City Information Model）的基础之上更加深入融合智能化（Intelligent）的发展目标，构建了城市智能化的信息技术模型，并基于该系统平台应用大量智能分析工具，对城市规划设计方案进行持续优化。这一过程不仅强调城市海量大数据的收集、存储、清洗、脱敏、归类、标签化、结构化以及最后的建模分析、挖掘利用，更加突出的是基于多维模型动态发现、解决城市发展中的各种问题。

图 6-7　青岛中德未来城 CIM 模型处理界面

资料来源：网络。

在实际应用中，城市规划 CIM 技术系统既是城市大数据信息的综合管理平台，更是从信息搜集、存储与处理平台向数据响应分析平台转变；不仅是简单停留在数据技术应用层面，更是强调人与城市信息的智能化交互，体现的是人为的主观能动选择和城市智能生命体之间的系统协调。通过这一系统，系统地在时空层面实现了对城市的地理、水文、环境、重大项目、市政工程等城市大数据的综合集成；以计算机算法为基础依托，实现了对城市发展的若干核心问题的智能化响应，动态化形成了城市规划设计的优化策略，及时发现并高效处理了规划设计方案中的诸多问题；同时，通过大数据的模拟、迭代，得到更加优化的综合解决方案，以智能化手段全面提升城市规划设计的精准度。

城市用地的功能布局是城市空间规划设计的核心问题，也是城市规划作为公共政策手段的核心价值。为解决"城市未来看不清、土地功能不协调、资源利用不充分"等关键问题，依托这一系统，直接导入包括地形地貌、基础设施、公共设施、水系分布、市政工程及已批复的重大项目等大量前置约束条件，并以此为前提基础，构建出多元计算机博弈模型，进行探寻城市发展的基本动力。通过分析发现，"政府、规划师、开发商、市民"是推动城市迭代发展的主要力量，拥有不同的发展诉求：政府作为城市的核心管理主体，更加关注的是城市总体发展蓝图能否得以实现，并对城市关键地区进行开发控制和引导；规划师作为城市发展蓝图的绘就者，更加关注的是主要城市功能之间的空间分布和容量关系，更多站在公共利益的视角进行资源配置；开发商作为城市建设的主要实施者，更多关注具体项目投入—产出平衡，以近期的个体利益为导向；市民作为城市功能的主要使用者，更多关注生活需求的满足，考虑所居住地区的长期价值（见图6-8）。

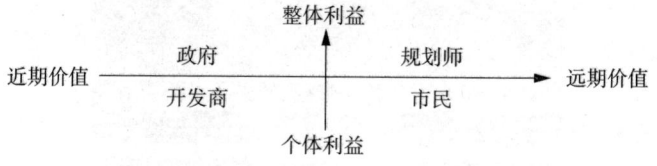

图 6-8 城市规划决策主体的价值观设定

在土地资源有限与各个主体诉求多元的条件下，通过这一平台，模拟四大主体的相互博弈过程，全自动完成城市用地推演过程，最终得到城市发展的六种主要功能（就业、居住、医疗、教育、休闲、商业）的布局结果。计算机博弈产生的结果,比较有效地反映出不同角色在城市发展过程中的互动关系。规划团队以其中一个布局结果为基础,持续优化并完成城市规划布局方案,这是人工智能的计算博弈算法在城市规划领域应用中的一次重大突破。(见图 6-9)

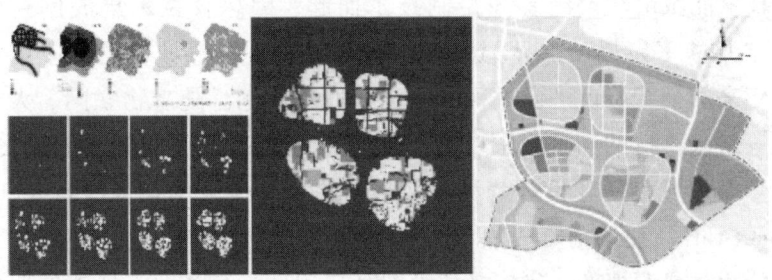

图 6-9　青岛中德未来城用地布局动态推演与最终用地布局

资料来源:网络。

(三)以人为核心的城市创新应用是城市规划的核心目标

城市大数据的蓬勃发展,让城市规划在数字孪生层面率先回归到以人为核心的发展目标。基于城市大数据的新一代智能技术在规划领域的深度应用,让城市规划在顶层设计层面回归到服务各类主体多元化诉求这一具体目标上来。未来,在城市大数据与新一代智能技术的双重驱动下,城市规划必将走出传统规划"纸上画画、墙上挂挂"的尴尬境遇,其设定的发展目标将更加科学、功能布局将更具弹性、创新发展将更具韧性、创新应用将更接地气。这样的规划才能真正把时间与空间、人与城市、数字空间与物理空间等融为一体,这样建设出来的城市才是一个有血有肉的有机生命体,才能实现新陈代谢、持续迭变、生长发育和茁壮成长。

城市发展的核心是为人服务,满足人们日益增长的美好生活需要是科技赋能城市的终极目标。从这个意义讲,以城市各类主体(包括政府、企业、规划师、开发商、市民等)的多元需求为导向,综合运用大数据、人工智能、智能传感器、物联网、移动互联网等先进技术,开发面向细分群体的城市创新应用,将成为未来城市规划追求的核心目标。只有这样,才能真正让城市规划蓝图更精准地照进城市发展的现实中去。

第二节 科技赋能城市建设

科技赋能城市建设因感知控制技术而起，因综合技术集成创新而兴。2008年，IBM率先提出"智慧地球"发展理念，智慧城市建设应运而生，并在近年来的全球城市建设过程中掀起一股新浪潮。随着物联网、大数据、云计算等新兴科技的飞速发展，以解决城市问题、促进城市智能化发展为导向的"智慧城市"建设成为科技赋能城市建设领域的最大亮点。智慧城市（Smart City）建设主要聚焦三大核心要素（即"3I"）：物联化、互联化、智能化，强调把新一代信息技术充分运用到各行各业，把感应器嵌入、装备到城市的公路、铁路、桥梁、医院、电网、隧道、建筑、供水系统、大坝、油气管道，通过移动互联网建立"物联网"，然后通过超级计算机和云计算，使得人类更加精细、动态地洞察城市的主要问题、基本规律与发展趋势，从而提升城市发展"智慧水平"。智慧城市是城市信息化的高级形态，往往强调问题导向，更加强调信息化、工业化与城镇化的深度融合，有助于"大城市病"的缓解与城镇化质量的提升，实现城市的精细管理和市民生活质量的提升。

过去十多年里，智慧城市发展态势良好，但依然面临着总体规划缺失、数据孤岛普遍、IT系统导向（各系统尚未连接，仅以建设IT系统为依归）、战略目标不明、运营模式不佳、资金缺口较大、信息安全缺失、法律监管不全等诸多难题，由此引发的各种矛盾正逐步走向爆发。例如，2017年3月，作为IT巨头的微软在中国落地的第一智慧城市项目——"武汉开发区智慧云平台"正式陷入停摆，华胜天成（微软中国代理商）及微软中国被武汉经济开发区下属的公司"武汉智慧生态公司"（武汉经开区指定的政府合作公司）正式起诉。面对这些关键问题和挑战，我国在"十三五"规划中又进一步提出建设以开放、共建、共享、服务均等化、城市特色化为主要特点的"新型智慧城市"，重点建设落实国家新型城镇化战略，建设富有中国特色、体现新型政策机制和创新发展模式的超级智能城市。

超级智能城市不仅仅是过去智慧城市模式的强化版，更是城市智能化、运营可持续化的前沿先进模式，也是一个吸引高端智力资源共同参与、从局部应用到全局优化，进而实现持续迭代更新的城市级创新平台。从技术角度看，超级智能城市涵盖"云—网—端"三大层次，成为数据驱动决策、技术综合集成的基础支撑体系。端侧实现群智感知、可视可控；网侧实现泛在高速、天地一体；云侧实现随需调度、迭代学习。在技术层面，超级智能城市的本质是通过数据全域标识、状态精准感知、数据实时分析、模型科学决策、智能精准执行，构建城市级数据闭环赋能体系，实现城市的模拟、监控、诊断、预测和控制，尽可能解决城市规划、建设、运行、管理、服务的复杂性和不确定性。从城市发展看，超级智能城市是未来实体城市的虚拟映射对象和智能操控体，将形成虚实对应、相互映射、协同交互的复杂巨系统，实现城市的"六化发展"（即支撑城市全要素数字化和虚拟化、城市全状态实时化和可视化、城市管理决策协同化和智能化），实现三类应用场景（即城市规划建设一张蓝图管到底、城市治理虚实融合一盘棋、城市服务情景交融个性主动一站式），驱动城市智能化运行、持续迭代创新。

党的十九大报告中首次提出建设智慧社会，这一设想强调基于新网络设施、新数据环境、新理念模式、新技术应用，推进以人为核心的可持续创新，使国民拥有更多的获得感、幸福感。我们认为，超级智能城市或将成为智慧社会建设最为关键和最为基础的支撑。

一、智慧城市建设为超级智能城市崛起奠定良好基础

根据德勤2018年发布的《超级智能城市：更高质量的幸福社会》的报告显示，目前全球已启动或在建的智慧城市已达1000多个，欧洲、北美、日韩是智慧城市建设的领先区域。从建设数量上来说，中国以500个试点城市居于首位（包括全国95%的副省级以上城市、超过76%的地级城市），远超排名第二的欧洲（90个），并已形成京津冀、长三角、珠三角等多个智慧城市群，成为全球推动智慧城市建设的最为火热的国家和最核心的驱动力量。在我国的智慧城市建设中，基础设施、城市治理、交通、城市安全、社保信息、生活服务等成为建设的重点领域。（见图6-10）

经过多年的投入与建设，中国智慧城市顶层设计已基本完成，以政府投资运营为主体、垂直行业应用为核心的"智慧城市1.0"阶段已接近尾声。"十三五"期间，中国将投资超过5000亿元重点推进100个重点智慧城市建设，将通

过新技术架构、新商业模式、新运营模式实现城市数据的整合、共享与开放，着力破解城市信息孤岛难题，从而为超级智能城市新时代奠定坚实基础。（见图6-11）

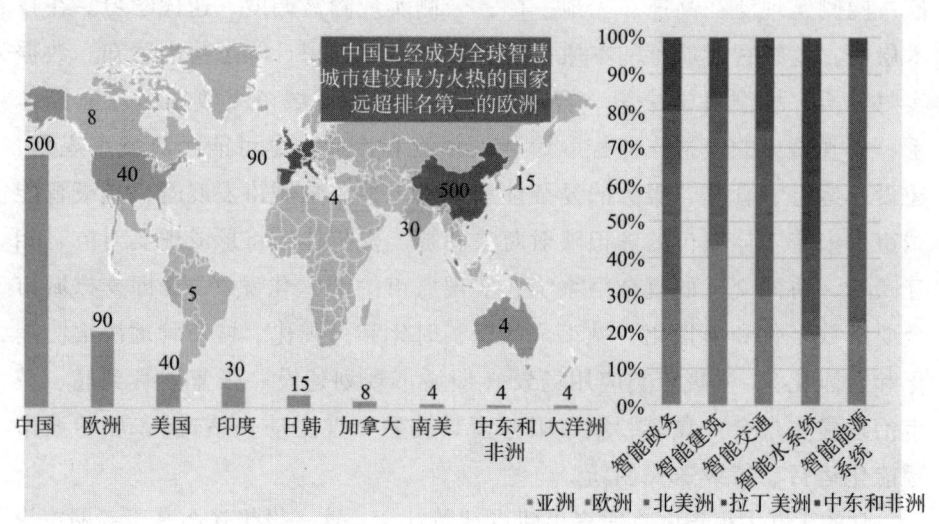

图 6-10　全球各地区在建智慧城市项目比例

资料来源：中国政府公开资料；印度政府公开资料；美国白宫公开资料；欧盟公开资料；Smart City Council；Navigant；德勤研究。

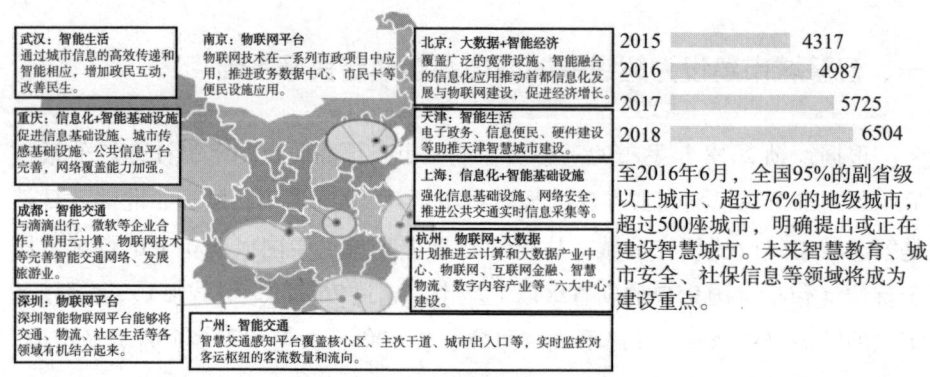

图 6-11　中国重点智慧城市分布与市场规模（单位：亿元）

资料来源：中国中央政府和各地政府公开资料；OFweek；德勤研究。

二、超级智能城市的技术探索

（一）超级智能城市基础：全域布局的智能设施

当前，城市的数据孤岛问题十分突出，城市各个功能板块在感知层面基本处于条块分割、各自为政、互不共享的状态，超级智能城市将针对不同的城市应用场景，统筹感知体系建设，统一采集汇聚，实现城市动态数据的全面整合与实时共享，形成全域覆盖、动静结合、三维立体的规范化、智能化、全连接的感知布局，实现物理城市与智能城市的精准映射[①]。

1. 智能设施空间布局

通过规模部署多功能信息杆柱、智能网关和边缘计算节点，采集周围传感器收集到的信息，支持各种近距离及远距离通信协议标准，统一汇聚处理后上传统一物联网平台和城市大脑进行管理。空间维度上，可将感知载体和设施体系分为空中、水域、地上、地下感知体系进行布局。

（1）空中：可利用浮空平台在空中进行气象、环境等监测和区域视频监控；可利用低空无人机搭载传感器、摄像头等对特殊复杂环境和重点区域进行增强补充、定期巡检和应急保障。

（2）水域：在大型河流湖泊的水下布设水底观测网，水面布置锚泊站，并运用无人监测船等进行水文、生态、环境等监测。

（3）地上：沿道路布设多功能信息杆柱、智能路灯、智能垃圾桶、智能井盖、智能停车场、车路协同等感知载体和设施；在楼宇建筑中布设监测排水、燃气、热力、电力、安防、消防等系统的传感装置；在城市能源系统布设自动计量水、电、气、热等能耗的智能仪表；在全域布设温湿度、空气、噪声、辐射、土壤等环境监测装置。

（4）地下：在综合管廊、地下交通、地下防务等地下空间和水务、燃气、热力、电力、通信地下管线等布设传感设施。

针对不同感知载体和设施特点，传输可采用无线为主或有线为主两种方式进行布局。一是以无线为主，采用4G/5G、无线专网等广域无线网络进行覆盖，主要支持低功耗、大连接数、位置较分散的传感装置或具有移动性的

---

① 中国信通院. 数字孪生城市研究报告（2018）[R]. 2018-12-19.

装备装置。5G网络与边缘计算相结合，可实现在网络边缘侧对海量数据进行预处理，再回传给中心云平台，这样节省传输带宽，提供低时延服务。二是以有线为主，利用搭载物联网关或边缘计算设备的信息集控箱向周围区域通过光纤、电缆或短距无线传输（WiFi、蓝牙）等方式进行覆盖，主要支持位置相对固定、需要持续大带宽连接或持续供电的感知设备数据采集。

2. 标识体系和编码设计

面对海量的物联网设备，有必要建立设备的统一编码标识，规范物联网标识体系，是实现物联网各领域信息互联、产业提升的重要前提条件。IMSI（国际移动用户识别码）是移动通信中进行身份认证的编码方式，资源较丰富，可延续至物联网领域继续使用。我国IMSI由460+2位移动网络识别码+10位用户识别码组成，共计有1万亿IMS资源，按当前IMSI的实际利用率约为3%~4%计算，至少满足300亿~400亿终端的需求，可满足物联网终端设备身份识别的需求。但是仅通过蜂窝网通信接入的物联网设备采用IMSI标识没有实际意义，设备需要通过使用嵌入式eSIM卡将IMSI与物联网终端设备进行有效绑定。基于eSIM建立芯片管理平台可以迅速生长出对基于蜂窝网的物联网终端的管理能力。芯片管理平台对物联网eSIM通信芯片和码号资源进行全生命周期管理，平台应按照eSIM芯片流转过程进行设计，实现eSIM芯片管理与通信管理和连接服务相关平台的高度集成，并从制度建设层面对eSIM运营流程进行梳理、规范，使eSIM在物联网终端的标识可靠性得到验证。

对非蜂窝网接入的设备，应该建立异构兼容的城市级物联标识解析体系，实现不同标识之间的互联互通，包括公共标识之间（如Handle、OID、Ecode）、行业标识之间（如药品电子监管码、汽车零部件编码、动力电池编码等）、公共标识与私有标识之间等多种业务场景。通过吸收借鉴全球相关研究成果与探索经验，并在实践中积极创新，逐步形成既顺应国际发展趋势，又符合我国产业需求的标识编码与解析服务能力。应遵循唯一性、兼容性、可扩展性、安全性和实用性的原则，实现物品统一编码、数据标识、中间件、解析系统、安全机制、信息查询和发现服务、应用模式构成一个完整的物联网统一标识体系。

3. 物联设备连接管理平台

随着物联网在网设备呈爆炸式增长，对物联网快速接入、数据存储和远程监控等提出了更高的要求，物联网平台正是提供设备连接及后续服务等能力的平台。城市物联网连接适配和管理平台，是物联网终端数据采集及运行状况的信息汇聚点，通过协议适配和数据采集支撑城市大脑全景展示城市系统运行状况，通过可视化技术和增强现实技术在信息空间中，实时、完整地展现城市动态，与城市应急指挥中心按需对接、实时互动、互相支撑，确保城市的健康、平稳、安全运行。手机、可穿戴设备、平板电脑等移动终端可借助移动互联网，成为分级分区域的接入控制点。

城市物联网连接适配和管理平台应满足适应多语言、多操作系统的不同终端设备的接入和数据通信需求，并保证通信安全性、实时性和稳定性，并具备包括 C、Java、.Net、iOS、Android 等在内的 SDK 开发工具，可以接受任何安装有协议驱动程序的设备发送的数据。应适配不同场景下适用的不同协议，包括且不限于适用于低功耗场景的 NB-IOT 协议，适用于单点控制模型的 EDP 协议，适用于订阅发布模型的 MQTT 协议，适用于工控传输模型的 MODBUS 协议，适用于车载终端模型的 JT/T808 协议，适用家居穿戴模型的 RGMP 协议等。另外，应支持依据规则添加新的协议。目前中国移动 OneNET 平台、华为 OceanConnect IoT 等物联网联平台兼容各种传输协议，以 API 的形式输出服务，目前已获得广泛推广应用。

（二）超级智能城市核心：高精度城市信息模型

超级智能城市可在一定程度上对城市的人、事、物进行前瞻性预判，进而通过智能交互，实现城市内各类主体的适应性变化和城市的最优化运作。实现这一目标的核心是高精度、多耦合的城市信息模型（CIM）。通过加载其上的全量全域数据，在城市系统内汇集交融并产生新的涌现，实现对城市规律的识别，为改善和优化城市系统提供有效的指引。

1. 城市初始建模的方法

城市信息模型的初始数字化建模，可综合采用航空摄影测量、激光扫描、倾斜摄影、野外实地测量以及建筑信息模型（BIM）等手段获取原始数据，通过数据处理和多元数据融合处理，生成城市信息模型（CIM）。

（1）空中城市 3D 模型。通过无人机倾斜摄影和摄影 3D 建模算法等技术，实现城市外轮廓的快速建模，形成逼真的城市建筑外轮廓模型，并通过图像识别技术，自动区分河流、道路、建筑单体、建筑屋顶、树木、停车场、车位、移动物体等对象。目前高精度的空中城市数据采集可以提供厘米级别的分辨率和逼真的建筑表面纹理。

（2）地面高精度3D模型。由于空中数据采集无法有效覆盖近地数据，地面数据采集可以提供高精度的近地面城市3D数据，和空中采集数据形成有效互补。地面数据采集一般借助地面车辆或者定点扫描，结合图像拍摄、激光扫描等技术，对城市地面、道路景观进行高精度扫描成像。高精度的地面数据可以直接支持城市导航、自动驾驶等应用，精度可达到毫米级。

（3）室内3D模型。对于没有BIM模型数据的城市建筑，可利用专用的室内3D模型数据采集设备及配套软件，通过激光、图像等手段捕获室内数据，可以完成建筑内部的高精度、逆向建模。同时结合定位数据和专门的3D数据融合软件和技术，室内采集的3D模型可以和空中、地面的模型数据进行高精度拟合，形成覆盖室内外、近地表面的城市高精度3D模型。对于拥有BIM模型数据的城市建筑，可利用建筑BIM模型数据，进行室内数字化建模。BIM是城市内部单体建筑或设施的详细三维数字模型，包含建筑所有构件、设备的几何和非几何信息及之间关系信息。通过对竣工交付后的建筑物BIM模型数据进行格式转换和轻量化处理，可以生成高精度的城市单体建筑3D模型。

2. 城市信息模型的构成

没有城市三维地理信息模型数据，且对城市数字化建模止步于道路、桥梁等公用设施，而且城市中巨大的建筑空间内部没有实现数字化，这将是一个不彻底的超级智能城市。

基于城市三维地理信息模型及BIM建筑信息模型数据，可构建起建立全空间、三维立体、高精度的城市数字化模型。三维地理信息模型实现了城市宏观大场景的数字化模型表达和空间分析，BIM则实现了对城市细胞级建筑物的物理设施、功能信息的精准表达，将这两者有机融合和集成，构建超级智能城市的城市信息模型（CIM），可实现城市彻底的"数字化"。除城市三维地理信息模型及BIM建筑信息模型外，CIM城市信息模型还需要纳入城市IOT智能感知数据。智能感知数据包括城市各种公共设施及各类专业传感器感知的具有时间标识的即时数据。智能感知数据可反映城市的即时运行动态情况，与城市3DGIS/BIM空间数据相叠加，将静态的数字城市升级为可感知、动态在线的智能城市。

综合了三维地理信息模型、BIM建筑信息模型及IOT智能感知数据的城市信息模型（CIM），可为城市规划、建设、运行管理全过程的"智能化"进行赋能，包括：时空大数据汇聚、三维导览和虚拟漫游、空间规划推演、方案对比分析、方案模拟验证、三维可视化管理、空间量测和分析、空间3D导航、应急预案模拟验证等。

3. 模型与数据的协同运行

城市信息模型（CIM）作为多源异构城市模型数据汇聚中心，在空间语义定义（模型定义）、空间数据发布、流数据分析、大数据分析、机器学习等方面需要有专业软件技术支持。

城市信息模型（CIM）数据在空间数据渲染上需要突破传统3D模型数据的呈现性能瓶颈。例如，在一个非常狭小的城市中心区域，汇聚了巨量的城市信息模型（CIM）高精度3D模型数据、智能感知数据、公共资源数据、行业活动数据等，城市信息模型（CIM）数据呈现需要借助于数据调度、压缩、图形加速、渲染等手段，在Web端和移动端完美的呈现三维智能城市的效果。

城市信息模型（CIM）数据发布服务可以根据智能城市管理的不同领域的业务需求，将智能城市模型数据按照不同精度、业务场景组织、数据访问管理权限发布成不同类型的模型数据。数据发布可以采用多种渠道，如SaaS/PaaS的数据服务，满足城市多方位的业务需求。

（三）超级智能城市支撑：高效运行的智能专网

为支撑超级智能城市的高效运行，满足城市各类智能化运行场景需求，保障城市全域空间布局的智能化设施感知信息流动，须建设地上地下全通达、有线无线全接入、万物互联全感知的城市智能专网，才能满足智能城市与物理城市虚实融合孪生并行的运行模式需求。

1. 超级智能城市提出网络新需求

从安全、效率、成本三方面考虑建立智能城市专网。超级智能城市提供了基于虚实融合技术能力的管理一盘棋、服务一站式的模式，这种模式与传统的智慧城市相比，有三个突出的特点：一是对于安全性有着更严苛的要求，必须保证网络和信息的绝对安全，否则将可能导致对整个城市的毁灭性打击；二是物理世界与数字世界虚实之间必须实现毫秒级响应，要求网络传输高带宽低时延，网络资源虚拟化按需配置，可灵活调度和弹性组网，支持政府跨部门调拨公共资源、突发事件中的联动响应，以及应急抢险的及时性和准确性，满足城市管理和服务高效率要求；三是满足百万、千万级传感器和智能化设施接入要求，海量的感知数据采集以及城市运行、政务服务、产业发展、管理控制等信息传输将带来巨大的通信传输成本。因此，从安全、效率、成本三方面考虑必须建立城市智能专网，以往信息化建设政府各部门分别租用运营商专线的方式已不能满足需求。城市智能专网对于超级智能城市的成败起到举足轻重的作用。

城市智能专网具有六大功能和优势。一是综合接入功能，提供包含宽带无线网、宽带有线网、视频监控、应急通信、政务外网等专业服务，帮助政府提高城市管理运营效率、解决各种环境下的网络部署问题。二是融合指挥功能，借助智能专网，尤其是无线专网，实现跨部门、委办的指挥通信。三是城市感知功能，面向城市中无所不在的传感和数据采集设备搜集、整合、分析城市运行核心系统的各项关键信息，从而对包括民生保障、环境保护、社会安全、城市服务、产业发展等在内的各种诉求实时化、智能化响应。四是专网专用，更流畅的网络体验，避免公网环境下，用户数陡增导致的网络拥塞，同时可根据需要，自主选择建设的网络疏密及带宽大小。五是网络基础资源共享，更高效的利用率，避免重复建设及租赁带来的资源浪费。六是物理隔离，更可靠的安全性，从接入到传输的物理隔离，大大降低网络被非法入侵的风险。智能专网使我们能够将数字世界与物理世界紧密连接，对城市提供新的服务以及人们的生产生活方式改变带来深远影响。

2. 万物互联综合接入智能专网

智能专网应积极应用各类接入、承载、控制和安全新技术进行组网。智能专网通过万兆基础网络进行统一承载，通过绿色智能数据中心支撑城市信息管理中枢的高效运行。

（1）推进5G网络的大规模商用。打造多网协同的泛在无线网络，实现城市的无缝接入，实现大数据量、大连接数等多种人与人、物与物的连接，适配不同应用场景。按照不同的业务场景可以划分为无线宽带集群专网和无线物联专网。在有条件的情况下申请智能城市专用无线频率，建设高、中、低速全系列物联网无线接入网络，构建城市物联网统一开放平台，实现感知设备统一接入和集中管理。现阶段全系列的物联网接入技术有LTE（高速）、eMTC（中速）、NB-IOT（低速）等，后续5G标准将会引入全新的mMTC技术，实现覆盖全城的万物互联，服务智能环保、智能社区、平安城市、智能监管、智能交通等城市智慧应用。

（2）推进有线网络万兆接入。通过大容量光纤链路构建城市智能专网主网平面，形成双核心、双链路、大容量、高可用和负载均衡的网络架构，在网络接入层支持边缘计算，满足业务本地化快速响应需求；在网络控制层采用SDN（软件定义网络）技术实现业务快速开通和流量灵活调度，提升链路利用率，实现精细化管理。

（3）智能专网须全程全网支持IPv6。支持新业务的引入和部署。在城市智能专网中通过IP新技术构建视音频专网、感知数据专网以及其他必需的行业逻辑专网，充分利用线路资源，减少重复建设。智能专网应制定相应级别网域保护要求。部署对应的网络和安全设备，满足不同级别业务安全需求，符合国家安全等级保护要求，解决各厅局委办中涉及敏感非涉密的业务的强隔离需求，统筹应急响应与灾难备份能力建设。城市智能专网应建立完善的密钥管理基础设施，推进信任体系建设，充分利用已依法设立的电子认证服务机构，实现面向智能专网与各级各类业务应用的身份认证、访问授权和责任认定等安全管理，为跨部门、跨地区的政务业务应用提供安全保障。

3. 智能专网对已有网络延伸增强

从功能上看，智能专网一部分是政务外网及互联网的补充和延伸，主要是运营商无线公网信号覆盖不足或端口受限的场景，通过建设智能无线专网实现网络接入能力的延伸和扩展；另有部分智能专网主要是出于对政务外网或互联网在某些功能或特性方面的增强，如出于安全性、可靠性等方面的考虑，通过自建区域型或特定应用的智能专网来保证业务数据的自主可控，从而提高相关业务的可靠性和安全性，如园区专网或AGV通信承载专网等。

为实现资源的统一调用和灵活共享，智能专网应与公网以及其他外网在保证网络安全的前提下通过统一的标准进行互通，允许数据在网络之间实现信息交换和安全隔离，满足电子政务办公需求和智能城市精细化管理所需的万物互联需求。智能专网的对外互通应重点关注专网与公网以及其他外网的安全逻辑隔离，通过统一的安全控制策略以及在网络入口部署防火墙、入侵检测、防病毒等基本安全防护，来保障智能城市专网的网络安全。同时需提供公众访问智能城市专网的公开信息和非涉密信息系统的解决方案，响应公网以及城市外网用户合法的访问请求。对外出口的互联网架构可按需动态优化部署。

目前一般采用构建DMZ专区实现智能城市专网与公网以及城市外网的分离。通过把允许外网访问的公开信息放置在公用服务器，并连接在DMZ服务器的DMZ（开放）端口上，把不允许外部访问的专网服务器连接在DMZ服务器的 MZ（信任）端口上，依据诉求不同，精确化地采取隔离措施，在对外提供信息服务的同时，最大限度地保护智能城市专网内部网络安全，实现内、外网的分离。DMZ 专区的设置，提高了智能专网内网资源的安全级别，同时也阻隔了外网用户对内网资源的访问。为了让外网用户的合法外部请求也能方便地访问内网资源，可在 DMZ 基础上构建 VPN 专网。同时可采用基于网闸的内外网安全隔离。网闸（或物理隔离网闸）是带有多种控制功能的固态开关读写介质连接两个独立主机系统的信息安全设备。由于网闸所连接的两个独立主机系统之间，不存在通信的物理连接与逻辑连接，不存在依据协议的信息包转发，只有数据文件的无协议"摆渡"，所以网闸在物理上隔离、阻断了具有潜在攻击可能的一切连接，可以实现真正的安全。

综合接入的专网光缆可依托城市综合管廊进行统一规划、统一预留在管廊内，单独设立智能专网通信舱，统一对外的链接出口。纤芯应根据实际网络需求进行布放并进行纤芯冗余，避免后续因扩容导致纤芯重复布放。局办委专线采用 IP 承载网实现统一承载，通过二层/三层 VPN 实现逻辑隔离，保证各自的相对私密性。视频监控业务回传采用有线为主、无线为辅的方式实现，有线接入采用 xPON 技术，无线采用 5G eMBB 方式。物联网的传感器采用 5G mMTC 方式，实现低成本、低功耗。

为满足智能城市有线无线综合接入的专用网络需求，接入网机房可利用社区综合机房与其他运营商共址部署，并对智能专网区域单独做保护隔离。无线网络应满足城市百万级的感知设备联网和采集需求，建议申请智能城市专用的无线频率。依托智能停车场、多功能灯杆、综合管廊等新型物联网集成载体的建设，实现感知设备的部署。

（四）超级智能城市重点：智能操控的城市大脑

超级智能城市通过城市大脑，汇聚与交融不同来源的数据，实时、高效、真实地记录展现城市发展动态，尽可能提早预知政策干预对各个子系统产生的不同影响，充分考虑各种规避行为、时间延迟和信息损失等问题，将"自学习、自优化"功能融入城市管理过程之中，最终达到增加城市系统整体福利的理想效果。

1. 大脑凸显自主学习与集中调度

传统智慧城市的控制智慧中心比较简单，基本上承担城市大数据的综合分析和决策职能。而超级智能城市的大脑不仅具有数据涌动、知识发现、实时诊断、智能辨识、态势认知等城市多元数据分析的基本能力，还应有模拟仿真、深度学习、自我决策等更高级能力，而且更重要的是必须具备反向控制城市智能化设施和相关主体（如人、车）的能力，使城市自然资源、道路资源、电力资源、医疗资源、政务资源、警力资源等得以及时调配，问题得以快速处置，使整个城市越来越美好。

超级智能城市模式下城市大脑紧密围绕城市信息模型（CIM）和叠加在模型上的多元数据集合，充分运用人工智能和深度学习的技术来治理城市。要能整体认知城市态势，实时处理人所不能理解的超大规模全量多源数据；要能够通过机器学习，洞悉人所没有发现的城市复杂运行规律和自组织隐性秩序；要能制定超越局部次优决策的全局最优策略，形成城市层面的全局统一调度与协同。通过物理城市和数字城市虚实互动，不断交换数据和传递指令，在数字世界仿真，在物理世界执行，使城市运行不断优化，向高度有序化演进。

2. 一体三翼构建数字孪生城市大脑

城市全要素数据治理、城市信息模型和人工智能支撑下的大脑平台，组成了超级智能城市大脑。

（1）全域数据治理。一方面，建立超级智能城市统一共享的"数据中台"，即城市数据资源平台，包括数据共享交换、数据统一分析、数据汇聚等基础能力。另一方面，构建可互操作、一体化的"数据语言"暨城市数据定义与标准，包括数据汇聚、数据模型、质量评价、数据应用等一系列城市大数据建设标准规范，进而形成城市数据标准汇聚生态，为城市大脑生态中的跨渠道的多源数据融合分析奠定前提基础。

多元数据主要包括：一是城市语义信息，即城市全要素语义化，将其几何属性、自然属性、社会属性以数据形式表征，被计算机所理解，形成统一的城市知识图谱。二是政府部门掌握的信息，如产权、户籍、社保、法人、纳税、教育、医疗、交通、电信等，据统计，80%的信息与空间地理相关。三是城市运行产生大量数据，如路况信息、导航信息、气象信息、车辆轨迹、人口流动等，将物联网、传感器、监控点等城市实时运行多源异构数据通过语义与空间数据进行时空上的聚合，并向各政府部门和社会企事业单位提供基础服务，突破传统的时空云走不出政府应用的困境。

（2）城市信息模型。超级智能城市以城市作为整体对象，并不是建立一个单一城市整体模型，而是拥有一个模型集，模型之间具有耦合关系，其价值就在于通过对数据资源的深度挖掘、分析，使不同来源的数据在城市系统内的汇集交融产生新的涌现，实现对城市规律的识别，为改善和优化城市系统提供有效的指引。

超级智能城市模式下这些信息悉数加载在城市信息模型上，依靠人工智能技术进行结构化处理、量化索引一座城市，依靠深度学习技术实现自动检测、分割、跟踪矢量、挂接属性入库，形成全景视图和各领域视图，全局、直观、量化可分析、可推演、预见未来，从而给城市管理带来质的飞跃。例如，通过人口年龄段与学校、药店、养老院等叠加分布分析，能够为学校和药店等选址提供数据支撑，辅助政府决策。

（3）人工智能赋能。城市数据大脑汇聚城市海量数据，构建支持知识推理、概率统计、深度学习等人工智能范式的城市级指挥与调度平台，形成两方面赋能：

一是提供感知识别、知识计算、认知推理、运动执行、人机交互能力的使能支撑能力，形成城市级视频识别、语音识别、自然语言处理等基础设施，为行业系统、区县中枢（及其应用）提供智能化支持。

二是进行跨领域、跨部门、跨区域的即时数据处理，实现数据融合式创新，协调各个职能系统，通过大数据、人工智能等技术支撑各行业系统有效运行，有效提升系统能级，解决城市综合性问题，修正城市运行缺陷，提高城市运行效率。

3. 创新全景全要素城市治理新模式

传统的智慧城市还是条块的管理，缺乏全景式一盘棋管理的高度、广度和深度，而超级智能城市大脑以"城市信息模型 & 城市全要素语义化数据 & 人工智能"的治理模式有力弥补了这一短板，使城市管理更上一层楼。

城市画像、居民画像在超级智能城市模式下才能实现。通过政治、经济、文化、社会、人文、历史、地理、生态、环境、气象、交通等全要素数据聚合，准确抓取城市体征，进行城市画像，可洞察城市动态，摸清城市发展脉络，制定正确的城市发展战略和策略。通过民众的衣食住行、文化、消费、兴趣、爱好、收入、教育、医疗、卫生、职业等多元化数据聚合，临摹出城市的人口特征，进行区域人口画像，可精准洞察民众痛点和需求，便于对症施药，改善公共服务和社会服务，提升百姓幸福感。

城市大脑实现运行管理"一盘棋"。人口实时分布热力图，城市机场、高铁站、交通枢纽、地铁站、热门景点、博物馆、图书馆、体育馆运行状态和实时利用率、人和车辆动态和轨迹追踪、城市大型建筑、桥梁、游乐场、重点设施的安全监控,一张图全景展现全市运行动态,常态下监控,应急态下统一指挥全城协作。

此外,如通过建筑几何数据、声学传感器数据、专业分析模型以及可视化渲染进行城市噪声分析,通过道路桥梁几何数据、地质传感器数据、专业分析模型以及可视化渲染进行洪水分析、能效分析、地表光照分析、电信信号分析,进行电信规划和仿真、交通模拟和规划、环境和能源管理、智能决策分析、智能预测和预警,最终形成自学习的优化运营。

三、超级智能城市的未来趋势

未来,超级智能城市将重点聚焦六大关键要素(智能化、自主化、融合化、实时化、普遍化和开放化),重点发力六大发展领域(智能经济、智能出行、智能环境、智能安全、智能生活和智能教育)①。

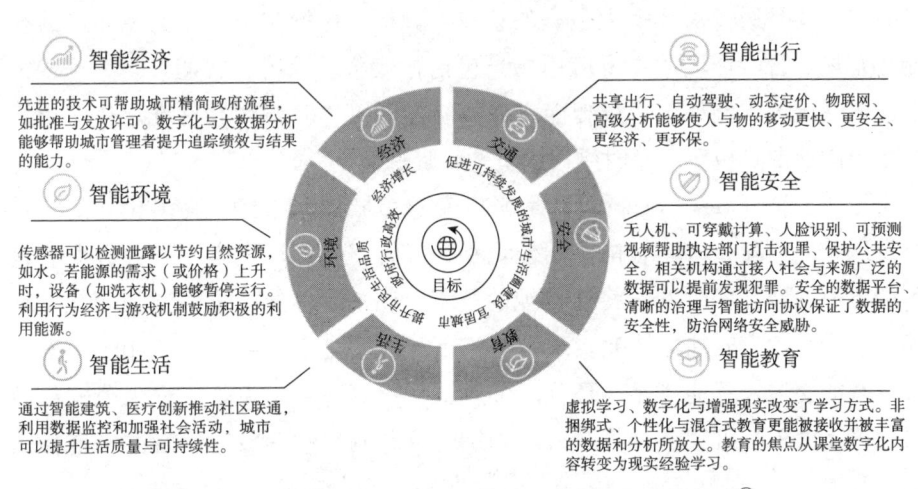

图 6-12　超级智能城市-六大关键要素与六大发展领域②

智能经济(Smart Economy)是互联网、大数据、人工智能、云计算等新一代信息技术与实体经济深度融合后的新经济形态。智能经济以效率、和谐、持续为基本坐标,以物理设备、互联网络、人脑智慧为基本框架,以智能政府、智能经济、智能社会为基本内容的经济结构、增长方式和经济形态。在

---

① 德勤. 超级智能城市:更高质量的幸福社会 [R]. 2018-02.
② 德勤. 超级智能城市:更高质量的幸福社会 [R]. 2018年2月.

智能经济时代,人的智慧将转变为电脑软件系统,通过互联网络下达物理设备的操作指令,物理设备会按照指令完成预定动作。例如,数据化与大数据分析帮助城市管理提升追踪绩效与结果能力;智能制造的全面普及,会尽可能降低人为因素对制造环节的影响,从而提升制造业的效率与产品质量等。

智能出行(Smart Mobility)是依托移动互联网、云计算、大数据、物联网等先进技术和理念,利用卫星定位、移动通信、高性能计算、地理信息系统等技术实现城市、城际道路交通、交通工具、驾驶行为等的实时感知与动态响应,最终形成具有"线上资源合理分配、线下高效优质运行"的出行新业态和新模式。未来的智能出行领域,共享出行和自动驾驶并存,并最终与智能交通管控和停车系统相互融合,实现"出行自动化、智能化"。例如,智能停车系统方面,未来城市的每个车位都将安装一个传感器以探测是否有车停放,驾驶者可通过这一系统实时获取城市停车空位与价格信息,并得到多种定制化的停车方案。

智能环境(Smart Environment)的发展仍处于起步阶段,政府是主导推动力量,主要是通过对环境大数据的获取、分析、挖掘与应用,实现环境的智能化管理。智能环境的主要应用场景包括智能水务系统、智能垃圾系统、智能能源系统等。例如,通过智能水务系统,可以实时检测并精准定位城市水务系统的泄漏点位置,及时维修以节约水资源。

智能安全(Smart Security)是城市安防领域继网络化、高清化之后的主要发展趋向。随着人工智能、图像识别、人脸识别、深度学习、大数据等技术的迅速发展,城市安防将从单纯的技术、硬件整体解决方案向兼容化、智能化、云运营方向加速转变。未来的城市智能安全系统将广泛应用于平安城市、智能交通、智能楼宇、环保、金融、医疗等行业。例如,未来公安部门可通过无人机、可穿戴计算、人脸识别、可预测视频等及时发现并精准打击各类犯罪。

智能生活(Smart Living)是依托云计算技术的存储,在家庭场景功能融合、增值服务挖掘的理念引领之下,采用主流的互联网通信渠道,配合丰富的智能家居产品终端,实现吃、穿、住、行等智能化的新生活方式。应用场景包括智能社交、智能家居、智能穿戴、智能购物、智能办公、智能建筑、智能医疗等。比如,未来依托统一的城市智能生活平台,居民可以足不出户便能了解社区附近的生活信息,精准链接商家的各类生活服务;可以通过各种智能家居终端产品定时传递自己的身体健康数据,云服务后台的专家会及时会诊与动态提醒。

智能教育（Smart Education）是传统教育与大数据、VR/AR、人工智能等新技术的深度融合后的新教育模式。过去的教育强调记忆、再现等方面的能力，而在人工智能蓬勃发展的时代，机器人在这方面会比人类更出色，而人类更高层次认知能力变得更加重要。具体而言，在学习内容方面，让学生在任何时间、任何地点，即时获取学习内容。例如，在大学学习中，通过网络视频课，可以听北大清华、哈佛牛津等著名高校的老师讲课。在学习方式方面，语音识别和语义分析技术可以用在口语测评，图像识别技术可以用在作文批改和拍照搜题，智能教育可以让每个孩子拥有自己的智慧学伴。在个性化教学方面，通过智能教育的大数据技术应用，可以实时、动态地收集、整合与分析学生日常学习、作业完成过程中产生的数据，精准地告诉老师每个学生的知识掌握情况，老师便可以针对每一位学生的学习情况来有针对性地布置作业，达到因材施教的效果。在学校管理方面，智能教育满足校园管理需求，几乎覆盖学校的全部部门。在机器阅卷方面，通过精准的图文识别以及海量文本检索技术，可以快速核对检查所有试卷与目标相似的文本，并迅速提取并标注出可能存在问题的试卷。

第三节　科技赋能城市治理

党的十九大报告强调："要提高社会治理社会化、法治化、智能化、专业化水平；善于运用互联网技术和信息化手段开展工作。"当前，我国的城市综合治理方面还有诸多难题亟待破解，而以新一代信息技术为代表的高新技术的迅速应用与蓬勃发展，为化解这些难题创造了新机遇、新手段和新模式。城市综合治理走向智能化成为必然趋势，这既需要以技术创新和模式创新为主的科技创新的基础支撑，也需要机制创新、理念创新。未来，唯有以开放、包容的城市发展心态，才能真正走向城市治理的全面创新，才能让我们的城市变得更加智能化、智慧化，让人民群众的生活更加有获得感，变得更美好。

随着智慧城市建设加速迈向超级智能城市建设，智能城管成为未来科技赋能城市治理的主要模式。智能城管是在超级智能城市框架之下，以城市科学化、精细化、智能化治理理念为引领，以大数据、人工智能、云计算、物联网、生物识别、区块链等新兴科技为基础依托，通过城市创新应用的规模延伸和监督管理方式的持续优化,实现对城市管理资源进行科学整合与管理,全面提升城市治理服务水平,助力服务型政府职能的转变。

一、我国城市治理模式的历史沿革

(一)1949 年到 20 世纪 80 年代中期:城市治理制度化探索期

1949 年中华人民共和国成立以后,我国确立了计划经济的发展模式,国民经济开始步入恢复发展阶段。当时的城镇化水平很低,城镇居民只是少数而已,他们大多被固定在"单位"和"居住区"[①],城镇的公共空间很小、功能也比较单一(交通功能为主,政治功能为辅)。对城镇的治理主要以交通管理为主,主要体现在交通秩序维护和市容环境保洁上,分别由公安、环卫部门负责。

20 世纪 70 年代末期,大批人口像潮水一样返城,城市人口密度与就业压力瞬间增高,为了防止社会矛盾激化后引起冲突,城市治理模式开始进行制度层面的创新。80 年代中期以后,城市道路上开始涌现出大量商业经营活动,城市道路空间摆脱了原有单一的交通功能,开始向商业、交易、经营和交通等综合功能转变,并开始成为城市经济性的公共空间。在这一阶段,社会结构也同步走向巨大变化,但政府在城市治理方面的职能却并未发生较大的转变。此时的城市治理依旧是围绕城市环境与卫生工作开展的,并未形成全国统一的制度建设,也没有明确的职能划分和职责分工。

(二)20 世纪 80 年代中期到 90 年代中期:多头执法阶段

改革开放以后,大量农村人口涌入城市(尤其以深圳为代表的沿海城市),这虽然为城市建设、产业发展带来富足的劳动力,但同时也引发了乱摆摊、治安混乱等问题,城市"失序"现象时有发生,城市监察工作渐次开展。1990 年《关于进一步加强城建管理监察工作的通知》发布,全国县级以上城市开始建立城市管理监察队伍。与此同时,城市建设、治理与发展涌现的问题越来越多样,城市管理涉及市容环卫、城市规划、税务、工商、交通、市

---

① 叶林,宋星洲,邓利芳.从管理到服务:我国城市治理的转型逻辑及发展趋势[J].天津社会科学,2018(06):77-81.

政管理等多个行政部门,几乎每个部门都对城市的部分事务拥有管理处罚权,造成行政处罚的"三乱"现象——执法主体资格混乱、执法依据乱、执法程序乱。在这一阶段,管控型思维主导了城市管理部门的行为,政府处理问题的方式显得被动且具有应急性质,强调"条条"管理,城市管理执法队伍数量大幅攀升,行政执法机构繁多,权责交叉重叠,呈现为多头执法的局面。

为解决分散执法导致的多头执法、重复执法问题,一些地方城市政府开始积极探索推动城管行政部门联合执法,即针对城市管理中某一领域的问题,临时组建协调小组进行集中整治。这表明在面对社会发展过程中产生的新问题时,政府倾向于采取新的组织结构,成立新的部门,赋予其专门职权并重新划定组织边界。然而这种简单组合形成的联合执法部门不具有独立的主体资格,这一时期的城市管理呈现分散性特征。

(三) 1997 年至 2008 年:综合执法阶段

1996 年正式颁布的《中华人民共和国行政处罚法》规定"国务院或者经国务院授权的省、自治区、直辖市人民政府可以决定一个行政机关行使有关行政机关的行政处罚权,但限制人身自由的行政处罚权只能由公安机关行使",受委托组织在委托范围内,以委托机关名义实施行政处罚,为相对集中行政处罚权提供了法律依据。2000 年 9 月正式出台的《国务院办公厅关于继续做好相对集中行政处罚权试点工作的通知》,明确了集中行使行政处罚权的行政机关作为本级政府的一个行政机关的主体地位。2002 年 8 月,国务院正式下发《关于进一步推进相对集中行政处罚权工作的决定》,城市管理综合执法开始在全国推广。这一阶段因为是将处罚权合并统一并推动机构重组,城市管理呈现出大综合的特征。通过改革,可以集中行使的行政处罚权主要包括:第一,在市容环境卫生管理、规划管理、环境保护等领域集中的全部或部分行政处罚权。第二,在工商管理领域的无照商贩处罚权。第三,在公安交通管理方面对侵占道路行为处罚的权力。这样,原本分散在多个领域的行政处罚权被合并成相对集中的权力,推动了权力的综合。同时,城市管理部门的机构边界也发生了相应变化,各地或者合并原来的机构或者新设机构来行使相对集中的行政处罚权,执法主体趋于一元化。

然而作为一项完整的管理活动,城市管理包含决策、执行、执法三个阶段,执法处在末端,将处罚权分离出来的末端综合,对执法权力和执法力量予以集中配置,将执法与管理相分离,表明这一时期城市政府仍是以管控型理念来管理城市。在这种理念的主导下，城市政府将"效率"作为管理城市的最大价值，过度强调政府部门的全能化、专业化及模式化，形成了封闭的等级化的中心—边缘结构，即以政府为本位的单中心下的支配依附关系。在这种制度安排下，政府部门处于"中心"位置，将"便于管理"作为其管理公共事务的重要准则，主要采用指示、指令、命令等强制性手段实行社会管理。这种传统的管理模式在面对具有高度复杂性和高度不确定性的公共事务时，很快暴露出诸多弊端。由于政府被定义为管理者而非服务者，政府职能全能化趋势明显，导致政府部门机构臃肿、人浮于事、效率低下；政府部门开始追求自身利益而相对弱化对公众服务的职责要求，导致社会公众对政府管理能力产生怀疑。此外，在实践中城市管理部门各自为政的问题并没有得到根本解决，城市管理体制仍需进一步调整和完善。

（四）2008年至今：大城管阶段

党的十七大提出"加大机构整合力度，探索实行职能有机统一的大部门体制，健全部门间配合协调机制"。在"大部制"改革的背景下，一些地方政府根据自身城市特点和经济社会发展需要，开始着力打造"大城管"体制。主要改革措施是组建城市管理委员会，将其作为市人民政府中负责城市管理的行政主管部门，负责全市城市治理工作的政策研究、统筹协调、组织实施、业务指导、监督检查和考核评价等工作。城市管理委员会内设办公室、政策法规处、市容管理处、景观管理处、环境卫生管理处、综合协调处等机构，下设城市管理综合执法支队，作为全市城市管理委员会的行政执法机构，负责城市管理综合执法的相关工作。城市管理领域的各专项职能部门均被以成员单位的形式纳入城市管理委员会。在市公安局治安管理支队同时设立了城市管理特勤大队，配合、协助城市管理执法。公安人员与城管人员共同上街执法，既能减少暴力执法又可以保障城管执法人员的人身安全。从此，城市治理的各个部门的组织边界被重新界定，城市治理资源也相应得到较为全面整合，从而打破了过去部门之间壁垒森严的状态，并在城市治理的实际任务中产生更强的黏合力。这种模式将以城市建设、市政市容、园林绿化等为主的城市综合管理和行政执法有效地进行了集合，使得城市管理委员会在城市治理的各个职能部门间的宏观管理与多方协调角色得以强化，管理范围也相应更广，这很好地破解了过去管理与执法相脱节的难题，因此表现出了综合性、协同性与集成性的特征。在这一阶段，随着城市管理的体制机制、职责分工等逐步明晰，城市管理开始真正意义上走向服务导向型的城市治理模式。

回顾过去，我国的城市管理更多是政府管控型的治理模式，在这一模式下，所有科技手段的应用基本都是以问题为导向、以提升城市管理效率为目标而展开。例如，城市管理信息化系统、视频实时监控、地理信息定位、远程监控等技术的应用都是最好的例证。随着城市管理模式从以管制为主向以服务为主转变，智能城管模式将会重点发展以服务社会大众为目标的创新型应用，这意味着大数据、人工智能、云计算、物联网、生物识别、区块链等新兴科技手段将全面赋能城市治理的各个环节、各个层面。

二、科技赋能城市治理的创新探索

（一）欧洲：新技术与新模式在城市智能治理中的规模应用

放眼欧洲，城市智能化治理建设正在如火如荼地推进，哥本哈根、维也纳、巴塞罗那、伦敦、阿姆斯特丹等城市正在规模化地应用新技术、新模式，以保证城市智能化治理战略的顺利实施。从这些较为成型的案例来看，不难发现它们都拥有以下几个共同特点：首先，物联网技术在城市发展中都实现了规模化的落地与应用，传感器在交通、污染等数据采集、整合与分析方面应用广泛；其次，众包、众筹、共享等创新模式正在调动城市居民的参与热情；最后，去中心化的能源模式在降低能耗与污染方面成效显著等。与中国的城市相比，欧洲的这些城市在空间、人口规模、经济规模等方面明显要小很多，因此其城市智能化治理的推进往往偏重某个方面（如环境智能化治理等）。

1. 哥本哈根

哥本哈根被誉为全球最智能的城市，尤其在人均碳排放量的治理方面，领先全球（人均碳排放量最低）。哥本哈根在城市治理过程中，通过基于物联网的综合治理平台建设，将置于手机、公共汽车 GPS 系统、下水道、公共垃圾桶等之中的传感器获取的各类数据进行有效搜集、整合与分析，以此为基础开发废物管理和短途出行管理应用，尽可能将城市的碳排放量降至最低。同时，该城市成立了专业的孵化器——哥本哈根解决方案实验室（Copenhagen Solutions Lab），服务于空气污染物的控制与减量。这一孵化器将城市综合管理平台获取的城市大数据免费开放给各类城市应用的开发者与公众，筛选出优质的创新项目，并以这个实验室为基础依托进行全程孵化。例如，出自这个实验室的智能停车项目，使得司机可通过 APP 迅速找到停车位，从而避免不必要的开车兜圈子，进而减少废气排放、降低交通拥堵。

2. 维也纳

近几年来，奥地利一直在大力推行智能城市战略，维也纳通过公共与私营组织 TINA Vienna，大力建设智能城市。在这一过程中，最为有代表性的项目就是"市民太阳能电厂"。市政府通过与地方能源供应商 Wien Energy 的全面合作，大力推行居民众筹的创新模式。在这一模式下，城镇居民可购买一半或整个太阳能电池板，然后交由 Wien Energy 出租，最终该能源公司会购买所有太阳能电池板。同时，市政府也在大力推进生物太阳能屋顶技术在大型建筑（尤其公共建筑）上的应用：这些把太阳能和绿植生长融合在一起的绿色屋顶系统，不仅能够更好地保护屋顶结构，而且灌溉效率更高，还可以为蜜蜂等传粉者提供栖息地，从而最大限度地降低建筑本身的能源消耗和维护成本。

3. 巴塞罗那

巴塞罗那向来就是一个以具有前瞻性的建筑和设计方式而闻名于世界的城市，政府在 2000 年正式开始推动 22@ 创新区项目的落地，这一项目的目标是要将城市独有的优势和新一代数字技术进行有机融合，从而探索智能城市的建设与迭代发展。这一区域主要包括 5 个"知识集群"（即信息通信技术、生物医学、设计、能源和媒体），政府希望创新模式与路径将其进行融合，从而建立起可持续的城市发展模式。以城市 500 公里光缆为期，22@ 创新区充分借助各类传感器，实时、动态地监控噪声污染、空气污染、交通拥堵、市民活动等，搜集、整合这些数据以后，再进行定向分析并开发定制化的城市应用，从而创造出一个活力十足、生态环保的工作、生活空间。

4. 伦敦

从全球来看，建筑能耗几乎占据总能耗量的 40%，因此伦敦的智能城市治理的重点放在了建筑节能方面。作为全球顶级的绿色城市之一，伦敦正在不断地将新一代节能及相关技术应用于城市建筑之中，如在 Crouch Hill 建设的能源中心学校，不仅能够吸收更多二氧化碳，而且可以把过剩的能源供应给附近社区。又如在斯特拉特福德市的 Waitrose，所有废弃食物都会被转化为能源并重回国家电网。而在 Bow 地区的 BowZed，建筑采用了太阳能和风能发电，因而不需要传统的中央供暖系统。

5. 阿姆斯特丹

与哥本哈根比较相像，阿姆斯特丹是一个偏爱自行车的绿色城市。政府在2009年正式推出的"阿姆斯特丹智能城市计划"，以70多个项目涵盖了城市治理的各个方面。在这一计划之中，城市大数据开源则是最为重要的一部分。例如，政府正在大力建设基于物联网的城市基础设施，以其为依托形成了全球最早且能够覆盖全城的LoRa网络。以这一网络为基础，进而创立了开放、共享的"城市物联网生活实验室"，这一实验室允许企业、创业者、研究人员、公民直接连接城市物联网并调用城市数据，开发测试各类城市应用。这一实验室是各种创新想法的创新与试验平台，其开发的应用未来有可能被应用到整个城市。2016年，阿姆斯特丹因为涌现出大量的城市创新应用而被评为"欧洲创新之都"。

在阿姆斯特丹 IJburg 新区，政府通过创建 SmartWork@ IJburg，为城市居民提供免费 WiFi 和本地协同办公空间，使他们可以就近工作或远程工作，从而避免了通勤上下班的麻烦。另一个比较有代表性的项目就是 The Amsterdam Energy Atlas，其目的是要测绘城市的能源潜力。同时，荷兰 Trinite 公司通过动态智能交通管理平台 TrafficLink 的开发，成功实现私人交通数据与公共交通数据的融合，从而较为高效、实时地为用户发布最新道路信息，协助用户找到从出发地到目的地的最优路径，减少污染排放。

（二）深圳："六个一"的智慧生活图景

2018年8月，深圳市人民政府正式发布《深圳市新型智慧城市建设总体方案》（以下简称"总体方案"），提出深圳"六个一"的智慧生活图景。根据总体方案："到2020年，深圳将实现'一图全面感知、一号走遍深圳、一键可知全局、一体运行联动、一站创新创业、一屏智享生活'的发展目标，建成国家新型智慧城市标杆市，达到世界一流水平。"

（1）"一图全面感知"指的是，建成全面且实时搜集城市交通、安全、生态环境、网络空间等城市大数据信息的感知网络体系，以保证运用新一代信息技术手段更加精准地感知城市物理空间与虚拟空间的总体运行状态。

（2）"一号走遍深圳"指的是，建成覆盖整个城市的电子公共服务体系，个人通过"身份证号+生物识别"、企业只要通过"社会信用代码+数字证书"即可办理各类公共服务事项。

（3）"一键可知全局"指的是，建成基于城市大数据、信息共享和人工智能的城市智能决策辅助体系，操作鼠标或通过手机就可以随时随地获取全市各部门、各系统的所有数据以及各类定制化决策支撑报告。

（4）"一体运行联动"指的是，在城市运行、综合管理、公共安全等各个领域，以新一代信息化手段建立起快速反应、预测预判、系统协调的一体化城市运行管理体系，实现市区联动、部门联动、军地联动。

（5）"一站创新创业"指的是，通过城市大数据开放平台和交易平台，释放城市大数据的红利，全力打造基于城市开源大数据的创新创业服务平台，提升数字化产业经济活力。

（6）"一屏智享生活"指的是，建设一体化市民服务平台，把政府、企业和社会组织等提供市民服务与市民生活实现关联，城市居民只要通过手机等移动终端便可方便快捷地获得高品质生活服务。

从深圳的"六个一"智慧生活图景的主要内容与基本内涵来看，深圳要打造的智慧城市实质上已经远远超出传统"智慧城市"的建设范畴，严格意义上讲应该是一个超级智能城市。从中国平安与深圳市政府签署的战略合作框架协议来看，这一城市建设中将会大量运用新兴技术，如生物识别、大数据、人工智能、区块链及云技术等。

三、科技赋能城市治理的技术探索

智能城市是将城市综合服务与管理实现智能化，是大数据、物联网、云计算、人工智能、区块链等新兴科技创新成果应用于城市智能服务的系统工程。重点是通过充分利用大数据、物联网、云计算、人工智能、区块链等技术体系架构，将信息通信技术和网络空间虚拟系统相结合，使传统的产业服务向智能服务转型，充分利用互联网技术在城市智能服务过程中尽可能多地增加产品附加价值。

（一）物联网成为科技赋能城市治理的基础设施

近年来，以构建城市物联网络平台为建设目标的城市更新行动正在全球迅速推进，以智能感知技术为关键支撑的城市物联网正在成为未来城市治理的基础设施。物联网与城市治理的结合，主要集中在无线智能感知技术、泛在接入技术、智能大数据处理技术等方向上形成创新突破，着力开发新型传感器和智能感知终端、智能服务终端与系统、智能化异构融合接入节点、面向用户服务的软件定义关键技术、通用控制和智能业务管理平台等。

基于城市物联网,城市治理将能够全面整合信息资源及实现业务协同,实现城市治理系统中的人与人、人与物、物与物之间的相互感知、互联互通,不断提高管理效率及效果。通过智能化的手段,增强城市治理智能部门与人之间的沟通联系,使城市治理服务更加方便快捷、更具人性化。前端传感器等硬件设备,通过传感技术,实现对城市管理设施状态的监测和感知。基于物联网技术的城市智能感知平台是整个系统的最为基础的部分,是实现城市智能治理所需的各类信息的采集、整合端口,它系统集成了各类硬件、软件、通信技术等的综合应用,包括视频、位置、状态、服务以及其他信息的综合感知。以城市物联网络设施为基础,可以高效地实现传感信号、各类数据的传输。以城市物联网平台对各类数据的存储、整合、运算与分析为支撑,通过基础设施平台共享交换接口,向上可实现城市治理部门和有关机构的数据交换服务,向下可实现下级城市治理部门和指挥中心的数据交换服务。最后依托综合应用平台实时、动态地对监控信息进行关联性分析、智能化识别、高效率融合和全景化展示,从而实现实时的预警、事件接入、执法力量的分布展示与指挥调度。

在实践层面,城市物联网平台建设已经成为很多城市治理的战略选择。根据高德纳(Gartner)统计,截至 2016 年底,全球共有 64 亿台物联网设备(其中,应用于城市治理的物联网设备占比超过 1/4,达到 16.41 亿台)。芝加哥、纽约、阿姆斯特丹、新加坡等国际城市都已经通过城市级物联网平台建设,实现了城市治理的智能化创新,全面提升了城市治理综合水平与执行效率。例如,在美国,2016 年白宫成立了全球城市 CIO 委员会,有 20 多个美国城市在部署城市物联网,并且把数据开放作为智慧城市长期运营的关键。

(二)城市大数据开放成为科技赋能城市治理的关键所在

城市大数据的蓬勃兴起,让城市治理者第一次从多个角度、多个层次、多个维度,全面描绘出城市发展的全景图,客观地认识城市发展现状和主要问题,动态理解城市发展规律。城市大数据让物理城市与数字城市走向认知的统一,使得城市规划、建设与治理真正能够做到以人为核心。

未来,城市不再是简单的钢筋混凝土的堆砌物和"大城市病"的集聚之地，而变成了基于城市大数据的创新场、应用场。这些创新应用往往聚焦某个细分群体（如共享出行人群等），以群体的共性需求为导向，综合运用人工智能、云计算、区块链等新兴技术，调动城市的各种资源予以满足。从这个角度上讲，居于城市之中的每个人其实都是创客，都或多或少地参与到某种创客活动中。城市大数据作为城市的基础战略性资源，只有通过公共平台的开放共享，才能真正转化为实际的应用，服务城市居民的美好生活需求。

（三）人工智能、区块链等新技术开辟城市应用的新方向

城市是人类创造的最复杂的事物，也许没有"之一"。在过往很长一段时间里，城市的复杂性已经超越了人类的认知极限。各种城市规划、建设与治理的理论和实践，往往在很短的时间内就会走入困境，被各种"大城市病"缠身的城市早已不堪重负。回到当下，我们不得不面对的是，人类创造了城市，却亟待重新"发现"城市。

基于城市大数据公共平台的开放共享，人工智能、区块链、生物识别、云计算等新兴技术才能找到真正的"用武之地"。以城市各个细分群体为导向的创新应用，大多都是融合了多种技术与理念的集成。例如，当下流行的共享单车、无人汽车等新业态、新模式。这些城市治理领域的创新应用，为城市大数据向实际政策转变提供了媒介与转接口，为开启城市治理的新境界奠定了坚实基础。

四、科技赋能城市治理的未来趋势

（一）精细化治理

2017年3月5日，习近平总书记参加上海代表团审议，在谈到城市治理时提出："上海要走出一条符合超大城市特点和规律的社会治理新路子，城市管理应该像绣花一样精细。"2018年1月，上海市委、市政府正式出台《关于加强本市城市管理精细化工作的实施意见》并在3月初发布了三年行动计划，明确提出"把握一个核心，以三全四化为着力点，推进美丽街区、美丽家园、美丽乡村建设"，并进一步细化出13项重点任务、42小项实施内容。其中，"一个核心"即城市管理的核心是人，明确了人既是城市管理第一资

源，又是管理服务的最重要对象。"三全"即全覆盖、全过程、全天候，全覆盖就是要把精细化管理要求覆盖到各个空间、各个领域和所有人群；全过程就是要在城市规划、建设、管理之中全方位贯彻精细化管理要求，要保证这一精细化管理达到全生命周期的标准；全天候就是要把精细化管理要求体现在一年365天、一天24小时的每时每刻。"四化"即法治化、社会化、智能化、标准化，法治化是城市治理的根本保障，社会化是城市治理的重要基础，智能化是城市治理的重要手段，标准化是精细化管理的依据和标尺。从国家战略及政策导向上来看，上海在城市精细化治理方面的先行先试，实质上为我国城市治理模式创新指明了新的发展方向。

与西方发达国家的城市治理相比，我国的城市治理有着极强的特殊性。例如，我国人口规模超过800万的城市就有30个，其中北京、上海、广州等13个城市的人口突破1000万。在城市公共空间、公共服务资源等十分稀缺的条件下，我国大城市或超大城市治理必须要像绣花一样精细，必须引入现代科技和智能化手段，做强"头部"和"神经末梢"，使各类事关服务、管理、安全的数据在一个平台上汇总并及时分析预测，为改进城市公共服务管理、提升超大城市治理能力水平提供强有力的科技支持。

（二）科学化治理

在城市大数据、各类创新应用、专家系统等的强力支撑之下，未来的城市治理必将更加科学化。所有的治理决策不再是自上而下的管控，更加强调自下而上的需求导向或问题导向，其中需求导向将成为最为重要的城市治理策略制定的指引。城市智能设施的全面布局，让物理城市与数字城市真正实现合二为一；城市大数据的蓬勃发展，让城市管理者能够全面、深入、动态地洞察城市的发展现状、主要问题与基本规律；城市的各类智能化应用，让城市服务能够更加个性化、精准化、人性化。在这些基础之上，城市的治理才能真正走出环境污染、交通拥堵等"大城市病"的泥淖，步入科学化治理阶段。

（三）智能化治理

在人口老龄化加剧、服务人口短缺等背景之下，城市智能化治理必将成为城市治理创新的关键发力点。城市智能化治理就意味着必须强化"神经末梢"建设，打造互联互通、感知迅捷、动态共享的"神经元"系统；必须有统一、智能化的"城市大脑",实现数据信息共享和深度应用;必须运用互联网、云计算、大数据、人工智能、生物识别等新兴技术手段,推动城市创新应用不断走向规模化,推进城市治理制度创新、模式创新。

第四节 科技赋能城市交通

交通拥堵是目前全球各大城市治理中最为头疼的民生之患、民心之痛,所引发的经济、社会、环境、健康等方面的成本,已经成为城市、区域及国家发展的重大负担。据交通数据公司 Inrix 发布的《2017年度全球交通状况调查报告》显示:"交通拥堵给洛杉矶造成 192 亿美元的直接和间接经济损失,人均经济损失达 2828 美元,整个洛杉矶的损失总计高达 192 亿美元;给美国造成 3050 亿美元的直接和间接经济损失,人均经济损失达 1445 美元。"据中国交通部发布的数据显示:"交通拥堵引发的经济损失占城市人口可支配收入的比重达到 20%,相当于每年国内生产总值(GDP)损失 5%~8%,每年达 2500 亿元人民币。"

在城市人口急速膨胀、汽车保有量持续走高、城市交通空间严重不足、空气污染时有加剧等的约束之下,城市交通难题已然成为我国城市发展的主要制约因素之一。从人均道路面积来看,我国城市道路容量严重不足,全国 32 个人口超过百万的大中城市中,有 27 个城市在人均道路面积上是低于全国平均水平的。比较有代表性的就是上海,其人均道路面积仅为 3.5 平方米,这直接导致城市中心区有超过 50% 的车道高峰小时饱和度达到 95%。从拥堵延时指数来看,济南力压群雄荣膺 2017 年度中国十大堵城之首的殊荣,其高峰拥堵延时指数为 2.067,平均车速 21.12 公里/小时(与 2016 年基本持平),平均每天拥堵 5.7 个小时。哈尔滨连续三年成为年度早高峰最堵的城市,是唯一一个早高峰时段(7 点至 9 点)拥堵延时指数都超过 2.0 的城市;广州成为年度晚高峰最堵的城市,拥堵延时指数高达 2.158,高出第二名济南 1.6%,与 2015 年和 2016 年基本持平;香港、北京和广州成为拥堵成本排名前三的城市,分别为 15890、11747、10501 元。[①](见图 6-13)

---

① 高德地图交通大数据研究团队、交通运输部科学研究院、阿里云等联合编制并发布的《2017 年中国主要城市交通分析报告》。

拥堵最严重城市TOP10		
排名　城市	高峰拥堵 延时指数	人均年拥堵成本 （小时）
❶ 济南	2.067	273
❷ 北京	2.033	268
❸ 哈尔滨	2.028	268
❹ 重庆	1.951	257
❺ 呼和浩特	1.949	257
❻ 广州	1.892	249
❼ 合肥	1.881	247
❽ 上海	1.878	247
❾ 大连	1.875	246
❿ 长春	1.861	244

图 6-13　2017 年度中国拥堵 TOP10 城市分布情况

面向未来，应用大数据、云计算、人工智能、区块链等先进技术，创建智能交通系统将成为解决城市交通问题的关键所在，也成为科技赋能城市交通的最佳切入点。

一、科技赋能城市交通的创新探索

（一）中国杭州：城市大脑

2016 年云栖大会上，杭州与阿里云计算有限公司合作正式宣布启动建设"城市大脑"，项目预算为 6860 万元。阿里城市大脑是以阿里云弹性计算与大数据处理平台为基础，结合机器视觉、大规模拓扑网络计算、认知反演、交通流分析等跨学科领域的顶尖能力，在互联网级开放平台上实现城市海量多源数据的收集、实时处理与智能计算的城市智能中枢平台。阿里城市大脑目前已经具备了全球人工智能公共系统，已具备信号灯优化、应急车辆优先调度、交通事件实时感知等功能，并孵化出一系列世界领先的技术，被称为人工智能领域的"登月计划"。（见图 6-14）

2017 年云栖大会上，经过一年的运行后，杭州城市大脑 1.0 版（城市"数据大脑"交通治堵项目一期工程）正式发布，并交出了一周年的答卷：在杭州城市大脑覆盖的信号灯路口（合计 128 个），试点区域的通行时间总体减

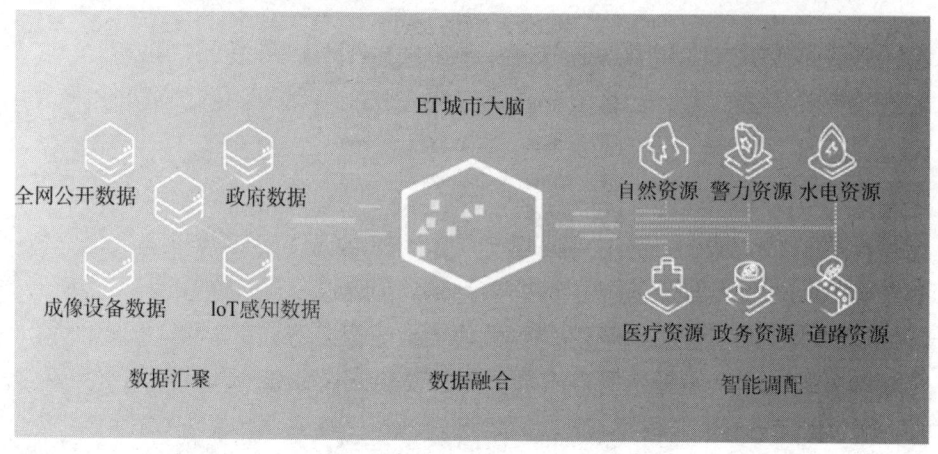

图 6-14 杭州·阿里城市大脑

资料来源：网络。

少 15.3%，高架道路的出行时间平均节省 4.6 分钟。在主城区，城市大脑每日的报警事件达到 500 次以上，准确率达到 92%；在萧山，城市大脑使得 120 救护车到达现场时间缩短 50%。2018 年 9 月 19 日，杭州城市大脑 2.0 版正式推出，并成为杭州综合交通体系的新基础设施：管辖范围进一步扩大 28 倍，覆盖全城 420 平方公里，大约是西湖面积的 65 倍；大脑通过交警手持型移动终端，实时指挥 200 多名交警。在大脑的作用之下，杭州城市交通拥堵率在全国排名从 2016 年的第 5 名降至 2018 年的第 57 名。现阶段，作为"大脑中枢"的杭州，正在积极推进城市大脑交通 V3.0 建设——主要目标是扩大应用范围至主城区全覆盖、作为标准应用覆盖所有区县（市）大队等，向交通安全防控领域延伸，打造大数据环境下的新型交通管理应用平台。

杭州的成功实践让阿里 ET 城市大脑迅速走向全国、迈向全球，不断为全球各地城市治理现代化定制个性化方案，并已发展成为全球最大规模的人工智能公共系统。目前已有杭州、衢州、乌镇、苏州、重庆、海口、澳门、雄安新区、吉隆坡等 12 个省市先后落地，并取得了很好的效果。其中，海南更是以 4.83 亿元的巨额，向阿里云采购海口市城市大脑 2018 年示范项目。

2017 年 11 月，中国科技部已经明确将依托阿里云建设城市大脑国家新一代人工智能开放创新平台。未来，阿里云的城市大脑还将向城管、医疗、旅游、环境、民生、平安等 7 大领域进一步拓展，从智能交通管理平台全面升级为杭州城市的人工智能中枢，并向生态全面开放平台的 AI 能力，将来我们的生活会变得更加高效智能。

(二) 中国香港: 交通管制及监察系统

20世纪70年代以来,香港便开始推动智能交通系统的建设与发展,也因此成为东南亚地区第一个建立自动化区域交通控制系统的地区,这一系统可以高效地统筹协调城市道路上的交通信号灯,保证道路交界处的良好运转。截至2014年12月底,在香港的1863个交通信号中,有1802个(约占96.7%)由这一系统控制与操作。同时,香港共在交通繁忙地点装设了669部闭路电视摄影机来监测城市交通运行动态。此外,在城市大部分的行车隧道和青马管制区,都装设了全方位的交通管制与监察设施(包括闭路电视摄影机、车辆自动探测器、可变信息标志、行车线管制灯号等),以提升交通管理的总体效率与成效。

以城市交通硬件设备建设为基础,香港建立了以搜集、整合、分析、处理与投放城市全面运输资讯为核心的运输资讯管理系统。这一系统主要提供四大功能,包括:①道路交通资讯服务,即提供特别交通信息、交通实况以香港、九龙、新界南行车速度图等服务;②香港行车易,即通过互联网向驾驶人提供可实时查询最佳行车路线,包括时间、距离、道路收费等信息;③香港乘车易,即提供一站式且包括多种公共交通工具的"点对点"在线路线搜寻服务;④智能道路网,即实时提供行车方向、路边停车限制、路口转向限制等资讯信息。以电讯公司、车队及货物运营商、物流运营商、资讯科技机构等为代表私营机构可以通过这一平台提供个性化的增值服务,如车队管理、卫星导航等。

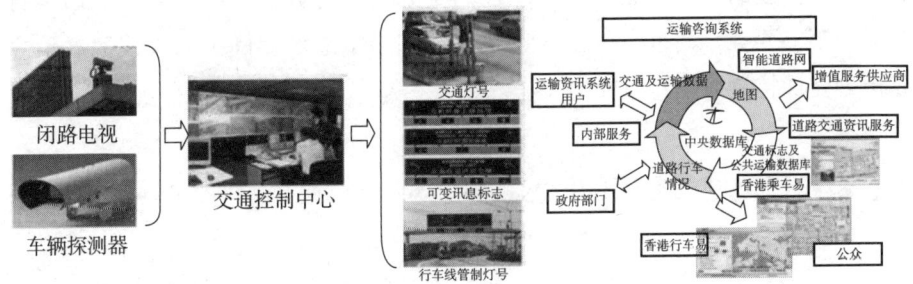

图6-15 香港·交通管制及监察系统

资料来源:网络。

（三）日本：新交通管理系统（UTMS）

日本新交通管理系统（UTMS）是围绕先进控制系统建设的，主要包括11个子系统。这一新系统是在过去的交通控制系统的基础之上发展起来的，可实现对城市交通流的全方位管理（见图6-16）。这一系统的核心是通过车辆与城市交通控制中心之间的双向通信与实时交互，将日本都道府县的警察部门、道路管理者所搜集的各类交通信息汇集到日本道路交通信息中心，再传送至道路交通信息通信系统（VICS）中心进行信息整合后，通过多种途径向出行者动态发布各类信息资讯。

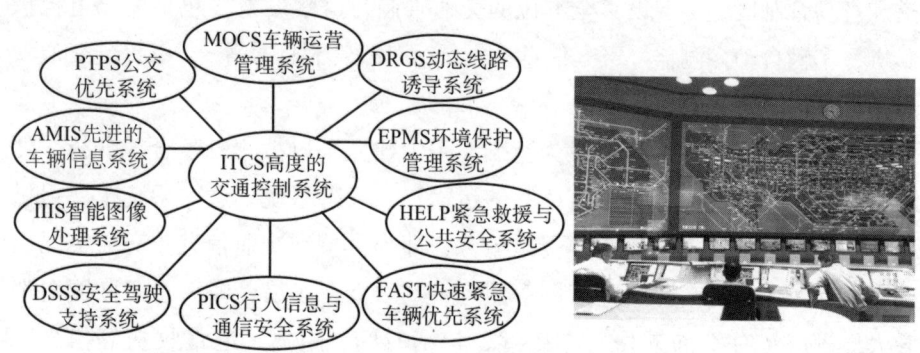

图6-16　日本的新交通管理系统（UTMS）

资料来源：网络。

日本东京警视厅交通管制中心每天都要对这一地区的1.9万多个交叉口进行动态管理，主要包括实时交通信息的搜集分析、交通信号灯的实时调节、交通出行信息的动态发布等。这一控制中心以动态分析和综合研判交通运行态势为第一要务，通过多位专业工作人员和多个显示屏围绕的模式完成信息分析、交通控制、信息发布等工作。

二、科技赋能城市交通的技术探索

（一）物联网技术

作为新一代信息技术的重要组成部分，物联网（Internet of Things，IoT）是通过红外感应器、射频识别、激光扫描、全球定位系统等智能传感设备，结合互联网、移动通信网等，按照约定协议实现人与人、人与物、物与物之间的数据信息采集、传送与交互，采用智能计算技术对所融合的信息进行分析处理，实现对物质世界全方位感知、全面互联互通与智能化控制决策的新型网络。智能交通因感知技术成熟、投资潜力巨大、市场前景广阔、政府大力支持而一跃成为未来几年物联网产业发展的重点领域。其中，"车—路"信息系统成为智能交通应用的重点。

当前物联网技术在智能交通领域的应用基本以RFID技术与传感器网络技术为主。RFID技术主要应用于车辆通信、车速计算、信息采集、自动识别、定位管理、高速公路多义性路径识别、智能停车、路桥电子不停车收费和远距离监控等，尤其在移动车辆识别和管理系统方面应用广泛。此外，RFID技术目前也已成为"车联网"的关键技术支撑之一。基于RFID等标签技术的车联网概念已被大众、通用等全球领先的汽车产商正式提出。"车联网"指的是装载在车辆上的电子标签通过RFID等识别技术，实现在信息网络平台上对所有车辆的属性信息和静、动态信息进行提取和有效利用，并根据不同的功能需求对所有车辆的运行状态进行有效的监管并提供综合服务。国家正在推动汽车数字化标准信源技术的发展，这也是基于RFID开发的涉车信息资源的应用技术，它也将成为推动RFID和车联网产业化的重要驱动力。传感器网络技术主要应用于智能交通系统的监控等领域，如交通数据采集、交通信息发布、电子收费、智能交通信号控制、停车管理、综合信息服务平台、智能公交与轨道交通、交通诱导系统和综合信息平台技术等领域。

（二）无线通信技术

无线通信技术是通过发送端将要发送的信息内容调制到相应的无线电频率上，再经由天线将信号发送到无线信道上，信号以电磁波的形式在空间进行传播。对于接收信号端，其利用天线来对空间中发送的信号进行接收，并采用调制设备来对信号进行具体的调制，并将其转换为原始的发送信号，从而实现发送信息的无线传输。

无线通信技术在智能交通系统的应用主要体现在大量车辆运行的实时信息和图文信息的及时交换，包括四个层次的应用：GSM技术应用、车辆无线通信技术应用、移动通信技术应用和ZigBee技术应用。①GSM技术（数字移动通信技术）应用：利用GSM系统具有语音和数据双向业务优势，通过规模应用移动通信设备，在智能交通系统中建立起基站与车辆之间的信息沟通。

这种技术接入网络方式更加安全、保密、实用，信息传送速率也较高且能实现信息的交流和反馈。②车辆无线通信技术应用：调度中心以广播或命令方式，与行驶中的车辆进行移动通信（包括旅行、管理、调度、安全等信息的发送），实时向移动车辆进行信息传输。③移动通信技术应用：目前主要应用第三代和第四代移动无线通信技术。具体而言，在第三代无线通信技术应用中，主要是利用微蜂窝区实现局域网通信、微蜂窝区实现城郊区范围内的通信、宏蜂窝区实现城市之间的漫游通信；将这一技术应用于智能交通系统，可更加有效强化车辆管理，提高交通运输安全性。在第四代无线通信技术应用中，这一技术的数据传输性能更佳且损坏可能性低，应用于智能交通系统之中，可实现路况视频、图片等较大数据的实时准确收集、传送与共享，可更精准地定位车辆，在导航和道路优化选择应用方面的优势较为突出。④ZigBee技术应用：是一种新型双向无线通信技术，既可在低功耗、短距离、低传输速率的各种电子设备之间进行数据传输，也可进行低反应时间、周期性和间歇性数据的传输。将这一技术与数字移动通信技术进行结合并建立无线网络，可将采集到的信息及时发送到监测平台，从而精准监测公交车到离站时间、自动报站等。

（三）5G 技术

5G（即第五代移动通信技术）对现存的大多数无线通信技术进行了有效整合和深度融合。目前，5G 通信技术的 LTE 峰值速率最高可达到 100Mbps，是 4G 通信技术的百余倍。5G 通信技术因使用更高频谱效率、更多频谱资源以及更加密集的小区部署等而很好地满足了智能交通对高质量语音、高清视频、增强现实、虚拟现实等方面的新要求。2018 年 8 月，工信部和国家发改委联合发布《扩大和升级信息消费三年行动计划（2018—2020 年）》，其中对 5G 进行了明确要求：加快 5G 标准研究、技术试验，推进 5G 规模组网建设以及应用示范工程，确保到 2020 年启动 5G 商用。

5G 技术在智能交通领域的应用主要包括：①新型多天线技术。近年来，无线通信技术发展迅速，交通用户正在面临着日益突出的交通需求和频谱资源有限之间的矛盾，全面提升频谱的利用效率成为关键所在，既能可靠地提高网络稳定性又能提升频谱利用效率的新型多天线技术正是在这种情况下应运而生的。②设备到设备通信技术（Device-to-Device Communication，D2D）。当前主流无线通信技术是以固定基站和中继节点为核心的，这在智能交通领域应用中普遍存在覆盖率偏低、容纳量不足等问题。D2D 很好地克服了这一短板，仅凭借近距离的相邻终端之间的直接链路就可以传输数据，这使得整个通信网络的覆盖范围更广、传输速率更高、延迟更少、能耗更低，从而实现了频谱资源更为高效的利用，更加有利于智能交通的数据传输与实时交互。③自组织网络技术。传统的无线通信网络都是通过人工来进行网络配置、运行维护的，在智能交通领域的应用中普遍存在工程效率低下、人力物力耗费大等问题。5G 技术带来的自组织网络提供新的解决思路与方案，通过在网络部署中引入自配置、自由化、自愈合等新技术，实现规划、部署、维护、优化网络的各个环节的自动化，从而提升网络配置效率、降低运维成本。

（四）人工智能技术

人工智能技术在智能交通领域的应用主要包括四个方面，即自动驾驶汽车/辅助驾驶、智能交通机器人、智能交通监控和智能出行决策。①自动驾驶汽车/辅助驾驶：又称无人驾驶汽车，主要是通过智能路径规划、计算机视觉、智能定位等新技术，实现计算机在无人操控的条件下，自行操纵机动车辆并维护其安全。无人驾驶技术有望破解城市交通拥堵难题，提供更为高效、能耗更节约的交通出行方式。②智能交通机器人：主要指的是在城市道路路口行使交通指挥功能的智能机器人，其基本原理是依托人工智能技术实时监控并获取道路交通信息，以智能算法与辅助决策系统动态发送相应指令，以实现道路交通的智能化指挥。③智能交通监控：指的是以互联网、移动互联网等为依托，将设置于城市交通系统中的传感器与监控系统进行连接，实时监测、获取、整合交通信息，并及时予以分析，使得交警可及时有效地掌握道路车流、拥堵、交通信号灯等的动态情况，且通过信号灯的智能化调配或其他手段，实现交通的智能化监控。④智能出行决策：指的是以智能化地图为基础，为城市居民提供经济实惠、便捷高效、舒适体验的出行决策服务，如智能路线规划、实时导航等服务。

三、科技赋能城市交通的未来趋势

智能交通不仅是我国城市综合交通系统走向现代化的关键所在，也是我国"十三五"时期在交通科技领域的重点支持和创新探索的主方向。随着"一带一路"、京津冀协同发展、长江经济带、粤港澳大湾区等国家级发展战略对面向未来的交通运输提出了新需求，发展以聚焦公共出行不便、交通能耗偏高、运输效能低下、安全态势严峻、服务水平落后等重大难题破解为目标导向且面向城市交通细分领域的创新应用，将成为我国智能交通创新发展的主要思路。

按照我国科技体制改革的系统部署和总体要求，科技部规划布局了"十三五"期间的重点科技专项。其中，在交通科技专项中，"综合运输与智能交通"成为重要研究方向。

前瞻产业研究院认为"未来的智能交通行业发展趋势主要体现在五个方面"[①]：

（一）综合交通智能化协同与服务

美国、欧洲、日本等国家主要是从交通基础设施及装备一体化、多种运输装备设计集成一体化、运营调度及综合服务一体化等多个层次推动各种交通运输方式之间的信息搜集、共享、分析与应用，从而提高综合交通的智能化、协同化与服务化水平。

近年来，我国各种交通运输方式虽然得以迅速发展，但其之间的信息搜集、交换与共享服务方面仍然较为滞后，这直接制约了综合交通实现协同化、服务步入高效化。面向未来，随着综合立体交通网络的迅速崛起以及人们对便捷出行诉求的持续提高，以信息共享和智能化服务为核心的智能交通技术将在智能交通领域得以迅速推广、融合应用与快速发展。

（二）交通运输系统安全运行智能化保障

一直以来，交通安全都是我国在综合交通体系建设方面不得不面对的主要问题，如何以智能化方式保障交通运输系统的安全运行成为突破这一难题的重要发力点。交通安全运行的智能化保障是一个系统工程，必须从交通运输系统的各个子系统、外部主要影响因素等多个视角、多个层次协同推进，未来的主要聚焦点将集中于以现代信息技术为核心支撑，动态化、智能化分析事故成因、演化规律，以此建立多套智能化管控应对方案，设计主动安全技术和管理方法，从人—车—路协调的视角推动交通系统的安全运行走向防控一体化。

---

① 前瞻产业研究院. 政策利好助力智能交通市场 未来呈现五大发展趋势 [R]. 2018-05.

（三）合作式智能交通和自动驾驶将成为重点

近年来，合作式智能交通及自动驾驶成为全球智能交通领域研究与实践的主要关注点，它首先是通过在车辆和交通基础设施中规模化、融合化应用无线通信、智能传感器、智能计算等新技术、新成果，实现人与车、车与路、车与车等的信息搜集、共享与交互，从而推动车辆运行的安全保障；其次，以交通运输信息化为基础，进一步推动绿色交通及相应的信息化服务，以及以绿色低碳、高效运行、路径优化、智能辅助驾驶等多目标相协同、相统一为核心的创新服务。

美国、英国、日本等发达国家已经在实际道路上进行了大量试验与实测，已开始步入规模化应用与产业化发展阶段。需要重点强调的是，日本的高速公路上基本上全部实现高速无线数据通信的覆盖，拥有以上功能的车载终端数量已达到几十万台。

（四）智能交通的特殊要求推动信息技术发展

智能交通最大的特点就是要在高速移动的交通工具之间、交通工具与基础设施之间实现安全可靠数据交互以及流数据的计算，而这些特殊要求对移动通信技术、宽带、计算技术等要求不断提高，从而推动其创新发展与迅速进步。例如，低延时已成为超高速无线局域网和5G移动通信技术的一个核心指标，5G甚至提出延时要低于1毫秒，这在提升交通系统安全出行方面意义重大。再如，快速移动的交通工具以及与交通基础设施之间要求在通信网络上能够实现不间断、持续的数据连接，从而保证流数据的计算，这直接推动了通信的传输控制协议和流计算技术的发展。

（五）智能交通产业生态圈的跨界融合

近年来，通过在智能交通领域规模应用与迭代发展新技术、新成果，我们已经构建起精准、完备和智能的综合交通服务体系，可为交通出行者提供全方位的智能交通服务。这些服务的提供将加速交通产业生态圈的跨界融合，汽车制造业、汽车服务业、交通运营服务业、信息服务业、通信技术、智能交通等行业的跨界融合式发展将是必然大势。

07

第七章
IOD：国际国内典型案例

第一节 国际案例

作为最具代表性的协同创新生态系统，硅谷的成功案例非常值得借鉴。虽然它的成功也有机遇的青睐，但更多的是其自身独特的发展模式。从"三螺旋理论"视角看，大学、产业、政府三个主体的紧密互动造就了硅谷的独特性。回顾硅谷的发展历程，"三螺旋"引发的各类主体互动衍生了许多决定其成功的高级生产要素：强大的地区服务网络、数量庞大的技术创业人才、风险资本、开放自由的创新创业文化等。

一、旧金山硅谷

（一）硅谷概况

硅谷（Silicon Valley），位于美国加利福尼亚州北部的大都会区旧金山湾区南面，其主要部分位于旧金山半岛南端圣塔克拉拉县下属的从帕罗奥多市到县府圣何塞市一段长约 25 英里的谷地，总范围一般还包含旧金山湾区西南部圣马特奥县的部分城市（如门洛帕克），以及旧金山湾区东部阿拉米达县的部分城市（如费利蒙）。硅谷最早因研究和生产以硅为基础的半导体芯片而得名，是电子工业与计算机业等高科技事业密集的王国。尽管美国和世界其他高新技术区都在不断发展壮大，但目前硅谷仍然是世界高新技术创新和发展的重要中心。100 多年前该地还只是一片果园，如今这里约有 1500 家计算机公司，风险投资比例占全美风险投资总额的 1/3。自从英特尔、苹果、谷歌、脸书、雅虎等高科技公司的总部在这里落户，这里就发展出众多繁华的市镇，在短短几十年内走出了一大批科技富翁。硅谷的主要区位特点是以附近具有雄厚科研实力的美国顶尖大学为依托，主要包括斯坦福大学（Stanford University）和加州大学伯克利分校（UC Berkeley），还包括加州大学系统内的其他几所大学及圣塔克拉拉大学。结构上，硅谷以高新技术中小公司群为基础，同时拥有谷歌、脸书、惠普、英特尔、苹果、思科、英伟达、甲骨文、特斯拉、雅虎等大公司，形成了"科、技、产"三位一体的发展模式。

20世纪50年代初至60年代末是硅谷初步崛起时期。硅谷以"学术—工业综合体""风险资本与创新公司"相结合的发展模式初步定型。20世纪70年代初至80年代中期是硅谷的大发展时期。1971年微处理器的发明使硅谷乃至整个美国进入了微电子时代。20世纪80年代至90年代中期，软件业的崛起促进了硅谷的非物质化进程，使硅谷率先进入了"信息社会"。20世纪90年代中期至今，硅谷大规模进入网络时代，网络时代又带来了软件业的繁荣，这个时期，软件业和网络业同时大发展使得硅谷的社会文化和人们的思维领域产生了根本变化。

第二次世界大战结束后，美国的大学回流学生迅速增加。为了给毕业生提供更多的就业机会，同时满足财务需求，斯坦福大学采纳了Frederick Terman的建议，采取允许高技术公司租用其地作为办公用地的方式来开辟工业园。最早入驻的公司是1930年由斯坦福毕业生创办的瓦里安公司（Varian Associates）。斯坦福大学同时为民用技术的初创企业提供风险资本。惠普公司便是成功案例之一。20世纪90年代中期，柯达公司和通用电气公司也在工业园驻有研究机构，使得斯坦福工业园逐步成为技术中心。

1956年，晶体管的发明人威廉·肖克利（William Shockley）在斯坦福大学南边的山景城创立肖克利半导体实验室。1957年，肖克利决定停止对硅晶体管的研究。由于肖克利更擅长学术领域而非商业投资，当时公司的八位工程师集体出走，成立了仙童（Fairchild）半导体公司，被称为"八叛徒"。后来，"八叛徒"又分化出去创业，其中最有名的如诺伊斯、摩尔（摩尔定律的提出者）创立了英特尔公司；桑德斯，创立了AMD公司；瓦伦丁是红杉资本创始人；马库拉创立了苹果公司。整个硅谷的大企业枝叶相寻，而从肖克利的创业开始，至这八位科学家出走创立仙童半导体公司，再到以仙童半导体分裂出的无数高科技企业，整个硅谷可以借此串联。

20世纪50年代至60年代，硅谷主要依靠军方投资。自20世纪60年代末，风险投资开始代替军方出资，成为硅谷创业型公司创业的主要资金来源。到了20世纪70年代，真正意义上的三大风险投资公司相继成立，它们便是非常有名的凯鹏华盈（投资了基因泰克）、红杉资本（投资了苹果、思科、雅虎）、NEA（投资了Immunex、Juniper Networks、Powerpoint），这些风投公司发展起来了，在硅谷门罗公园市的沙丘路（Sand Hill），形成了风险投资公司群，成为世界风险投资的中心，主要投资生物技术和个人计算机产业。到1974年，已有150余家风险投资公司在硅谷开业，斯坦福大学也参与其中，将学校的部分捐赠资金投入到风险创业活动中。到1988年，硅谷吸引了40%的全国风险投资资金。1990年，新一轮的风投热潮再现，风险资本业规模23亿美元，接受风险资本企业达1176家。数十年内，硅谷的风险投资稳步增长，成为加州天使投资和并购最活跃的地区，而Sand Hill在硅谷也成为风险资本的代名词。风险投资极大地促进了硅谷高技术产业的发展，目前美国风险资本规模是全球风险投资中心，硅谷是中心的"中心"。

除了半导体工业，硅谷同时以软件产业和互联网服务产业著称。1971年，施乐硅谷研发中心（PRAC）研制出世界上第一台计算机激光打印机；连续几年内，施乐研发中心研发出完成面向对象的编辑语言Smalltalk，同年研制出MAXC计算机，并于1977年推出了第一个商业史上的个人电脑，并且是可以用图形界面操作的个人电脑，尽管这些技术并没有进行产业化推向市场，但施乐公司在OOP（面向对象的编程）、GUI（图形界面）、以太网和激光打印机等领域的开创性技术突破成就了现今的许多著名企业，如苹果和微软先后将GUI用于各自的操作系统，发展成了世界高科技企业巨头。

（二）经验启示

1. 成功经验

硅谷以培育优势突出的技术与产业创新能力为基础，形成"科、技、产"三位一体的发展模式，利用高度活跃的创业投资和风险资本、支持大批优质的企业家群体创业。依靠政府政策支持和良性干预是硅谷得以成功并维持增速的关键所在。

（1）主导产业体系优势突出

硅谷以"硅"享誉世界，以技术洞见作为创新方式，成为世界高水准研究和控制中心，其最明显的优势就在于以信息、通信和技术（ICT）产业及其相关产业处于世界领先地位。而"科、技、产"三位一体的发展模式，是硅谷发展的内在动力，使硅谷形成一种有机的相互渗透的网络式合作组织。从就业结构来看，计算机、半导体、网络和信息服务、软件、通信制造与服务、导航、测量与电子医疗设备制造、IT维修服务等ICT从业人口占20%，其中科学家与工程师占较大比例。从专利构成看，计算机、数据处理与信息存构软件、网络与设备、通信、IT服务、半导体、计算机及周边设备等领域的风投比例长年占到硅谷一半以上,且硅谷在研发上的费用比例在整体销售额中占比较高。

(2) 技术创新能力极强

硅谷一直是加州和美国最具创新力的地区,从硅谷在加州和美国的授权专利占比来看,从1990年的25%和4%分别增长到2013年的47%和13%,是加州和美国专利授权量最多的地区。这其中,中小企业在技术研究和投资创新中的积极性更高,功不可没。从每百万美元GDP获得小企业创新研究计划(SBIR)和小企业技术转让计划(STTR)资助数看,1990—2010年硅谷在500项左右,而其他4地仅50~200项。[①] 中小企业小批量生产(batch production)以及弹性的、开放式的经营模式,使硅谷组成了有机合作的高技术工业区,高技术小公司在新产品的生产过程中互相合作,既能保持小规模,又具有全球竞争力。

(3) 创新创业投资高度活跃

2000年以来的十余年间,硅谷和旧金山的风投稳步增加,合计占加州和全美的比例分别从68%和28%增至74%和43%。硅谷和旧金山的天使投资和并购活动在加州地区最为活跃,仅2011—2014年其规模从15亿美元增加到28亿美元,占加州的比例从50%增加到93%;而同一时期,两地每年的并购规模分别在500~700件、350~400件,分别占加州和全美的比例达到40%和10%左右。硅谷拥有非常突出地从股市获得资金的能力,硅谷企业2014年在美公开募股定价的数量达到23次,占全美8.4%和加州39.7%。硅谷中小企业贷款也快速增长,2011年的贷款笔数是1996年的约3.4倍,而全美只增长了约1.1倍。硅谷的风险投资额占全美的比重持续稳步上升,到2016年第二季度,硅谷风险投资总额已经高达81.58亿美元,占全美风投总额的53%。

(4) 企业家群体数量众多

加州大学对全美15大都市圈的调查结果显示,2013年硅谷所在的旧金山—奥克兰—弗里蒙特地区的20~46岁人口中,未拥有企业但将创办企业的比例达0.57%,每10万人口中企业家人数达570人,两项数据均居15个都市圈之首。斯坦福大学源源不断地向硅谷输送高水平毕业生,并鼓励学生在硅谷创业。在近50年中,硅谷由斯坦福教师、学生及毕业生创办的公司达1200

---

① 杜红亮. 硅谷作为全球科技创新中心的主要特征及启示 [J]. 全球科技经济瞭望, 2016 (03).

余家,一半以上的硅谷产品来自斯坦福校友创办的公司。庞大的企业家群体促使硅谷每年诞生数量众多的新创企业,硅谷平均每年新创企业数在1万至2万家之间,倒闭的则不足万家,硅谷的总企业数因而持续保持快速增加。

(5) 低碳化的发展模式

尽管硅谷因"硅"而名扬天下,但其紧跟全球创新和发展的最新趋势,不断扩大和优化硅谷的优势领域,对于保持硅谷的长期发展优势非常关键。鉴于低碳发展已成为21世纪最重要的发展方向之一,硅谷对这个领域的关注也不断增强,主要体现为提高现有能源利用效率和扩大清洁能源投资两方面。在提升现有能源利用效率方面,硅谷的重点是提升单位用电的产出,如在2013年,硅谷和旧金山每兆瓦的GDP产出分别超过1万美元和1.6万美元,高于加州的不足0.8万美元。同时,硅谷投资清洁技术的积极性非常高,2002—2014年硅谷和旧金山的清洁技术风投占加州和美国的比例分别从49%和13%左右增至80%和53%左右,其中硅谷所占比例在绝大多数年份又远高于旧金山。

(6) 政府发挥重要作用

硅谷的成功,包括风险投资基金、产业集群发展以及技术创新能力,不仅得益于市场选择以及在很大程度上得益于市场化经营模式的成功,政府的作用也至关重要。首先,正是由于美国国防部对尖端电子产品的大量需求,刺激了硅谷技术的发展并使许多中小高科技公司获得生存发展壮大的机会。其次,硅谷技术的持续发展得益于政府的研发投入和优惠政策。政府通过税收政策、科研经费资助等方式鼓励和帮助中小企业进行项目研发。此外,政府实行严格的专利制度保护知识产权和技术交易;建立行业标准,推进技术的完善与进步;制定宽松的技术移民签证,吸纳国外优秀人才。最后,政府主导协调各方利益,提供规划用地用于硅谷的不断扩展,并且积极改善硅谷的交通状况。

2. 重要启示

硅谷作为全球科技创新中心具有多样化的特征,不仅广泛涉及科技领域,还大量涉及经济、社会、政治、文化、教育、人口等多个层面,硅谷的成功胜在综合优势,而不仅仅是其中的某些方面。当然,由于《硅谷指数》报告分析内容的局限,有些方面(如传统的综合经济实力、立体交通和区位、国际贸易、创新理念与冒险精神等)并没有在这里通过定量数据的分析而加以体现,但不代表这些对硅谷作为全球科技创新中心的形成没有影响。以创新理念为例，创新已经嵌入到硅谷几乎所有的企业之中，成为硅谷企业的核心发展理念，90%的硅谷企业通过创新战略来强化商业战略，而全球只有20%的企业有此意向。在全球化走向与区域专业化结合的新阶段尤其如此，有一些共性的特征值得中国在建设创新型科技城市的过程中借鉴。

（1）长远战略制定与分阶段实施相结合

硅谷的成功不是一时之功，而是长期努力的结果。中国要建设科技创新中心，必须要有长远打算，要根据国家科技创新中心、国际科技创新中心和全球科技创新中心的演变规律和发展重点，进行战略谋划。同时，要根据科技创新中心各阶段面临的主要问题，制定阶段性的发展策略，逐步推动其不断扩大国际影响力。

（2）依靠开放推动创新要素加速循环流动

创新的关键在于不同的文化、思想、模式、成果等的碰撞交流，为创新火花的诞生提供源源不断的养料。中国应以集聚和扩散人才、资本、企业、技术成果等为重点，大力推动科技创新中心全方位开放，不仅要向周边开放，更要向国际开放。同时，要发挥科技创新中心在国家科技创新中的辐射和跨区域合作职能，促进区域科技创新融合。

（3）大力营造适宜创新创业的软环境

创新的种子要生根发芽，必须有适宜的创新环境。中国当前在创新软环境上的不足远较硬环境为甚，因此，今后一个时期必须将重点从打造硬环境转向营造软环境，从培养适宜创新的文化、打造优质的教育医疗等民生供给能力和高品质的娱乐休闲生活、打造法治化政府和竞争有序的市场规则入手，持续而系统地推进软环境建设，力图尽快根除全国特别是建设中的科技创新中心在软环境上的瓶颈制约。

（4）有针对性地完善硬件设施

创新之花要盛开，良好的硬件设施始终是前提条件。硅谷的创新物理空间不仅具有产、学、城紧密结合的空间布局，其多元便捷的设施更是激活了创新活力。因此，建设新型科技城市，必须发展知识与技术密集型产业，持续加大投入风险投资及相关创新，积极构建科技孵化器、众创空间，培育具备创新精神的企业家和创新型中小企业，不断提升科研与创新型人才的收入水平，在全球范围内吸引高层次创新型人才和机构，加快生态环境质量建设和城市配套生活及娱乐休闲设施建设。

二、北卡三角园

同美国硅谷一样,"三螺旋理论"也体现在了美国北卡三角园。北卡三角园的重要特点是官、学、产共同管理,避免了政府利用行政权力过分干预。在园区的发展过程中,通过核心企业的衍生及创新逐步形成了产业集聚,而产业的不断升级创新又促进了其持续发展。

(一)北卡三角园概况

北卡罗来纳州三角研究园区,坐落在美国东海岸北卡罗来纳州研究三角区(Research Triangle Region)的核心地带。由于其位于美国南方北卡罗来纳州的罗利、杜兰和查佩尔希尔三个主要城市之间的交接地带,并被北卡罗来纳大学、北卡罗来纳州立大学和杜克大学三所名校环绕,形状类似一个不规则的三角形而得名。其占地约7000英亩(28平方公里),是个8英里长、2英里宽的狭长地带。北卡三角园建立的初衷是政府为了改变北卡州落后的经济面貌,实现产业结构升级,均衡国内经济发展。北卡三角园(以下简称"RTR")目前不仅是美国持续运营时间最长的集聚园区,也是美国规模最大的科研型园区,超过260家公司入园,拥有近5万个高技术就业岗位,诞生了约3300项专利。园中最为核心的孵化器是由三角研究园基金会所创立的园区研究中心(Park Research Center)。PRC拥有13幢建筑,聚集了众多创业阶段的高技术公司。北卡三角园的创业企业蓬勃发展,成为带动园区乃至地区产业升级的攻坚力量。

北卡三角园区所在的区域位于罗利、达勒姆和教堂山三个城市的中心点上,这三个城市均有一所科研能力较强的大学。北卡罗来纳州立大学,位于罗利,始建于1887年,是美国著名的公立科研院校,该校在农业和工程方面具有较强的科研及实操能力,在国内的科学技术研究中处于领先地位。该校专业分布125个研究领域,具备完备的人才培养体系。杜克大学,位于达勒姆,始建于1924年,是一所以医学著名的私立大学,该大学的医学中心,不仅拥有一座医院,还设立多种临床研究项目。此外,杜克大学在生物医学和工程方面具有很雄厚的实力。教堂山的北卡罗来纳大学,始建于1789年,是州内最早的公立大学。北卡罗来纳大学共拥有71个学士学位点、110个硕士学位点及77个博士学位点。在北卡罗来纳大学的学科中,生物医学和计算机科学具有很强的科研实力。因此，北卡三角园与大学的密切关系带动了园区整体知识经济的发展。

北卡三角园一直致力于自然环境的保护，研发机构、休闲场地错落有致，南部还有较为集中的自然保护区。作为园区品牌的打造，其新总部大楼的建设更是起到杰出的表率作用，北卡三角园总部大楼既是三角研究园基金会行政办公室所在地，又是RTP各业主及各入驻企业、大学、机构等的聚集中心。其可持续环保设计理念主要体现在建筑材料上，如采用可回收铜板、地方产砖块等环境友好型材料、白色TPO（热塑性聚烯烃）高反射膜房顶持续散热，提高空调性能。低流量供水装置更加节水、选用本土植物的节水绿化减少热岛效应、白天采光覆盖大楼的75%，节能窗阻挡热量，保持空调房间的密封性，室内墙板由可再生玉米壳制成，最小化外部照明以抵御光污染。

20世纪50年代，美国政府为均衡国内经济发展，将经济重心转移到南方的"阳光地带"。能源危机爆发以后，北方众多公司和企业南迁，北卡罗来纳州因为优越的地理位置、良好的气候环境成为南下企业的首选之地，企业和公司的入驻为北卡罗来纳州的发展注入了新的生机和活力。但刚开始，北卡三角园发展较慢，随着美国卫生部选择在三角园建立环境健康科学研究院，IBM入驻北卡三角园后，北卡三角园开始快速发展。80年代到90年代，州政府确定了以微电子和生物工程为核心产业的发展战略。随着网络工程和生物技术的兴起，园区开发了近90%的规划面积，包括公司和研发机构140余个，如微电子研究中心、生物技术中心、环境卫生研究所，而著名大公司的科研机构有通用电气、杜邦、国际商用机器公司、索尼、爱立信等国际高新技术研究领域的巨人，园内拥有上万名科学家和工程师，有近百位美国联邦一级科研机构国家科学院、国家医学科学院和国家工程科学院院士，具有博士头衔的人口密度居全美第一。北卡三角园也发展成为与硅谷及得克萨斯研究园齐名的美国三大科研中心，为美国科技在世界处于领先地位立下了汗马功劳。

（二）经验启示

北卡三角园竞争性集群由合作企业、相关机构、政府和大学构成，主要进行生物及信息技术、环境卫生、医药安全、科学材料等研究和开发，其促进因素包括：投资因素、科研因素、产业因素和环境因素；每一促进因素可分成操作性因素和外部因素,即"直接可控因素"和"短期不可控因素"。[①]经研究表明,科研园区的修建有以下几方面的地区限制条件:以往实践操作所累积的经验和基础;完善的基础设施、交通服务、网络服务、传媒传播体系;一定数量的医学、工学科研所;拥有许多高瞻远瞩、卓有成效的各界主要领导人物。北卡三角园的成功具有以下几方面的决定性因素,为其发展提供了高效性和持续性:

1. 具有高效联动性的管理组织和正确的市场导向

三角科研园是由三角研究基金会直接管理,分设政府、高校、公司企业各11名理事代表,专门负责对三角科研园未来规划建设等外部事务的管理。北卡三角科研园采用大学、产业、政府三者共同联合组成的组织结构体系。有由北卡政府提供的资金成立的电子、生物技术等研究组织,同时还有政府与大学强强联合开设的机构。采用科研、教育、产业不同领域在资源上的集中协同力度,影响着科研园的整体经济发展趋势。政府、教育、产业三者互补互足,政府对科研园有大体调控作用,并承担起部分企业的风险,其政策对企业具有针对性和推动性,不仅为科研园提供了有利的研究环境,同时官产学也能够使管理过程中政府的干预界限清晰,使"产""学"具有自主创新能力。由于三角园独特的位置,其周边围绕着三座顶尖研究大学。有着120多年历史的科研型北卡罗来纳州立大学,被视为美国科学技术的先驱,其师生资源达31800名,分设成熟人才培养机制的125个研究领域,其中在农业和工程方面掌握核心实力。达勒姆拥有至今95年历史的杜克大学,拥有12000名学生,其中将近有6000名是研究生或专业生,师资力量达2500名。杜克大学还拥有设立89年之久的医学中心,生物医学与工程具备雄厚的基础。教堂山的北卡罗来纳大学始建于1789年,目前的师生数量分别有27000名和31000名,在生物医学和计算机科学领域颇有实力。

北卡三角园在其历史演变中具有强大的创新能力,起初三角园以原有农业为经济基础,后来发展成为以新兴电子、生物产业为主,以市场作为导向、以高校和机构参与度作为产业核心力量。上述的三所大学以市场需求进行科学研究后,将成果转交给科研机构进行研发,再将研制成型的产品传送给企业,这一看似流水线的研发过程,具有周期短、效率高、创新升级能力强的

[①] 孙科. 美国北卡三角科学园产业集群的竞争优势分析及其借鉴[J]. 西北大学学报(哲学社会科学版), 2010.4 (01): 88–93.

效果。北卡三角园在发展中总是能够紧随科技的脚步，在 20 世纪末网络发展和生物技术崛起时，三角园就拥有格局不一的相关科研机构；21 世纪随着人类对生命科学的重视程度提高，三角园的科研方向迅速转向生命科学这一领域，在 2003 年，这一领域行业的风险资本达到 2.35 亿美元，位列美国第四。大学和科研机构在三角园聚集使得三角园具有强大的人才资源和创新能力，这种集聚氛围对于当地企业的形成与发展产生了强有力的支撑，同时能够吸引区外各种生产要素的引进和沉淀。

2. 拥有良好的城市创新空间系统

马歇尔的"产业氛围"即产业集聚，可以加强企业间对于信息捕捉的及时性，有利于其合作跟交流，以及各种学术信息的共享。同时因为距离短，可以降低产品运输的费用，企业间可以共同使用集群内的基础设施，节约了生产成本和能源的消耗，提高了规模化生产效益。正是因为这种"产业氛围"吸引着各个领域的科学研究活动。三角园的企业积极承担起社会责任，园区内不管是企业还是组织，他们注重社区功能，通过捐赠手段和支持手段，致力于建设具有高质量的生活。在 RTP 生活的居民具有完善的基础生活条件，州内设有便利的交通要道和机场，这些公共设施更有利于三角园企业发展。

北卡三角园具有成熟的中介服务系统，这一系统具有高度化服务、信息化组织、市场化运作的特征，有利于企业的资源配置和成本控制。这些机构大多是以非营利为目的，大量的优秀人才聚集于此，从而产生了与其挂钩的服务机构，他们对现有的产品进行创新性改造匹配，制造出全新产品。北卡三角园对于服务体系的建设十分注重，其设立了公共服务平台和创新服务建设中心，公共服务平台其读物对象是企业与政府，其目的在于辅助新起的企业快速成长，通过为企业量身定制的专业服务，最大限度地减少企业初期阶段所要面临的风险。政府对创新服务建设中心的建设给予了一定的优惠政策，通过政府的宏观调控，在一定范围内节约成本和降低风险。

良好的发展环境是一个企业健康发展的关键，要想创建具有综合竞争力的集群，具有创新性的格局和环境是必备的，建设独立的创新区域系统势在必行，这个创新系统指在一定的地理范围内，如整个北卡三角园，具有密切与区域内企业有行政性支撑安排所投入的创新网络系统，技术创新的企业之间相互影响、相互激励，从而衍生出相关的产物。为减少 RTP 区域内的赋税程度，转变成为三角园发展的物质支撑，三角科研园建设时北卡正处于财政阻碍的阶段，为鼓励三角园的发展规定三角园只需要向县政府缴纳税费，同时北卡州政府也为三角园的技术建设提供资助基金,开展"北卡小企业""绿色企业支持"等各种项目帮助高新中小型企业的健康发展,州政府为这些企业提供50万美元以下的7年低息贷款。

综上所述,完善的外部资源和内部资源是一个科学研究园区建设成功的决定性因素。高等技术产业集群想要健康地发展,关键是要做好基础设施、服务体系、公共平台和发展环境这四个方面的工作,同时为其不断注入创新力量。提高区域内的管理水平和服务功能,加强创新力度,不但要正确处理园区内各主体之间的关系,还要营造良好的创新氛围,鼓励企业发展。

3. 做好市场定位,形成具有规模化、特色化的园区

政府制定积极的政策可以带动一个产业的发展,政府通过土地资源、减税两大方面可鼓励企业的健康发展。20世纪60年代,美国进入产业结构调整阶段并且开始生命科学领域的研究,州政府看准这一时机,引入IBM和研究院大量机构,这势必引起一批企业和科研机构的迁移,从而对园区形成强有力的基础支撑。所以,政府在产业发展中属于关键性因素,其支持力度和干预程度都要有严格的界线把控,要与市场处理好关系,不但政府应当把握宏观调控,市场也应当把握微观调控。政府的宏观作用体现在产业方向、制定制度、基础设备设施等方面。有利的外部环境因素是外界园区的考虑因素,但是外部环境的建造属于硬性建造,也就是说只有政府起带头作用,才能够建设一个真正健康、有利的外部环境,才能够吸引高质量的人才、资源、投资参与园区的成长。

4. 结合实际选择创新政策,引领产业创新发展

有效的机制能够决定一个产业正常的运作,北卡三角园正是因为具有这样的机制,才能够发展得有此成就。(北卡三角园采用的基金会管理模式,利用大学高等人才资源和企业间研发人才的不足,起到一个桥梁的作用,不仅使得中小企业能够具有生命活力,对于教育、产业、研究三者的结合也有促进作用)。[①] 对于产业集群的促进中有益、创新的政策成了硬性要求。这些政策的指定具有共性,但是因为各企业自身具有不同的机制和发展方向,选择这些政策的时候就具有差异性。中小企业按其自身条件有下面两大类政策选择。一是有效复制创新模式:这一策略针对实力比较强的中小型企业,通过

---

① 张喜才,房风文. 美国"研究三角园"对京津冀高等教育与产业协同发展的启示[J]. 中国高教研究,2017(02):60-63+68.

复制其他企业的有效成分，对产品进行研究，对其核心关键全面把控之后根据企业特点进行再创新，从而减少时间成本和经费成本。二是利用外力进行创新：通过可为自身企业提供有利条件或者优势的企业及机构，开拓创新合作项目，这样不仅能够节省开发成本，也能依靠具有专业性、技术性、实力强的企业或者高校合作，来降低开发与创新带来的风险。

三、伦敦东部科技城[1][2]

伦敦作为一个国际化的大都市，科技产业的发展一直不尽如人意。2013年，伦敦的科技创业企业获得的风投总额为 7.6 亿美元（约 46.6 亿元人民币）。尽管数额上已超过其欧洲对手柏林，但同比之下，美国硅谷企业获得风投金额已达 97 亿美元，纽约的创业企业的募资金额也达到 24 亿美元（147 亿元人民币）。在本土市场相对微小、缺少车库文化、移民政策偏于保守、生活成本又极其高昂的背景下，伦敦的科技产业的确面临很多困难。伦敦还没有出现能和谷歌或者 Facebook 抗衡的企业，此前英国创业者的普遍做法是在企业发展到一定程度后就套现卖掉，因此很难在本土产生科技产业的大型公司。

就发展科技产业而言，伦敦的环境并不具备优势。但位于伦敦东区的硅环岛却成了世界"潮科技"首府。

（一）伦敦东部科技城概况

伦敦科技城（Tech City）又称硅环创新街区（Silicon Roundabout），是位于伦敦东区的集科技、数字和创意等企业群聚的中心。硅环的名字起源于 2008 年，当时许多科技创业公司开始在该地区建立社区和网络，是在没有政府支持或与大学直接联系的情况下出现的。

伦敦东区科技城发展迅速，从 2011 年由政府正式启动，伦敦东区在短短几年间实现了从 0 到 N 的跨越，成长为仅次于硅谷和纽约之后的世界第三大高科技聚集区，发展势头极其强劲。仅到 2013 年，东伦敦地区就已密布了 3200 家创业公司，成为欧洲成长最快的科技枢纽。思科、英特尔、亚马逊、

---

[1] 伦敦东区：世界"潮科技"创新首府的诞生记．https://new.qq.com/omn/20171221/20171221B0T0E0.html．
[2] 集装箱建筑科技回归都市：世界"潮科技"创新集装箱首府诞生．http://www.woojuke.com/zrjzxcc/a12682.html．

Twitter、高通、Facebook、谷歌等大型公司进驻于此。巴克莱银行等金融机构开展针对创业企业的特殊融资服务。欧洲最老、最大的"新型"科技企业孵化器种子营（Seedcamp）也落户于此。随着海量的国际高科技公司不断入驻，硅环岛在国际科技界名声大噪，被誉为"欧洲的科技硅谷"。Tech City 的数据显示，目前硅环岛附近的高科技公司密度已达到了 3328 家/平方公里，人才密度全球第一。

相较于伦敦西区的富有高贵，街道狭窄、房屋稠密、粗俗贫穷的伦敦东区是这座城市不太光彩的一面。历史上，伦敦东区是以"贫穷、犯罪、混乱"著称的贫困旧城区，被称为伦敦的"城市伤疤"。这里不仅城市面貌衰败，经济状况滞后，还背负着严重的历史经济负担。更重要的是，当时无论从外部科创环境还是内部创新资源来看，科技城的发展都面临着重重阻碍。向外看，整个欧洲创新创业氛围低迷，新兴的独角兽型科技公司乏善可陈。欧盟的调查数据显示，欧洲人对创业意愿不强。在大多数初创科技企业眼中，欧洲碎片化的市场、谨慎的风投和高昂的成本，让"逃离欧洲，搬向美国"成为存活下去的必选项。向内看，高等教育资源缺乏，低收入人口聚集，缺乏创新源头与智力资源保障。硅环岛缺乏有效的大学创新源头支撑。由于临近码头，东区历来是伦敦低素质、低收入人口的聚集地，居民大多是卖苦力出身的穷人和外来移民。

然而，这个最得不到救赎的地方，却在近几年内飞速崛起，成就了当下最热的世界"潮科技"创新首府。伦敦东区的崛起，是因为这里有世界一流高科技企业云集的"硅环岛"（Silicon Roundabout）。"硅环岛"一词，最早由一家旅游社交类科技公司 Dopplr 的创始人马特·比达尔夫提出，用以指代伦敦金融城北部边缘地带的肖尔迪奇（Shoreditch）、老街（Old Street）所构成的环岛地区。2008 年 7 月，马特半开玩笑地在推特上留言："'硅环岛'是伦敦老街不断生长的有趣初创企业社区。"这句自嘲式的幽默，被《金融时报》的一篇报道引用后得到了广泛的关注与认可，不仅吸引了越来越多的初创企业落户老街，还促成了英国政府在伦敦东区打造科技中心的决心。

市中心的区位交通，让科技回归都市成为可能。虽然先天不足，但胜在其策略性的选址。硅环岛所在的老街和肖尔迪奇片区，区位绝佳，交通便利，是一块宝贵的价值洼地。区域内可供开发的土地储备充足，在科技回归都市的创业大潮之下，具备了逆袭的区位条件。都心区位，超享大伦敦资源与配套。伦敦，世人瞩目的欧洲经济和文化中心，都市地区的企业贡献了整个英国 GDP 的 30%左右。科技城核心区硅环岛坐落于伦敦中心 1 区的黄金地段。从科技创新所需的资本、商业环境、数字基础设施、知识外溢、生活服务等各个角度来说，这里都具有得天独厚的区位优势。这里与英格兰央行所在的老金融城仅一街之隔，离新金融城金丝雀码头（Canary Wharf）也不远。如果生活在硅环岛，便可以尽享邻近的"Shoreditch、Islington、Farringdon 和金融城"四大核心区域的成熟配套。

交通枢纽无缝对接欧洲人才与市场。硅环岛的交通非常便捷，是伦敦重要的交通枢纽。这里轨道交通便利，不仅能快速抵达伦敦金融城等重要区域，还设有去往斯坦斯特德国际机场（London Stansted Airport）的机场快线。同时，这里毗邻伦敦最繁忙的火车站之一利物浦街站，提供覆盖东英格兰地区的通勤列车服务，每年约有 1.23 亿人次使用。另外，伦敦市政重金规划的纵贯伦敦的大型城铁 Crossrail1（被命名为"伊丽莎白线"Elizabeth Line）和 Crossrail2 都从"硅环岛"附近穿过。

东区文创复兴的开端，是寻求较低廉房租的艺术家们自发性地进驻东区的 Hoxton 和 Shoreditch 区域。1997 年英国前首相布莱尔上任后，提出伦敦要打造"创意之城"。在政府引导下，一批年轻的新锐设计师开始把工作室搬到这里，随后大量的艺术展览馆、酒吧、餐馆、独立设计师店铺竞相出现。这一定程度上改善了东区的城市面貌，城市活跃度大大提升，再造了一种具有嬉皮精神的先锋文化氛围。但是，发展文创产业并没有帮助伦敦东区真正摘掉贫民区的帽子。为了经济复苏，东区需要继续转型。

2010 年，新上任的英国前首相卡梅伦大力发展科技，提出了要"用创新产业带动创意产业"，为了让原先自发聚集的科技产业集群更具规模，启动了"东伦敦科技城"项目——把硅环岛向东扩展到斯特拉福德奥林匹克公园的区域，形成高技术产业中心。伦敦市政府投入 4 亿英镑发展东伦敦科技城，希望打造属于英国的硅谷。其中，政府投资 5000 万英镑建造欧洲最大的民用设施中心，为新兴科技公司提供礼堂、会议厅、实验室以及工作空间。随着越来越多的企业聚集于此，东区逐渐成为伦敦新的经济中心和最具活力的初创企业社区。

（二）经验启示——老城区的潮科技

大都市老城区具备打造科技区的潜质。在欧洲分散碎片化的市场和整体低迷的创业氛围下，伦敦发展科技创新的环境并不算好。但位于伦敦东区，先天不足的硅环岛,却成就了世界"潮科技"创新首府。随着东部伦敦科技城的发展,硅环岛所在的老街和肖尔迪奇作为伦敦最早一批接受重建改造的核心区,实现了华丽转身,甚至由此产生了 Shoreditchification 这一新词(指城市更新的成功)。

从最不可救赎的"贫民东区"到世界"潮科技"创新首府,伦敦东区的硅环岛完成了华丽"逆袭"。而这样的城市传奇故事,也必然会激励其他大都市中有着相同"身世"的旧城区。即便没有大学加持,即使没有资本聚集,只要位于大都市,老城区就具备打造科技区的潜质!谁能打造最都市的炫彩生活,谁就能成为下一个脱颖而出的老城区!伦敦东区的科技崛起,为致力于老城复兴的大都市管理者们,提供了一条新的城市发展思路。

1. "潮科技"为创新添活力

没有大学和高素质的科技人,硅环岛通过打造"潮科技"来吸引科技人,来解决"创新源头缺失"的问题。不同于硅谷"大学创新驱动,自发生成"的逻辑,硅环岛是"都市资源整合,政府主导"模式的成功。伦敦市政府通过整合都市资源,吸引科技人和高科技企业到伦敦东区聚集。

欧洲国家单一市场体量不足,所以 96% 的欧洲创业公司从诞生的第一天起,就默认以全欧洲作为目标市场。面对欧洲分散碎片化的市场和整体低迷的创业氛围,硅环岛从一开始就锁定自身"国际化"的属性——对接全球市场,引进国际顶尖的科技人才与企业。对科技区域而言,创造一个富有活力和激情,能释放压力的环境是吸引人才的必备要素。但这对硅环岛来说还远远不够。政府希望打造一座世界"潮科技"中心,让科技人"和最优秀的人在一起,做出有创造力的成果"。这个战略是卓有成效的,以大名鼎鼎的 DeepMind 公司为例,公司拥有来自 45 个国家的人工智能领域顶级专家,有赢得波兰物理奥林匹克竞赛的天才,也有获得法国年度最佳数学博士称号的牛人。多元文化的交融迸发着惊人的能量,催生了无数创新与成果。与金融城西装革履的风格相比,"硅环岛"闲适轻松的氛围更符合技术创业者的脾胃。正因如此,开发出了 AlphaGo 后,DeepMind 公司即使被谷歌相中也仍然选择留在伦敦。

2. 多彩的生活氛围激发创新活力

在伦敦东区的旧城文创复兴的基础上,政府投资了 2500 万英镑以便彻底改善硅环岛地区。在这里,大师建筑、涂鸦艺术、装置艺术和大量保持着原来风貌的老建筑有机结合，使硅环岛散发出包容又极具生机的气质。

（1）大师建筑：伦敦政府重点扶持改善"硅环岛"的居住和办公环境。以 MAKE 建筑事务所设计的综合型住宅大厦 the Atlas 为例，层叠状的外立面设计大胆创新，使其成为区域内令人瞩目的地标性建筑。随着辖区政府逐渐批准一系列开发项目，Shoreditch 规划在未来 5~10 年迅速兴建一批时尚社区。届时，这里将成为与金融城高楼区并立的高档居住区，为银行家、艺术家和科技精英人士提供更多的居住选择。

（2）涂鸦艺术：东区有伦敦为数不多的合法涂鸦区，成为最能展现东区先锋精神和包容文化的城市符号。在硅环岛，还未重新开发利用的建筑墙面为艺术家提供了天然画布。人们行走在这里，好似徜徉在天马行空的各式新潮艺术展览中，构成了东区一道时髦别致的城市风景线。涂鸦艺术的魅力也催生了街头艺术旅游的兴起，为东区聚集了大量的人气。例如，被引人入胜的街头艺术作品覆盖的肖尔迪奇，不乏著名涂鸦大师的作品，如世界涂鸦之神班克斯（Banksy）、比利时涂鸦大师 ROA 等；而位于 Brick Lane 到 Redchurch Street 的街头艺术街区，每天都吸引了全球大量的涂鸦艺术爱好者来此朝拜。在这里，天天有活动，每周都会上演几十场街头艺术之旅。

（3）装置艺术：各种各样绝妙的创意装置分布在东区各处，为这片古老的城区带来了无限的活力与生机。政府鼓励艺术大师将创意灵感和城市更新相结合，用个性有趣的创意装置丰富城市的表情。在城市重大节庆活动期间，政府也会组织艺术家们设计各种创意装置对城区进行装点。例如，2012 年伦敦奥运会期间，捷克艺术家 David Cerny 打造了一辆会做伏地挺身的双层巴士，成为闪耀一时的地标景观。奔放而又精彩多元的城市界面基底，为伦敦东区吸引了大量的创意类人才。众多艺术家、建筑师在此成立工作室及办公室，像 Gilbert & George 双人组艺术家及设计伦敦水上运动中心、北京望京 SOHO 的著名建筑师 Zaha Hadid，都已在此落脚。因为便宜的租金，充满张力的多彩城市空间和越来越多的创意人才，老街地带早在 2008 年就已经自发聚集了 30 家高科技企业。

3. 时尚的城市空间配套设施为科技创新助力

伦敦科技城聚焦年轻的创新阶层，将硅环岛周边打造为时下的最潮时尚区。人们常说，厌倦了伦敦也就厌倦了生活，因为生活所能给你的一切，伦敦都有。作为伦敦的新兴潮区和伦敦人心中的人气地点，老街肖尔迪奇地区为伦敦人展示了生活的另一种可能。这里不仅遍布旧仓库改造而成的 LOFT 和售卖新潮饰品的个性潮铺，更有充满酷理念的实验生活社区。年轻人憧憬的一切，这里都有。

（1）文化生活：如果说伦敦西区的艺术馆与画廊代表了经典与主流的审美，那么东区的艺术配套则更具有创新理念与实验精神。位于东伦敦伊斯灵顿（Islington）的码头街（Wharf Road），一座由维多利亚时期的厂房改建的美术馆（Victoria Miro Gallery），以展出当代有创新精神的艺术家的作品闻名。上到美到爆炸的固体香薰，下到融合了口技、乌贼和都市风光的视频录像，没有你看不到，只有你想不到。

（2）文艺餐饮：Shoreditch 到处都充斥着艺术氛围，以往的很多旧仓库都被改造成了私人俱乐部或时髦的餐厅。其中的最好例证就是特立独行的 Tramshead 餐厅。这家餐厅最吸引人之处是那极具艺术馆风格的餐厅陈列——餐厅特别邀请前卫艺术家以他们的作品装点餐厅内部，地下室则索性设置成艺术展览空间。这些特请了艺术家参与内部设计的餐饮业态，早已成为时尚文艺界人士留恋驻足的场所。

（3）新潮商业：政府有计划地引导商业入驻，而许多理念前卫的商业综合体也选择了在最具创新精神的硅环岛落脚。全球首家临时购物中心集装箱公园 Boxpark 就位于这里。该项目由著名设计团队 BDP 完成，于 2011 年开始营运，是全球最环保的购物中心。不同于传统商铺，Boxpark 的每个集装箱就是一间小店铺，店家可以发挥创意自由设计改造集装箱。Boxpark 的店家租约可长可短，没有太严格的限制，吸引了一大批年轻的设计师来开店试水。在这里，每间商铺都很有潮范质感，具有独一无二的风格。

时尚的生活，孕育出了时尚的科技，也帮助伦敦成了"时尚科技"创业浪潮的首府。就像在伦敦时尚学院任职的时尚创新总监 Matthew Drinkwater 所说，"伦敦的品牌已经在引领一个趋势——最新的技术元素已经被悄悄融进时尚里"。Crunchbase（一家收集初创公司投资数据的网站）的报告显示，在过去的 5 年内，有超过 50 家时尚科技创业公司在伦敦成立。越来越多像可播放音乐的艺人演出服、可以检测运动员身体伤患的运动衣等类似的产品不断涌现，展现了科研与时尚的完美结合。

4. 开敞的城市创新空间促进创新创业人群交流

对于创业者而言，"硅环岛"不仅是办公室，更是一个吸引同道中人的俱乐部。你以为这里科技公司的工程师和研究员只会埋头工作吗？恰恰相反，社交才是科技城最重要的文化。"互联网本来意味着可以在任何地方工作，但实际上聚集在一起才能产生巨大的能量。"Mind Candy 首席执行官阿克顿·史密斯指出，"硅环岛"的创新氛围对于起步中的技术产业至关重要。

（1）交流导向的孵化器：在伦敦科技城，为了更好地激活创新氛围，孵化器的运营设计强化了公共交流空间的开放性与功能性。在这些孵化器中，不仅会提供科技人与投资人的对接，还能提供科技人与普通民众的交流机会。当地民众可以与谷歌员工分享经验与专业技术，非常住居民也可以光顾一层的创客咖啡与联合办公空间。管理者希望科技人和普通民众可以"通力合作，测试理念，探索生活中新的方面"。

（2）激发灵感的酒吧街：东区不仅有 36 家孵化器和加速器，70 多个共享办公室，更设有大量的酒吧、棋类游戏等兴趣俱乐部。在这里，酒吧的作用不仅在于释放压力，更在于帮助科技人激发灵感。在随意的闲谈中，人们发现新的创业机会，更高效地与资源对接。无论白天黑夜，硅环岛沿街的酒吧总是热闹非凡。每周五晚上，大家都要聚会畅饮，这被员工们称为"用 HIGH 来结束一周"。

（3）展示产品的科技周：以伦敦科技周为例，伦敦科技城常年举办数不胜数的交流活动。由伦敦市长领头创建的伦敦科技周，被喻为一场"黑科技+世界资本的新经济旋风"。在每年的 6 月 19—25 日，来自世界各地的科技人通过各种面对面的活动，相互交流探讨科技领域的最新发现以及未来发展方向。同时，他们还可以与迅猛增长的欧洲科技资本对接，快速熟悉欧洲市场，发现潜在的商业机会。2014 年，第一届伦敦科技周举办了超过 200 场活动。2015 年，伦敦科技周加入了大量创新元素，规模更是空前。在 7 天的时间里，141 个场所共举办了 228 场科技主题的相关活动。2017 年，伦敦科技周更是往届体量的 3 倍，有着 4 万名来自 70 多个国家的观众报名。如今，它已经成为一个集结欧洲所有科技大佬和优秀创业公司的科技盛会，是欧洲目前最大规模的科技展示活动。

5. 国际化的招商团队为伦敦科技发展注入新血液

（1）建立"伦敦科技大使团队"，走访世界招商引资。为配合打造科技之都的远景目标，向世界展示科技城的吸引力，伦敦市政府牵头建立了一支 9 人的"伦敦科技大使团队"，他们走访世界各地，为科技城招商引资，并引进更多的国际科技人才。

(2) 成立"科技城投资集团",引入全球标准进行管理。政府还成立了15人组成的"科技城投资集团"对科技城进行运营,并聘请了国际科创界的知名经理人乔安娜·希尔兹女士进行管理——她曾经负责 Facebook 在美国之外的业务拓展。技术城投资集团引入全球标准,一方面筹集资金以支持技术城的创业者,另一方面征集投资者和商界领袖的需求建议,以便提供更直接和高效的支持。

在潮大使出马之前,硅环岛没有一家全球性的公司。在潮大使的呼吁下,Cisco、Facebook、Google、Intel 和 McKinsey&Company 等公司,都看中了东伦敦科技城的发展潜力和人才储备,不约而同地来到了这里。目前,东区不仅有科技巨头,也有 Transferwise、Shazam、Wonga 等市值过百万美元的知名科技企业,以及超过4000家科技创业公司。

四、日本筑波科学城

科技城市的另一典型代表是日本筑波科学城。不同于市场主导型发展模式的硅谷,它的建设模式为政府主导型。从城市创新空间系统来看,日本筑波科学城是以开展基础研究为主的科学城,虽然有些弊端并且制约了自身的发展,但不可否认的是,筑波科学城为日本科技发展做出了巨大贡献。

(一)筑波科学城概况

日本筑波科学城,始建于1963年,占地面积284.07平方公里,人口18.9万人,位于东京东北部。筑波科学城北依日本筑波山,东临日本第二大湖霞之浦,距国际机场40公里,不仅自然环境优越,交通网络也十分发达。筑波科学城是日本政府尝试建立的第一个科学城,目的是以科研为主,建立在筑波大学和全国科研机构为基础上的研究及高等教育中心,从而带动科技发展,缓解东京的交通压力,促进地域的平衡发展。筑波科学城的规划理念是:确保各功能分区有机关联,维护生态平衡,保护历史遗迹,确保居民健康和谐生活。

筑波科学城是完全由中央政府资助的国家级研究中心。城内共计46所国家研究教育机构,他们的研究领域主要涉及教育、建设、科学和工程、生物和通用(common use)。城内约有1.3万名员工,65%以上是研究员。在科学园区和周边郊区，有大约 4500 名研究员在私人研究机构工作，他们的研究领域主要涉及医药、化学、电子电气、机械工程等方向。

自 20 世纪 80 年代末以来，筑波科学城汇集了国家科研机构经费预算的 1/2，全国 30% 的国家研究机构及 40% 的研究员都集聚在这里。[①] 科学城核心区为位于城中心的研究教育区，占地约 27 平方公里，聚集了国家的研究和教育机构，并积极引进私人研究机构和私立大学。内部基础设施完善，图书馆、博物馆、公园，各种功能分区一应俱全。目前，筑波科学城将重点放在生命科学创新和绿色环保科技创新上，拥有日本理化所筑波分院等近三十几家著名的公共教育研究机构。其重大贡献如：获得 2000 年诺贝尔化学奖的筑波大学教授白川英树，首次合成出了高性能的膜状聚乙炔；Cyberdyne 公司与筑波大学、东京大学、产业综合研究开发机构合作，研发出了世界首个声控人体外骨骼"混合辅助肢体"（HAL）。

由于筑波科学城完全是由政府主导，因此它所有的行为都有园区专门的法律规定和优惠政策作保障。基于立法保障和优惠政策，对园区的发展带来了积极的促进作用。在技术转移方面，由官方主导，由政府、筑波大学研究机构，及企业代表共同组成的技术转移中介——筑波全球技术革新推荐机构（TGI），作为经济、学术、政府合作的核心机构，主动搜集科学城内的技术成果、产业发展等需求信息，通过合作网络来实现信息共享。TGI 还通过竞标的方式，将科学城内已经各方认可的研究成果作为转化项目，附加相应的产业化研究资助资金，让各方企业争取，极大地提升了企业的参与度和积极性。目前，筑波科学城正以"国际战略综合特区"为契机，致力于将筑波科学城建设成为国际化的以生命科学和绿色环保科技为代表的科创中心和科学园区。

1958 年，日本东京为了促进地区经济均衡发展，在城市发展规划中设计建成一个卫星城，将主城区的所有国家研究和教育机构及其人员由东京迁出，筑波科学城因此开始兴建。当时的日本，由于长期依赖欧美国家先进技术来发展本国经济从而引发一系列问题，日本政府的发展战略开始从"贸易立国"转向"技术立国"，从强调应用研究逐步转向注重基础研究，并从政策、财政、金融等各个方面，支持尤其是高技术基础研究的发展。1974 年，共计 6 万人迁至筑波科学城，包括日本政府下属的 9 个部（厅）的 43 个研究机构，形成以国家实验研究机构和筑波大学为核心的综合性学术研究和高水平的教

---

① 浩然. 走进世界五大科技园 [J]. 新经济导刊，2012（05）：48-52.

育中心。

1984年4月,日本政府制定通过"高技术工业及地域开发促进法",以建设代表21世纪产、学、研相结合的中心城市为目标,形成推动远离太平洋沿岸地带的传统产业向高技术产业方向发展的基地。至20世纪90年代,筑波却事与愿违,园区投入与产出完全不成比例。截至1998年(日本经济出现负增长),日本政府前后投入约2.4万亿日元。可是1999年,筑波科学城的总产值仅有7000亿日元,而且园区收入竟然主要是靠大城市周边的农业产出。原定的人口疏解计划也未取得理想效果,更遑论真正承载国家产业升级转型的重任。

(二)经验启示

作为政府主导高科技园的典型代表,尽管筑波科学城的发展与其他高科技园相比不尽如人意,但几十年的园区发展过程中,也积累了一些独特的成功经验,如日本政府与筑波科学城管理机构对科学城的统一管理,健全的法律保障和优惠政策及根据本地特色的优势集成等。

1. 成功经验

(1) 国家统一领导规划,部门分工协作的管理体系

筑波科学城是在首相办公室的统一领导下、由各部门分工协作进行管理的。例如,土地开发和公用设施建设项目由住宅和城市开发集团负责,科研和教育机构的建设由建设部负责等。筑波科学城在建设之初就吸取了其他高科技园区的经验教训,考虑到后期发展可能面临的基础设施及资源环境难题,在建设之初就注重统筹规划和协调管理,注重环境保护及资源合理开发,重视城区市政、住房等功能区整体综合布局,保障了科学城的可持续发展。

(2) 健全的立法保障和优惠政策

筑波科学城在建设过程中,健全的法律法规是重要保障,大体上分两类:一类是针对园区专门制定的法律,另一类是与园区相关的乃至社会方面的法律法规。政府通过立法等手段,采取多种优惠政策和措施,对房地产租赁、设备折旧、税收、信贷、外资引进等采取多方优惠,有力地保障和促进了科学城区的发展。

(3) 明确发展定位,根据特点优势集成

筑波科学城在发展的过程中,充分保留和利用了原有田园风光,在世界诸多科技城中,散发自己独特的魅力。城区在成立之初,就意识到不顾本国

本地实情的盲目模仿必然会导致失败，所以在成立之初就明确了它是以政府为主导的高新技术园区，被赋予实现国家技术创新的使命，园区最初的创新主体就是国家级科研机构。所以，明确的战略定位保证了筑波科学城的顺利建成。

2. 重要启示

由于筑波科学城在发展的过程中，一切依靠政府，不仅科研主体是国家科研机构，科研经费几乎也全部来自政府的财政预算，浓厚的政府主导色彩和充裕的财政拨款，未能发挥市场的作用和企业的自组织能力，市场激励机制也非常微弱。尽管筑波科学城积聚了大量高素质人才与科研经费，但不注重科研成果的市场化，使得科学城仅仅是一个研究园区，未能形成像硅谷那样的高技术产业园，总产值不高，产能明显趋于落后。经过几十年的发展，未能如初衷发展成东京的一个卫星城，真正帮助东京缓解都市圈生态和社会发展压力。不可否认，筑波科学城曾经因其先进的管理模式和得天独厚的智力资源得到世界的瞩目，但由于科研主体和管理者均为国有，对创新型企业缺少吸引力，缺乏创业导向，脱离市场，成了与世隔绝的"科学乌托邦"。筑波科学城对我国科技园的发展有以下几点重要启示：

（1）科研成果未实现市场化

筑波科学城是以基础知识和技术创新为主的科学园区，尽管层次和规格都比较高，但园区不注重高新技术企业的孵化与培养，不追求高新技术成果的产业化和商业化，虽然拥有著名世界的智力资源，但科研成果出来后不能迅速与工业界挂钩，投入生产，这就导致了科研成本较高，但科研成果的产品化转换和商品化生产水平却较低，投入和产出比例明显失调，产品的高新技术含量低，市场竞争力不足，极大地限制科学城的进一步发展。

（2）政府直管模式的制约

筑波科学城采用的政府直管模式，给科学城提供了资金、政策等一系列的支持，为科学城的建成提供了必要的保障，从根本上推动了科学城的发展。但由于科学城内的构成主体简单，无论是大学、研究机构、资金来源，还是技术人员，乃至生活区内的居民，几乎清一色是日本所属，而科研机构绝大多数是政府的下属部门，浓厚的政府管制色彩使得科学城仅仅是按部就班和井然有序，却缺乏与外来思想和文化的交流与碰撞。且科学城内行政审批时间过长，流程过于烦琐，导致了科学城的发展不能及时跟进世界科技发展的速度。

政府管理模式另外的弊端在于，由于科学城经常绕过地方政府直接与上级政府沟通，未能与当地政府进行有效对接，形成顺畅的沟通机制，不仅不能促成两者的和谐发展，反而造成了两方的敌对情绪，不利于科学城的健康发展。同时，政府对市场缺乏了解，科学城的研究成果也仅仅隶属于政府，不与科研人员挂钩，未能激发科研人员的积极性，使其关注科研成果的转化和市场价值，未能形成有效的激励机制，从而导致了科学城发展缓慢。

（3）未形成健康的园区文化

一个开放式的创新系统需要多元包容的文化对其支撑，而筑波科学城由于是政府主导的园区，且受到日本传统文化的影响，官僚作风较为明显，一定程度上抑制了科研人员的积极性与创造力。[①] 虽然政府的全面规划与建设曾给科技园带来了繁荣，但科学城对政府的过度依赖，技术开发机制及人才激励机制的滞后，抑制了科学城的进一步发展。发展高科技园区，资金和技术固然重要，但实现技术向生产力的转化，营造鼓励创新，形成良好的创业氛围和环境更为重要。因为高科技园区的每一个参与者，无论是建设规划者还是管理者，都是带有某种文化导向的机构或个人，他们的价值理念会影响到未来高科技园区的文化基调和未来走向。因此，培育具有包容性和创新力的园区文化，并创造能够培育这种园区文化的环境，显得至关重要。

第二节　国内案例

一、北京中关村

（一）中关村概况

中关村科技园，位于北京市海淀区，占地面积427.1平方公里，是我国首个国家级高新技术产业开发区和自主创新示范区。中关村聚集高新技术企业近两万家，具有跨行政区划的功能区，中关村科技园属于高端型的生产区，

---

① 谭旭峰，孟庆华. 日本筑波科技城——"现代科技的乌托邦" [J]. 中国高新区，2004（09）：60-61.

以电子信息技术行业、高新制造业、生物技术、医药安全等新型能源材料为主，开发其相关特色产业。科技园具有六种成熟的发展经验的行业，分别是互联网、移动通信、卫星应用技术、生物健康、节能环保、轨道交通；这里的产业聚集区域有偌大的发展潜力，并衍生出集成电路产品，拥有特殊性质材料，高端智能设备和航空应用设备、新能源汽车等群体。

中关村是高新技术的关键园区，作为我国首个人才特区，因周围有清华和北大等高级院校，这里的优秀人才高度集中；聚集了206所国家级别或市级科研所、112所国家级别重点实验室、38个国家工程研究中心和57个技术研究中心及分中心、26座大学科技园。中关村因其特殊性，是第一批获得"海外高层次人才创新"的基地项目，这里设立了34座留学生创业园，人数达18000人，创业公司6000家以上，成长出一大批在国内外有影响力的企业家。

中关村作为国家的第一个自创区，紧紧围绕国家的战略发展需求及首都经济发展需要，取得了大量的创新成果和技术突破，并创造出更多新型的研发成果，众所周知的有汉字激光照排、非典疫苗、McWill、闪联等科技创新。达到国际标准的有86种，为国家重大建设项目提供了强有力的技术支持。自1985年起，中关村成功转型，由"技工贸"发展成为"自主创新"，成为高端创新产业科技园。

中关村科技园原本只是一条与电子产品有关的街道，在20世纪80年代末，经国务院批准成为高新技术开发试点区域，1999年8月正式改名为中关村科技园区。中关村科技园区从"一区五园"的空间格局发展为"一区十园"的空间格局；2009年被批准为首个国家自主创新示范园区，并调整为一区十六园。国务院发布的中关村建设指导文件中指出，中关村在未来会加快科技金融创新体系的建设和完善，分别从政府和企业社会资金投入，产业和金融资本，融资渠道和方式三个方面进行。习近平总书记在2013年讲道："面向未来，中关村要加大实施创新驱动发展战略力度，加快向具有全球影响力的科技创新中心进军，为在全国实施创新驱动发展战略更好发挥示范引领作用。"《中关村自主创新示范区发展规划纲要（2011—2020年）》中提出，中关村要以朝着全球、影响中国、创新科技、引领未来为宗旨，以"深化改革先行区、开放创新引领区、高端要素聚合区、创新创业集聚地、战略产业策源地"为主要战略，十年之内建设成为具有超前影响力和全球范围性的科技创新中心。

2018年10月，北京市发改委发布的《北京市推进共建"一带一路"三年行动计划（2018—2020年）》中指出，将在"一带一路"相关国家重点城市建设一批特色鲜明的科技园区。按照计划，北京将以"三城一区"（即中关村科学城、怀柔科学城、未来科学城、创新型产业集群和中国制造2025创新引领示范区）作为基点，分成科技园区协作、共建联动实验室、科学技术转移和信息文化交流为方向，推进共建"一带一路"创新合作网络。

（二）经验启示

中关村科技园以中国科学院、北京大学和清华大学等顶尖院校为依托，既培育出了京东、联想、百度、小米这种大公司，也发展出了一些高成长性的科技型中小型公司。以有效的方式将科研院校中的技术资源转化成了生产力，引领并带动了区域经济的发展。中关村的成功首先基于由"产学研"和"科工贸"结合衍生发展的技术平台，科技园区与大学、科研院所联系紧密，诞生了一批集教学、科研、生产于一体的高科技产业。它是众多科研院校及高技术人才的技术创新之地，人才和技术的聚集吸引了众多高科技企业在此落地生根。以方正公司为对象分为三个层次进行举例，上层为国家级别重点实验室，拥有北大计算机科研所、文字信息处理技术；中层为电子出版和方正研究中心；下层是方正公司。三个层次如同生产流水线，从上往下地分别负责基础性研究、应用研究、实现生产。"产学研"的管理模式加快了其研究周期，同时能够降低成本，实现资源最大利用。其次，同质产业的集群式发展，建设专业园区，形成了包括电子信息、互联网等的新兴技术产业集群。使得重点领域的产业技术联盟，发挥出产业集聚群体的作用，减少土地浪费。再次，中关村科技园有政府支持，其融资渠道更为通畅，先后创设了天使投资项目、创业投资项目、贷款业务、债券信托服务、境内外上市设计、并购重组项目、代理股份、技术产权转让、担保等，推动了产业资本流通，使国内1/3以上的风险投资资金流向了中关村。最后，中关村的服务体制促使其具有高密度人才队伍，其实施的人才培养计划，如"十百千工程"等，积极推进高端人才参与国家重大科技专项及重点工程项目，吸引国际一流的科研团队和科研人才。同时，中关村大力支持一批产值上百亿元乃至上千亿元的企业，并鼓励创业企业做大做强。重视科技园的环境建设和文化氛围建设，还拥有国际性、创新性的创业服务系统。

中关村科技园的经济呈持续增长态势，是中国及首都的重要经济增长体及科技创新平台。与上海张江高科技园区、武汉东湖新技术开发区、西安高新区、天津高新区进行比较，除了经济规模，中关村的经济发展效率和创新驱动能力未显著提升，与美国硅谷相比相差甚远。由此，中关村应加强创新平台的搭建，大力提升创新水平，带动新兴产业集群向更高水平发展，同时，完善人才引进的政策体系，促进高层次人才在中关村聚集，紧跟世界科技前沿，支持中关村企业与境外研发机构搭建合作平台，从而提升中关村的国际竞争力。

1. 进一步提高技术创新能力

首先，应通过优化园区税收政策与创新服务政策，使更多资金投入到产品研发中，增加发明专利与研发产出。其次，应结合园区土地、企业、产业及融资等多方因素，搭建优化资源配置的统一平台。同时，围绕创新链配置产业链、资本链和园区链，来加速产业集群统一运作，形成对企业创新有益的生态文化体系。

2. 推动战略性新兴产业发展

合理引导产业布局，优化园区四大新型技术产业的结构，创新引领产业发展。推动四大潜在产业集群面向专业化、高端化发展，加快并完善现代化服务体系的建设，增加园区基础性建设、特色性建设、生态性建设。促成中关村科技园的科技技术与创新合作机制，发挥出政府政策的最优作用，面向高端市场，采用整合资源和新兴产业的规划与突破，全面促进新兴产业的国际化。

3. 促进人才高密度聚集

首先，大力支持园区企业与高校、科研机构密切合作，通过建立联合实验室和科研基地、博士后流动站来促进人才的流动及培养，推动高校优秀的技术人才和管理人才向创新企业家转变。其次，通过国家重大科研项目、国际科技合作项目，打造人才战略高地，使园区对科技前沿的国内外顶尖人才更具吸引力。最后，优化户籍管理制度，完善人才政策体系，促进科技人才的高密度聚集。

4. 参与国际科创资源配置

首先，大力支持园区企业与境外科研机构、高校合作开展科研项目，建设海外研发基地，作为一个中转站，主要负责国际间技术转移，并将技术推广至海外，从而为企业向国际化发展提供支撑。同时向企业传输国际商标的信息，鼓励其提高自身实力，达到国际标准、认证条件和专利申请条件。增强企业在国际市场上的地位和竞争力。其次,园区应紧跟国际科技前沿,加强与美国硅谷等国际国内的科技创新园区合作,学习其先进的发展经验,对境外分支机构提供强有力的支持,发掘出一条连通全球实验基地和创新体系的路。

二、郑州中原创客小镇

(一)小镇概况

中原创客小镇位于河南省新郑市薛店镇,总占地面积1350亩。创客小镇交通区域优势明显,位于郑州市东南20公里处,距离京港澳高速薛店站下口不到5分钟车程,距离新郑机场仅7公里,成为航空城门户及新产业带高地。

郑州作为国家中心城市,被赋予打造中部地区创新升级引擎和国际开放窗口的使命。创新升级、国际开放是郑州多重国家级政策叠加的核心内涵。目前,郑州呈现东进南拓发展态势,东南部成为全市应用创新和国际升级重点区域。小镇正位于郑州东南国际开放应用创新轴和新郑北新兴产业双创升级区的耦合点,目前正处于历史上重大的发展战略机遇期。

2017年,中原创客小镇成为郑州第一批市级特色小镇,2018年又荣获中国标杆特色小镇十强。中原创客小镇聚焦人工智能、信息技术等前沿科技,致力于打造成为中原地区创新创业的新样板、郑州经济发展的新引擎,着力打造大郑州生产性服务业创新引擎、双创人才聚集智慧高地、中原文化时尚会客厅、生态宜居幸福小镇。创客小镇主要是为全国各地创客提供的双创平台,一个创客只要带着一个好项目过来,便可以在创客小镇上享受多项优惠政策,其中还有一个最大的吸引力就是"拎包入住",小镇会根据创客的公司规模、公司需求,量身定制办公场所。

(二)项目背景

1. 郑州南大学城应用型人才丰沛、产学合作活跃,成为小镇双创发展优势条件

郑州南大学城拥有中原工学院、河南工程学院、郑州工业应用技术学院、河南机电职业学院等15所高等院校,拥有近20万名应用型创意人才,能够

为当地智能制造、机器人、信息技术服务、服务外包、大数据服务、信息技术服务等产业的发展提高充足的技术人才。

2. 临空区位加速产业发展高端国际要素集聚，将加速推进小镇创新化国际化发展

临空区位可直接带来电子信息产业落位机会。临空国际创新要素的流动将间接带来产业升级机会。一是能够带来国内外多元人群，如国内外科创精英、企业客商、产业人才等。二是能够带来国内外投资机会，如国内外投资基金、投资项目、合作机会等。三是能够带来国内外科创技术，如国内外专利技术、前沿技术、科创成果等。

3. 周边产业园同质化竞争警示小镇产业定位应前瞻性谋划，高规格打造产业发展环境

引领型产业定位及高规格载体打造是区域实现突破的关键手段。周边产业园产业定位低端，载体形态单一，缺乏产业服务，生活配套缺失。

4. 小镇内生发展动力难以支撑国际化应用创新发展，外生发展模式成为必然选择

小镇内部环境方面，一是产业基础升级力薄弱。中原创客小镇周边产业较为传统，以食品加工、化工制造为主，已布局的少量新兴产业集中在低端环节，尚未实现产业创新化、科技化升级；小镇周边传统产业无法实现内生性创新升级。二是配套环境吸引力较差。中原创客小镇周边整体产业及生活配套服务落后，难以满足本地产业发展需求及人口生活消费需求；落后的产业配套及服务环境无法满足创新型产业内生环境需求。三是行政体制驱动力贫乏。中原创客小镇不受空港开发区行政管辖，无法享受空港进出口保税和产业专项政策优惠，产业发展的政策资源相对缺乏；缺乏开放创新直接政策优势，无法借助政策实现内生性创新升级。

因此，小镇必须选择外生发展的模式：在产业发展方面，要从外部引入尖端产业；在环境打造方面，要注重营造国际化和开放共享的氛围；此外，要着力走通创新开放的发展路径。

（三）产业定位

中原创客小镇所在的新郑市正全力推进产业升级和发展模式创新，而中原创客小镇就位于新兴产业双创升级核心区。该区域是郑州南大学城，集中了大量高校及培训机构，同时位于郑州航空港区。

根据当地区位优势和产业发展的战略机遇，结合政府需求，中原创客小镇制定了自身的战略定位、功能定位和产业定位。

1. 战略定位：中原首席创客小镇——中原应用创新门户，郑州国际开放窗口，新郑新兴产业引擎，鑫苑科技小镇标杆。

2. 功能定位："产城文"综合体系。

（1）构建创客产业体系：以中国顶级创新综合体为产业平台核心，发展创客应用服务、创客敏捷智造两大产业；联动全球创客资源，嵌入区域双创体系，构建"平台—服务—智造"集成化创客产业生态圈。

（2）打造创客空间载体：根据前瞻创客产业对产业载体的要求，顺应国际创客人群对生活载体的偏好；秉承共享"创"理念，打造国际交往的小镇开放空间格局；依托国际"潮"理念，树立符合创新、创意、创业人群品味的时尚潮流小镇风格。

（3）打造创客文化氛围：借助创客产业基础，依托创客潮流空间，实现赛事、新闻发布、教育培训活动一体化发展；以文化赛事活动塑造小镇开放共享的年轻化创新活力形象，将小镇打造成为国际创客文化新节点、中国创客文化新高地。

3. 产业组合："1托2"创客产业集群——以创新综合体为产业标签，以创客应用服务为主导产业，以创客敏捷智造为延伸产业。

（1）创新综合体：中原缺乏高水平创新综合体，小镇要树立标杆型创客环境，必须从功能全面的创新综合体着手。小镇亟须联动全球及区域创新要素，打造"1+4"全功能型中原顶级创新综合体。

"1"是指一个核心功能，即共享智造，打造创客桌面工厂。创客桌面工厂集中体现小规模个性化制造模式，是共享智造功能的重要载体。

"4"是指四个延展功能：双创孵化，通过提供成果转化、大学生创业、领先孵化服务，实现小镇双创孵化功能；技术转移，通过国际双向接力孵化、技术转移合作、科技服务企业招引，实现技术转移；展示体验，通过举办创客活动、学校社会实践、创客产品展示，构建展示体验功能；教育培训，通过开展Fablab创客教育、产业公共培训及实训项目，构建教育培训功能。

创新综合体的发展路径是通过"构建核心功能—强化延展功能—联动辐射周边"三步走，构建"创新综合体"体系。

（2）创客应用服务：产业发展路径是以搭建平台、联盟招商产业发展路径，打造创客服务产业集群。以产业联盟加盟与公共平台合作为初期切入手段，尝试直接招引平台类企业；对接国内知名行业联盟与协会，利用联盟资源代理招商、构建品牌，打包招引企业入驻。

（3）创客敏捷智造：产业发展路径是内外并举，积极导入国际产业资源，同时紧抓国内产业布局机遇。借助创新综合体国际双向接力孵化及国际技术转移合作功能，实现资源引入；智能终端产品正从东部沿海向中部消费市场广阔、成本低的地区转移。中原创客小镇背靠庞大的消费市场，凭借自身产业基础与成本优势，凭借创客小镇对人才、科技的集聚作用，在承接产业转移中占据优势地位。通过与产业联盟开展战略合作，对接产业园区进行园区招商，以及开展优秀企业直接招引的方式，紧抓产业承接机遇。

（四）发展模式

郑州中原创客小镇是郑州市首批特色小镇、中国标杆特色小镇10强。在短短两年时间里，小镇已引入IBM、Oracle等世界500强企业，初步构建了特色鲜明、技术领先、配套完善的生态系统。

郑州中原创客小镇一期重点打造产业示范区，其产业发展思路主要有两点。一是龙头引领，形成产业链。通过IBM、甲骨文、科大讯飞等500强及行业领先企业落位示范区，形成高科技产业的引领和示范，龙头企业吸引上下游相关企业入驻，带动本地企业配套，促进产业链上下游、大中小微企业融通发展，在中原创客小镇形成产业集聚。二是促进双创，建构产业圈。通过FABLAB、武汉大学技术转移中心等双创资源的导入，形成平台支持和基金支持，将创新与创业相关联，用创业牵引创新，实现产学研自然贯通，打造"中原创客小镇"名片。

参考文献

[1] 农华西. 生产力的乘数效应论析 [J]. 沿海企业与科技, 2018 (03).

[2] 李金华. 第四次工业革命的兴起与中国的行动选择 [J]. 新疆师范大学学报（哲学社会科学版）, 2018, 39 (03).

[3] 玄甲辉, 孟凡文. 浅析四次工业革命以及我们的应对之道 [J]. 现代信息科技, 2017 (1): 83-5.

[4] 姜军. 产业技术与城市化关系的历史与逻辑 [D]. 沈阳: 东北大学, 2001.

[5] 高珮仪. 中外城市化比较研究 [M]. 天津: 南开大学出版社, 2004.

[6] 卓勇良. 空间集中化战略 [M]. 北京: 社会科学文献出版社, 2000.

[7] 昝胜锋, 姜付高, 陈旭. 新工业革命浪潮与"互联网+"互动范式研究 [J]. 河南社会科学, 2018 (08): 72-06.

[8] 唐德淼. 新工业革命与互联网融合的产业变革 [J]. 财经问题研究, 2015 (08): 24-06.

[9] 杨钊. 产业互联网的现实应用及其模式创新 [J]. 重庆社会科学, 2016 (02).

[10] 杜超, 黄鼎曦, 等. 未来城市的"变"与"不变" [J]. 房地产导刊, 2018 (08).

[11] 朱启超, 王姝. 日本"超智能社会"建设构想：内涵、挑战与影响 [J]. 日本学刊, 2018 (02): 60-27.

[12] 邓爱华. 以人为本的"创新 2.0 模式" [J]. 科技潮, 2009 (1): 01-05.

[13] 张艺, 许治, 朱桂龙. 协同创新的内涵、层次与框架 [J]. 科技进步与对策, 2018 (18).

[14] 何耀琴. 产学研协同创新研究综述 [J]. 北京经济管理职业学院学报, 2018 (01).

[15] 黄亮, 杜德斌. 创新型城市研究的理论演进与反思 [J]. 地理科学,

2014（07）.

[16]余泳泽．创新要素集聚、政府支持与科技创新效率——基于省域数据的空间面板计量分析［J］．经济评论，2011（02）．

[17]宋刚，张楠．创新2.0：知识社会环境下的创新民主化［J］．中国软科学，2009（10）．

[18]焘江．Living Lab 创新模式及其启示［EB/OL］．http：//blog.sina.com，2018．

[19]蔡昉．再不改革，城镇化对经济贡献将式微［EB/OL］．金融界观点频道．http：//opinion.jrj.c，2016．

[20]辜胜阻，刘江日．城镇化要从"要素驱动"走向"创新驱动"［J］．人口研究，2012（06）．

[21]蔡昉．走出一条以人为核心的城镇化道路［J］．求是 2016（23）．

[22]肖金成．未来城市群落脸谱有五大趋势［EB/OL］．http：//blog.sina.com，2012．

[23]金辉．我国已进入大城市向都市圈发展的新阶段［J］．经济参考报，2018-06-20．

[24]汪光焘．城市：40年回顾与新时代愿景［J］．城市规划学刊，2018（06）．

[25]赵影希，魏冀明，吴康．京津冀城市群的功能联系及其复杂网络演化［J］．城市规划学刊，2014（01）．

[26]吴志强，陆天赞．引力与网络：长三角创新城市群落的空间组织特征分析［J］．城市规划学刊，2015（02）．

[27]唐子来，李涛．长三角地区和长江中游地区的城市体系比较研究：基于企业关联网络的分析方法［J］．城市规划学刊，2014（02）．

[28]李艳．金融支持科技创新的国际经验与政策建议［J］．西南金融，2017（04）．

[29]杨冬梅．创新型城市的理论与实证研究［D］．天津：天津大学，2006：64-66，88-89．

[30]孙红兵．城市创新系统的动力、能力和绩效研究［D］．昆明：昆明理工大学，2011：42．

[31]张仁开，刘效红．上海建设国际创新中心战略研究［J］．科学发展，2012（11）：80．

［32］代明．自主创新型城市的四大功能标志［J］．特区经济，2005（12）：12-13．

［33］［美］M. 卡斯特尔，［英］P. 霍尔．世界的高技术园区——21世纪产业综合体的形成［M］．李鹏飞，范琼英，译．北京：北京理工大学出版社，1998．

［34］周干峙．城市及其区域——一个典型的开放的复杂巨系统［J］．城市规划．2002（02）：7-8+18．

［35］仇保兴．基于复杂适应系统理论的韧性城市设计方法及原则［J］．城市发展研究．2018（28）：1-3．

［36］甘惟．国内外城市智能规划技术类型与特征研究［J］．国际城市规划．2018（03）：105-111．

［37］吴志强，甘惟．转型时期的城市智能规划技术实践［J］．城市建筑．2018（03）：26-29．

［38］中国信通院．数字孪生城市研究报告（2018）［R］．2018.12．

［39］德勤．超级智能城市：更高质量的幸福社会［R］．2018.2．

［40］叶林，宋星洲，邓利芳．从管理到服务：我国城市治理的转型逻辑及发展趋势［J］．天津社会科学．2018（06）：77-81．

［41］高德地图交通大数据研究团队，交通运输部科学研究院，阿里云，等．2017年中国主要城市交通分析报告［R］．2018．

［42］前瞻产业研究院．政策利好助力智能交通市场未来呈现五大发展趋势［R］．2018.5．

［43］杜红亮．硅谷作为全球科技创新中心的主要特征及启示［J］．全球科技经济瞭望，2016（03）．

［44］孙科．美国北卡三角科学园产业集群的竞争优势分析及其借鉴［J］．西北大学学报（哲学社会科学版），2010，40（01）：88-93．

［45］张喜才，房风文．美国"研究三角园"对京津冀高等教育与产业协同发展的启示［J］．中国高教研究，2017（02）：60-63+68．

［46］百度百科．东伦敦科技城［EB/OL］．2018-04-11．https：//baike.baidu.com/item/东伦敦科技城．

［47］刘清，李宏．世界科创中心建设的经验与启示［J］．智库理论与实践，2018，3（04）：89-93．

［48］浩然．走进世界五大科技园［J］．新经济导刊，2012（05）：48-52．

[49] 谭旭峰，孟庆华. 日本筑波科技城——"现代科技的乌托邦"［J］. 中国高新区，2004（09）：60-61.

[50] 李珊. 基于产业集群理论的中关村科技园区发展研究［D］. 首都经济贸易大学，2007.

[51] 康奈尔大学，欧洲工商管理学院，世界知识产权组织. 2018 年全球创新指数：世界能源 创新为要［R］. 2018-07-10.

[52] 崔维军. 欧盟创新指数研究进展［J］. 中国科技论坛，2009（11）：125-128.

[53] 程如烟，姜桂兴，蔡凯. 欧洲创新评价指标体系变化趋势——基于对欧洲创新记分牌的分析［J］. 中国科技论坛，2018（5）：165-172.

[54] Silicon Valley Institute for Regional Studies. Silicon Valley Index 2015［R］. Silicon Valley, 2015.

[55] 罗晖，李慷，邓大胜. 中国"大众创业、万众创新"监测指标研究［J］. 全球经济瞭望，2016（1）：17-27.

[56] Huggins R, Izushi H, Davies W, et al. World Knowledge Competitiveness Index 2008［R］. United Kingdom: Centre for International Competitiveness, 2008.

[57] KPMG：The Changing Landscape of Disruptive Technologies.

[58] 中国科技创新景气指数（深圳南山指数）研究报告.

[59] 金元浦谈全球城市发展的创意指数——当代城市竞争的评价与测度指数研究之二.

[60] 武夷山. 2 Think Now 的创新型城市评价指标体系.

[61] http：//blog. sciencenet. cn/blog-1557-945710. html.

[62] http：//stdaily. com/zhuanti01/2018pujiang/2018-10/29/content_ 725011. shtml.

[63] http：//www. sh. chinanews. com/kjjy/2017-10-21/30389. shtml.

[64] http：//k. sina. com. cn/article_ 1793999061_ 6aee40d5019008ig7. html? from=news&subch=onews.

[65] http：//www. ctp. gov. cn/kjb/hjdt/201812/1436cf3af0b644e4889d096c6f089651. shtml.

[66] http：//stdaily. com/kjzc/jiedu/2018-12/03/content_ 735761. shtml.

[67] http：//www. xinhuanet. com/politics/2015-12/22/c_ 1117545528. htm.

[68] https：//www. sohu. com/a/169208330_ 179557.

［69］杜红亮.硅谷作为全球科技创新中心的主要特征及启示［J］.全球科技经济瞭望,2016（03）.

［70］孙科.美国北卡三角科学园产业集群的竞争优势分析及其借鉴［J］.西北大学学报（哲学社会科学版）,2010,40（01）:88-93.

［71］张喜才,房风文.美国"研究三角园"对京津冀高等教育与产业协同发展的启示［J］.中国高教研究,2017（02）:60-63+68.

［72］伦敦东区：世界"潮科技"创新首府的诞生记.https://new.qq.com/omn/20171221/20171221B0T0E0.html.

［73］集装箱建筑科技回归都市：世界"潮科技"创新集装箱首府诞生.http://www.woojuke.com/zrjzxcc/a12682.html.

［74］浩然.走进世界五大科技园［J］.新经济导刊,2012（05）:48-52.

［75］谭旭峰,孟庆华.日本筑波科技城——"现代科技的乌托邦"［J］.中国高新区,2004（09）:60-61.